苏州大学文学院学术文库

江苏高校优势学科建设工程项目资助

语料库与SPSS统计分析方法

高永奇 / 著

苏州大学出版社
Soochow University Press

图书在版编目(CIP)数据

语料库与SPSS统计分析方法 / 高永奇著. —苏州：苏州大学出版社, 2020.11 (2024.12重印)
(苏州大学文学院学术文库)
ISBN 978-7-5672-3203-7

Ⅰ. ①语… Ⅱ. ①高… Ⅲ. ①语料库-语言统计-统计分析-软件包 Ⅳ. ①H0-05

中国版本图书馆CIP数据核字(2020)第099486号

书　　名：	语料库与SPSS统计分析方法
著　　者：	高永奇
责任编辑：	李寿春
助理编辑：	杨　冉
装帧设计：	刘　俊
出版发行：	苏州大学出版社（Soochow University Press）
社　　址：	苏州市十梓街1号　邮编：215006
网　　址：	www.sudapress.com
邮　　箱：	sdcbs@suda.edu.cn
印　　装：	广东虎彩云印刷有限公司
邮购热线：	0512-67480030　销售热线：0512-67481020
网店地址：	https://szdxcbs.tmall.com/（天猫旗舰店）
开　　本：	700mm×1000mm　1/16　印张：18.25　字数：328千
版　　次：	2020年11月第1版
印　　次：	2024年12月第2次印刷
书　　号：	ISBN 978-7-5672-3203-7
定　　价：	68.00元

凡购本社图书发现印装错误，请与本社联系调换。服务热线：0512-67481020

"苏州大学文学院学术文库"系列丛书
学术委员会

主　任

王　尧　　曹　炜

委　员
（按姓氏笔画排序）

马亚中　　刘祥安　　汤哲声　　李　勇
季　进　　周生杰　　徐国源

总 序

苏州，江左名都，吴中腹地，自古便是"书田勤种播"之地。文人雅士为官教谕之暇，总爱闭户于书斋，以留下自己若干卷丹铅示于时贤后人自娱。这种风雅传统至今依然延续在苏州大学文科院系，自其他大学文学院调至苏州大学文学院执教的前辈学者不免感叹"此地著书立说之风甚浓"了。

苏州大学文学院"中国语言文学"为省优势学科，建设的内容之一是高水平学术著作的出版，"苏州大学文学院学术文库"（以下简称"文库"）便是学科建设的成果。出版文库的宗旨是：通过对有限科研资助经费的合理调配使用，进一步全面地展示与总结文学院教师的学术研究成果，以推进和强化学科建设，特别是促进学院新生学术力量的成长——这些目前尚属于"雏鹰"的新生学术力量便是文学院的未来。

文库的组织运行工作自2019年9月启动，第一批文库书籍在三个月内已先后同苏州大学出版社签订了出版协议。由于经费有限，在张罗文库之初，文库学术委员会明确：学术委员会成员的学术成果暂不列入文库出版阵容；首批出版的学术文库向副教授、青年讲师以及刚入职的青年教师倾斜，教授的学术研究成果往后安排。文库的组织出版应该是一项常态工作，每年视经费情况，均会推出一批著作。为贯彻本丛书出版宗旨，扩大我院学术影响，学院将对本丛书中已出版的各种成果加强宣传，推荐评奖，并对获得重大奖项者予以奖励。

为加强对文库出版工作的组织和领导工作，文库学术委员会设立了初审和复审小组，遴选学术著作。孙宁华、杨旭辉、王建军、吴雨平、王耘和张蕾等参加初审工作，王尧、曹炜、马亚中、汤哲声、刘祥安、季进、徐国源、李勇和周生杰等参加复审工作，袁丽云、陈实、周品等参与了部分具体事务。现在，经学院上下一起努力，文库第一批书籍付梓在即，这无疑是所有参与者心血的结晶。我们希望，借助这个平台，进一步激发文学院教师的科研热情，并为所有研究人员学术成果的及时面世创造条件。

为了文库出版工作的持续顺利运行，为了文学院学术影响力的不断提升，让我们全体同人携起手来！

王　尧　曹　炜

2020 年 4 月 28 日

前　言

今天，语言研究者几乎或多或少自觉不自觉地在使用语料库进行自己的研究。然而，人们对语料库的利用仍然很有限，还有很多方面需要进一步开拓。一方面是语料库建设本身越来越多元化，另一方面是人们对语料库的使用也越来越频繁。

如果问，语料库能干什么？首先你要回答你想用语料库干什么。

有人说，我想比较两本书（如《红楼梦》《水浒传》）在语言运用方面的差别，语料库能做到吗？答案是肯定的。首先你要选择比较的项目，比如词语的使用频率、使用环境、表达意义，语句使用者（说话人）的身份、场景、对象，等等，然后再对两本书在这些项目上各自的表现进行统计比较。显然，统计分析在这里有了重要的地位。因此，基于语料库的统计分析自然就成了语料库运用的项目之一。

有人说，我想把很多个文本（图书、文章等文字资料）进行归纳，看看它们之间有没有关系，语料库能做到吗？答案也是肯定的。计算机最擅长的就是对大量数据的处理，如果人工统计要花费几年的时间，计算机花费的时间应该是"瞬间"。

有人说，我想通过语料库来观察研究语言演变的趋势，语料库能做到吗？答案仍然是肯定的。只要你选择出观测点，对语料库中这些观测点进行观测统计，隐藏在数据背后的规律就都会被一一揭示出来。

当然，语料库还能干什么，需要你自己先提出问题，然后才能寻找答案。

本书所介绍的是如何通过对语料库及相关资源的挖掘，运用数理统计的方法来研究语言问题。本书开始部分介绍了语料库的概念、语料库的发展以及常见的网络语料库等资源，又介绍了语料库常用软件的使用方法。接着，对语言研究中常见的定性研究跟定量研究方法做了大致介绍，尤其是定量研究方法及其优缺点。然后，本书对如何运用 SPSS 对语料库数据进行 t 检验、卡方检验、方差分析、聚类分析、相关分析、回归分析、因子分析等做了介绍，并通过举例，说明这些统计分析方法在语言研究中如何具体运用。本书的重点是对方法问题的讨论,所举的案例很多是别的学者做过的研究,这里我们要注意学习这些研究的思路和研究者使用的方法。

  当然,对语料库的利用仍有许多方面可以做,受本书性质和我们水平的限制,我们没有讨论。希望本书能为你的研究带来一点帮助,能让你在自己的研究中,分享一点语料库资源和现代技术带给你的"红利"。

目 录

第一章 语料库概述 / 001
 第一节 语料库与语料库语言学 / 001
 第二节 语料库的应用 / 004
 第三节 几种常见网络中文语料库 / 007

第二章 分词与检索统计 / 014
 第一节 自己建库与分词处理 / 014
 第二节 检索软件 / 017

第三章 AntConc 的使用方法 / 030
 第一节 AntConc 简介 / 030
 第二节 语境共现 / 033
 第三节 词频表和关键词表 / 041
 第四节 搭配和统计量 / 046

第四章 语言研究中的定性分析与定量分析 / 051
 第一节 语言研究中的定性分析 / 052
 第二节 语言研究资料的定量分析 / 054

第五章 t 检验与语料库分析 / 070
 第一节 Z 检验和 t 检验 / 070
 第二节 t 检验的 SPSS 过程 / 074
 第三节 用 t 检验分析语料库数据举例 / 086

第六章 卡方检验与语料库分析 / 094
 第一节 χ^2 检验的基本原理 / 094
 第二节 卡方检验的 SPSS 过程 / 097
 第三节 用卡方检验分析几种语料库中的词语 / 112

第七章　方差分析与语料库数据（上） / 122
　　第一节　方差分析简介 / 122
　　第二节　一维组间方差分析 / 125
　　第三节　二维组间方差分析 / 139

第八章　方差分析与语料库数据（下） / 152
　　第一节　一维组内方差分析 / 152
　　第二节　组间组内方差分析 / 162
　　第三节　方差分析在语料库分析中的应用举例 / 175

第九章　聚类分析与语料聚类 / 185
　　第一节　聚类分析的基础 / 185
　　第二节　聚类分析的步骤 / 188
　　第三节　聚类分析的 SPSS 过程 / 193
　　第四节　用聚类分析看汉语"结果"的词类归属 / 211

第十章　相关分析及其在语言研究中的应用 / 217
　　第一节　相关分析的基本概念 / 217
　　第二节　双变量相关分析的 SPSS 过程 / 220
　　第三节　偏相关分析 / 225

第十一章　基于语料库的线性回归分析 / 230
　　第一节　简单回归概说 / 230
　　第二节　简单线性回归的 SPSS 过程 / 232
　　第三节　多元回归概述 / 237
　　第四节　多元回归的 SPSS 过程 / 241
　　第五节　基于语料库的回归分析举例 / 247

第十二章　语料库与因子分析 / 253
　　第一节　因子分析的基本概念 / 253
　　第二节　因子分析的 SPSS 过程 / 259
　　第三节　因子分析在语言研究中的应用 / 269

主要参考文献 / 276

后记 / 279

第一章

语料库概述

第一节 语料库与语料库语言学

一、语言材料的搜集

在任何科学研究中，定下来研究题目之后，收集与整理研究所需要的材料就成了必要的环节，也是研究成功与否的必备条件。语言研究要搜集的材料，既有别人研究的成果资料，又有语言事实。在研究汉语中，语言学家历来都特别重视对语言事实的挖掘。所谓"例不十，法不立"，就是强调语言事实的重要性。这些用以研究的语言事实材料，就是语料。人们传统搜集语料的方法是制作大量的卡片。将搜集到的语料写在卡片上，通过对这些卡片的分类整理、分析总结来进行语言研究。但这种方法已经很难适应现代信息社会的需要了。一是费工费时，效率低下；二是搜集材料不全，数量有限，难免挂一漏万。随着计算机的普及和互联网的发展，利用计算机来搜集、整理语言材料自然就成了人们的选择。为了便于利用计算机来搜集整理语言材料、分析归纳语言规律，语料库就诞生了。

语料库诞生之后，解决了语料搜集工作中出现的问题，新的研究方法也随之出现。以计算机为工具，以互联网为依托的研究方法应运而生。如何利用计算机强大的搜索和计算功能帮助人们进行研究，自然成了首先要考虑的问题。而互联网技术的迅速发展，如何及时地处理大量不断增加的语言信息，又成了语言学家要研究的新课题。

人们获取语料和语言数据的常用手段如图1-1所示。其中，"语料库"既能为学习者带来大量真实、自然的语料，又能为研究者带来研究所需要的相关数据。

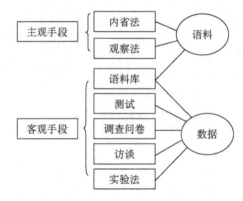

图 1-1　获取语料和语言数据的常用手段

二、什么是语料库

语料库（corpus）是语料的集合。随着电子计算机技术的发展，语料库逐步发展成熟，并随之诞生了一门新兴的学科——语料库语言学（corpus linguistics）。它是语言学和计算语言学（computational linguistics）发展的结果，是在计算语言学的框架下独立出来的。

由于语料库语言学的出现，人们的语言观和研究方法都在不断变化。语言研究由传统的规范语法到结构主义的描写语法，再到 20 世纪五六十年代乔姆斯基的转换生成语法，语言研究逐步从描写转向了解释。20 世纪 80 年代之后，随着认知科学的兴起，认知语言学得到迅速发展，它试图从人的认知方面来解释语言形式与语言意义的关系问题。进入 21 世纪以来，随着语言材料的大量增加，各种类型的语言面貌改变了人们研究的视野，深入探索了语言类型、语言接触、语言与信息、语言与人工智能等诸多领域，各种交叉学科也不断出现。总之，从规范到描写再到解释，语言观念不断变革，研究方法也不断更新。语料库及其应用流程示意图如图 1-2 所示。

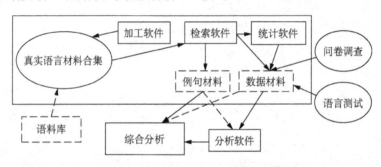

图 1-2　语料库及其应用流程示意图

目前，不少学者对语料库语言学还存在不同的看法。一些学者认为，语料库语言学是一门独立的学科，它有自己独到的理论体系和操作方法。由于语料库语言学立足于大量真实的语言数据，其结论又是在对语料库进行系统而穷尽的统计和概括的基础上得到的，这些结论对语言理论具有无可比拟的创新意义。

另一些学者则认为，语料库语言学并非语言学的一门分支学科，而是一种研究方法。这种方法基于大量的真实语言，可以用来回答通过其他途径很难回答的问题，它丰富了已有的研究方法。

如张勇就认为，从研究方法的角度来说，"在语料库语言学领域，不同的研究方法对语料库的依赖程度有所不同。因此，语料库语言学包括基于语料库的和语料库驱动的研究方法。"[1] 图1-3是他给出的语料库语言学研究方法的模型。

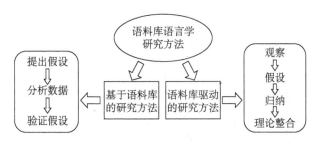

图1-3 语料库语言学研究方法

我们认为，语料库语言学是以语篇（text）语料为基础对语言进行研究的一门学科。语料库语言学以大量精心采集而来的真实文本（authentic texts）为研究素材，主要通过概率统计的方法得出结论。

"语料库在发展的初期，只进行词的一般分析，如词频统计等，后来增加了词的语法属性标注（如词性等）。直到现在，人们越来越开始重视对语料库作不同层次的标注，如：语音、构词、句法、语义以及语用等层次的标注。"[2] 另外，对未经加工过的语料的检索、分析，历来也是语料库研究的一个重要方面。如对语料例句的检索查询，对字词句用法的检索，等等。

简单地说，语料库语言学所做的工作，一是对自然语料进行加工、标注，二是对加工标注过的语料的分析统计，三是对未经标注的语料进行语言研究和应用开发。

---

[1] 张勇. 德语基础语言学导论［M］. 北京：北京理工大学出版社，2016：252.
[2] 董燕萍，王初明. 中国的语言学研究与应用：庆祝桂诗春教授七十华诞［M］. 上海：上海外语教育出版社，2001：135.

第二节　语料库的应用

语料语言学由于语言材料十分丰富并且密切结合了现代计算机技术，因而越来越受到人们的重视，也使得越来越多的人在语言学的相关研究中自觉不自觉地使用语料库。语料库的应用领域也越来越宽广，从语言分析、语言教学、词典编纂到人工智能等领域都受到语料库的影响。

"语料语言学经历过这几十年的发展，不论在理论上，还是在技术上，都已趋于成熟。在语言教学领域中的应用也开始引起注意……在语言教学中，语料库可用来：(1) 分析学习者在语言学习过程中的常见错误；(2) 确定语言学习项目的优先级；(3) 自动生成各种类型的练习等。"[1]

一、词典编纂

余国良指出，"大型语料库对于词典编纂无疑极有用处。Biber 等 (1998) 认为语料库可以回答词典编纂所面对的六大问题：(1) 根据词汇在大量自然语境中的使用情况，决定其意义；(2) 决定词频，从而编制常用词表与非常用词表；(3) 决定某个词汇具有哪些非语言的联结（如语域、历史阶段与方言等），从而了解不同类型语言中用语的特征；(4) 决定词项的搭配及其在不同语域中的分布；(5) 决定某词的义项及其用法分布；(6) 决定同义词的使用与分布，从而了解语境对词义的选择、搭配与语域的关系。"[2]

在语料库语言学问世以前，词典编纂一直依靠以经验为基础的语料收集来进行。在语料库语言学出现之后，语言学家对语言的研究从传统的直觉经验方法转向基于统计的方法。运用语料库或其他机器可读的文本资料库，能在几秒钟之内从数以万计词语的语料文本中检索出一个词或词组的所有使用情况，可以进行穷尽式的统计描写，使得词典的编纂更加便捷和全面，解释也会更加合理。

---

[1] 董燕萍，王初明. 中国的语言学研究与应用：庆祝桂诗春教授七十华诞 [M]. 上海：上海外语教育出版社，2001：136.

[2] 余国良. 语料库语言学的研究与应用 [M]. 成都：四川大学出版社，2009：8.

二、语言研究

余国良总结了运用语料库进行语言研究的六个方面：

1. 词汇研究

语料库扩大了传统词汇学的研究范围、深度和广度。基于语料库的词汇研究，如词语搭配研究、词义及词的用法分布、特定语料的用词研究、语义韵研究等方面，都使得词汇研究较以往更为深入。

语料库语言学研究的词语搭配跟传统的词语搭配含义不同，是一种词语的"共现关系"，而非结构组合关系。这种"共现关系"可以充分利用计算机快捷方便的检索统计功能，对语料文本进行全面彻底的分析。这方面的研究成果较多。对词义及词的用法分布的研究主要关注词的不同意义和用法，对词典中的词语释义等提供帮助。特定语料的用词研究成果也很多，近年来主要集中在古代汉语、近代汉语的专书用词研究。成果较多的还有语义韵研究。"语义韵研究不仅涉及特定词语或短语本身，还涉及两者的习惯搭配、相互作用而产生联想意义的微妙关系等。"[1]

此外，在对外汉语教学领域，词汇拼写错误的研究主要是从对比分析、偏误分析等方面对学习者的用词错误进行分析，以探究其产生错误的原因。

2. 口语（言语）研究

口语研究主要是利用口语语料库研究言语，成果较多地集中在韵律层面。国外学者对这方面研究较多，国内的研究还相对薄弱。

3. 句法研究

研究者借助于语料库统计出各种语言结构的频率分布，使用语体语域；也有专书句法结构的调查描写，全面的统计记录各种句法结构的使用情况。如"把"字句、"被"字句、比较句、疑问句等。调查语法结构与语义表达的关系，分析各种结构在不同语境中的使用及含义，探讨讲话者选择特定语言表达形式的原因。研究者利用语料库来验证语法理论、归纳语法现象、挖掘语法规律。

4. 语义研究

"语料库用于语义研究主要体现在以下两个方面：①语料库可用来为词项赋义提供客观标准……通过语料库来考察这些相关成分，可以找到特定语

---

[1] 余国良. 语料库语言学的研究与应用 [M]. 成都：四川大学出版社，2009：9.

义区别的客观指示。②语料库有助于建立语义的模糊范畴的梯度概念。"[1]语义区别作为一种认知范畴,存在模糊界限,义项之间并非简单的包容与非包容的关系,语料库通过使用词语搭配频率的分析,可以帮助判断和揭示语义之间的比例关系,帮助建立词义概念范畴。

5. 语用与话语分析

通过对语料库进行标注、赋码,对话语中所使用的短语结构进行语用功能分析。不过,这方面的标注、赋码工作要求较高,还需要进一步的发展。

6. 语篇与建模分析

人们可以处理大量的文本,精确地描写所选语域的语篇特征,以及文本符合其语域的一般语篇模式的程度。基于统计学、多因素、多层次的分析方法使得语篇研究比以往有了更为长足的进展。国内这方面的研究大多集中在外语学界的研究者,他们以学习者的作文为研究对象来探讨其语篇特点。

基于语料库的建模研究也是将来发展的一个方向,对语言研究和语言教学研究都有重要的意义。

三、语言教学

语言教学领域的应用研究以英语学习者和汉语作为第二语言教学领域为主。语料库作为大量真实语言资料的来源,对这种材料进行分析,有时可以发现现有的语言教学材料中存在的问题。不管是学习者的作文语料库的建设与利用,还是各种教材分析、教师语言、语言输出等方面的研究,语料库既能够提供真实语料,又能够通过对语料本身的分析统计,一方面为研究者提供研究数据和资料,另一方面也为学习者提供学习的资料。

"母语的学习和外语的习得都离不开语料研究,如利用语料库对语言本身的特征以及不同类型、不同背景的学习者的语言使用特征等方面进行分析,其结果可应用于语言(外语)教学的实践之中;语料库在制定教学内容、教学目标等方面为决策者提供坚实可靠的决策依据;语料库对新闻语言、科技文本等特殊用途语言的教学与研究也起到了很大作用;教师和学生借助于语料库可以改变传统的教学模式,有利于提高教学效果。语料库语言学对教学的促进作用还体现在语法教学、语言材料的选择、课堂活动的设计及提高语言测试的效度和信度等方面。"[2]

---

[1] 余国良. 语料库语言学的研究与应用 [M]. 成都:四川大学出版社,2009:10.
[2] 余国良. 语料库语言学的研究与应用 [M]. 成都:四川大学出版社,2009:13.

此外，语料库语言学的应用领域还有：文本分类、检索，搜索引擎，自动摘要，信息获取，复合名词短语获取，未登录词获取，人名、地名获取，词典工具，拼写检查，输入法，电子词典，简单的机器翻译，基于实例的机器翻译，基于实例的对话系统，等等。

第三节　几种常见网络中文语料库

随着网络的普及，网络语料库的建设越来越成熟，使用频率也越来越高。下面我们简要介绍几种常见的中文语料库。

一、CCL 语料库

登录 http://ccl.pku.edu.cn:8080/ccl_corpus/index.jsp?dir=gudai，进入 CCL 语料库检索系统（网络版）。首页界面有"使用说明""高级查询"可供选择。

（一）普通查询

系统默认的是普通查询。选择古代汉语或现代汉语，在"查询"栏中输入要查询的字符（串），即可得到查询结果如图 1-4 所示。

查询结果可以"下载"到本地电脑，供分析使用。

北京大学中国语言学研究中心
Center for Chinese Linguistics PKU

使用说明 普通查询 模式查询

◎ 现代汉语　◎ 古代汉语　　　　查询　选择范围

图 1-4　CCL 语料库检索节界面

（二）高级查询

单击"高级查询"，系统会给出详细的使用说明。输入关键词，即可得到查询结果，具体示例如图 1-5 所示。

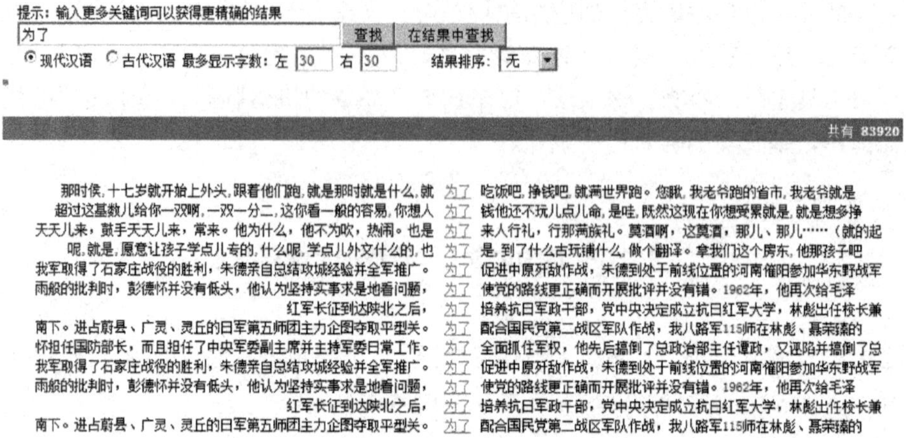

图 1-5　关键词检索示例

对于特殊格式的检索，该语料库有详细的使用说明。我们按照系统的说明，查询"把 | 被 $ 10 给"格式的语料。

系统的说明告诉我们：该格式的意思是查出同时含有"把"和"给"的句子，并且"把"在先，"给"在后出现，二者之间间隔 10 个字以内。或者，查出同时含有"被"和"给"的句子，并且"被"在先，"给"在后出现，二者之间间隔 10 个字以内。结果如图 1-6 所示。

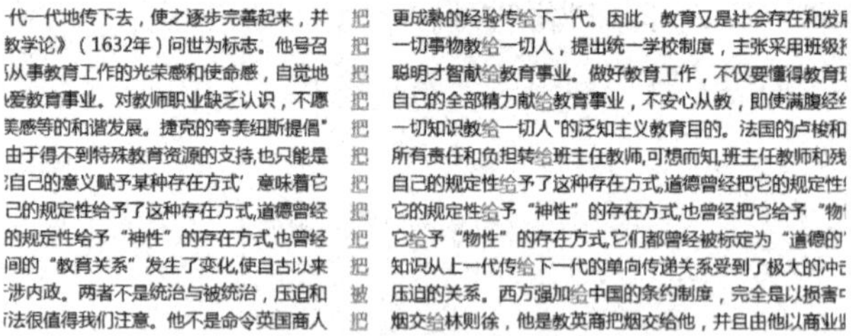

图 1-6　特殊格式检索示例

总之，该系统使用非常方便，可以根据说明，查询你所需要的语料。

二、国家语委语料库

国家语委语料库（http://www.cncorpus.org/）需要先注册用户名，然后登录后才能使用。登录后界面如图 1-7 所示。

用户可以选择"现代汉语语料库检索""古代汉语语料库检索""字词检索"等。

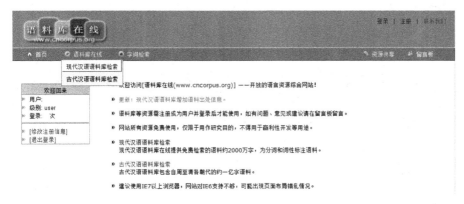

图 1-7　语料库在线登录界面

在用户登录“现代汉语语料库检索”后，语料库在线检索界面如图 1-8 所示。

其中，“查询条件”有“整词匹配”“模糊匹配”“全文检索”，输出选项有“生语料”和“词性标注”。

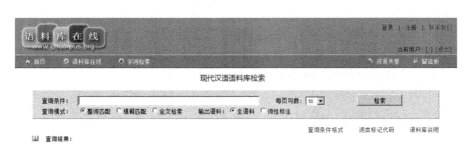

图 1-8　语料库在线检索界面

下面一行有三个说明栏：“查询条件格式”“词类标记代码”“语料库说明”。如：关于“查询条件格式”的说明如图 1-9 所示。

» 查询条件由一个或多个关键词组成。
» ----------关键词----------
○ 字或词，如：文、语言 || ○ 词+词类，如：语言/n、制定/v || ○ 词类标识符为"/"，如：语言/n
» ----------关键词串----------
○ 单一关键词，如：语言，语言/n || ○ 多关键词用空格隔开，如：语言 文字，语言/n 文字/n || ○ 连续词类串，如：/v /u /m /v
» ----------多关键词逻辑-------
只对[整词匹配]的查询方式有效的标记：
1 空格或[+]表示[与(and)]关系，如：语言 文字 或 语言 +文字
2 [@]表示[或(or)]关系，如：语言 @文字
3 [-]表示[非(not)]关系，如：语言 -文字
示例：条件"语言 @文字 研究 -教学"表示检索"包含关键词'语言'或'文字'并且含关键词'研究'但不含关键词'教学'"的例句。
» ----------整词匹配-----------
使用整词索引进行查询，多关键词时忽略顺序，速度快，多关键词查询时任一关键词未被索引则不能返回结果。
» ----------模糊匹配-----------
模糊匹配最易查全，多关键词时考虑顺序，速度较慢，无停用词，可查询词类串。
» ----------全文检索-----------
使用全文检索方式进行查询，多关键词时忽略顺序，速度快，但不能检索'的、了'等极高频词。

图 1-9　语料库在线查询条件格式说明

另外，用户还可以运用不同的条件进行复杂的检索。

例如，选择“词性标注”查询“因为”一词，结果如图 1-10 所示。

查询结果： 第1到50条，共查询到8969条符合要求的例句！ [下载语料]

序号	例句	出处
1	因为/c 当/p 李克强/nh 递给/v 他/r 蓝/a 精灵/n 模型/n 的/u 时候/n ，/w 他/r 听到/v 李/nhf 叔叔/n 说/v ：/w "/w 祝/v 你/r 超过/v 蓝/a 精灵/n 。/w "/w	
2	在/p 小/a 宋涛/nh 心目中/nl ，/w 爸爸/n 是/vl 世界/n 上/nd 最/d 了不起/a 的/u 男子汉/n ，/w 因为/c 他/r 能/vu 爬上/v 8 2 0 0/m 多/m 米/q 高/a 的/u 山峰/n 。/w	
3	当然/d ，/w 真/d 要/vu 理论/n 起来/vd ，/w 写/v 、/w 编/v 、/w 发/v 这些/r 无聊/a 玩意/n 儿/k 的/u 文人/n 都/d 有/v 一个/mq 共同/a 理由/n ：/w 因为/c 大家/n 爱/v 看/v 。/w	
4	因为/c ，/w 毕竟/d 名人/n 也就是/d "/w 一/m 招/n 鲜/a "/w 罢/u ，/w 既/c 不/d 可能/vu 说话/v 句/n 句/n 真理/n ，/w 著文/v 字字珠玑/i ，/w 也/d 不/d 可能/vu 事/n 事/n 都/d 有/v 新闻/n 价值/n ，/w 样样/q 都/d 是/vl 行家里手/i 。/w	
5	因为/c 只有/d "/w 蛋壳/n "/w 击破/v ，/w "/w 胎儿/n "/w （/w 即/d "/w 问题/n "/w ）/w 乃/d 见/v ，/w "/w 对症/d 治疗/v "/w 方始/d 有效/a 。/w	
6	因为/c 宇宙/n 如/v 仅/d 有/v 辟/v 而/c 无/v 翕/v ，/w 则/c 辟/v 势/d 将/d 一味/d 浮/v 散/a ，/w 全/a 宇宙/n 只是/c 莽荡空无/i ，/w 而/c 无/v 有/v 资/n 其/r 显/v 发/v 之/u 根据/n ，/w 其/r 结果/n ，/w 虽/c 求/v 显/v 发/v 而/c 不可/vu 得/v 。/w	
7	其/r 所以/c 珍贵/a ，/w 是/vl 因为/c 根据/p 的/u 是/vl 亲身/d 实践/v 经验/n 。/w	
8	马克思/nh 接着/v 指出/v ：/w "/w 和/p 唯物主义/n 相反/v ，/w 唯心主义/n 却/d 发展/v 了/u 能动/a 的/u 方面/n ，/w 但/c 只是/d 抽象/a 地/u 发展/v 了/u ，/w 因为/c 唯心主义/n 当然/d 不/d 知道/v 真正/a 现实/n 的/u 、/w 感性/n 的/u 活动/n 本身/n 的/u 。/w "/w	
9	正/d 因为/c 如此/r ，/w 马克思主义/n 明确/a 认为/v ，/w 自然/n 界/k 在/p 本质/n 上/nd 也/d 是/vl 实践/n 的/u ，/w 实践/n "/w 这/r 种/q 活动/n 、/w 这/r 种/q 连续不断/i 的/u 感性/n 劳动/n 和/c 创造/n 、/w 这/r 种/q 生产/n ，/w 是/vl 整个/a 现存/v 感性/n 世界/n 的/u 非常/d 深刻/a 的/u 基础/n "/w ，/w 旧/f 唯物主义/n 把/p 自然/n 界/k 看成/v 是/vl 与/p 人/n 无关/v 的/u 独立/v 存在/n ，/w 看/v 起来/vd 很/d "/w 唯物/a "/w ，/w 实际/n 上/nd 完全/a 不/d 了解/v 自然/n 界/k 的/u 真正/a 本性/n 。/w	

图 1-10　检索带词性标注的结果示例

从图 1-10 中可以看到，这些语料都是经过词性标注后的语料。

古代汉语语料的检索条件相对简单，没有词性标注，但可以按不同的朝代分类。其他具体用法这里不再一一说明。

三、HSK 动态作文语料库

登录 http://hsk.blcu.edu.cn/Login，系统要求“请先登录或注册”。HSK 动态作文语料库登录界面如图 1-11 所示。

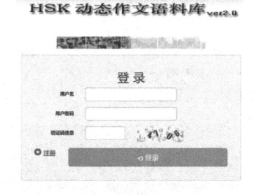

图 1-11　HKS 动态作文语料库登录界面

登录之后，进入 HSK 动态作文语料库 2.0 版说明页（图 1-12）。上面的选项有"字符串一般检索""高级检索""句篇检索""统计分析"等，可以根据要求进行选择。

图 1-12　HSK 动态作文语料库 2.0 版说明页面

1. 字符串一般检索

打开字符串一般检索界面，"检索"按钮旁有三角符号"∧"，单击后，出现各种检索条件，包括"考生国籍""作文题目""证书级别"等。用户可以根据条件来检索，也可以不设条件，选择"不限"。（图 1-13）

图 1-13　字符串一般检索界面

2. 高级检索

在"高级检索"选项下，有"字符串特定条件检索"与"词语搭配检索"。"字符串特定条件检索"列出了几种检索条件，包括"首""前词""数量""后词""尾"等。字符串检索结果示例如图 1-14 所示。

"词语搭配检索"可以按照检索词语前后位置和字数显示检索结果。（图 1-15）

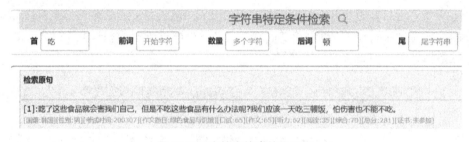

图 1-14　字符串检索结果示例

图 1-15　词语搭配检索结果示例

3. 句篇检索

"句篇检索"包括"错句检索""错篇检索""全篇检索"。其中"错句检索"可以按照"句型""作文题目""考生国籍""证书等级""考试时间""作文分数"等条件进行检索。(图 1-16)

图 1-16　错句检索界面

4. 统计分析

"统计分析"包括"概括""综合分析视图""错误信息汇总""字汇总""词汇总""按标点统计""hsk词频分析""分词工具"等。(图1-17)

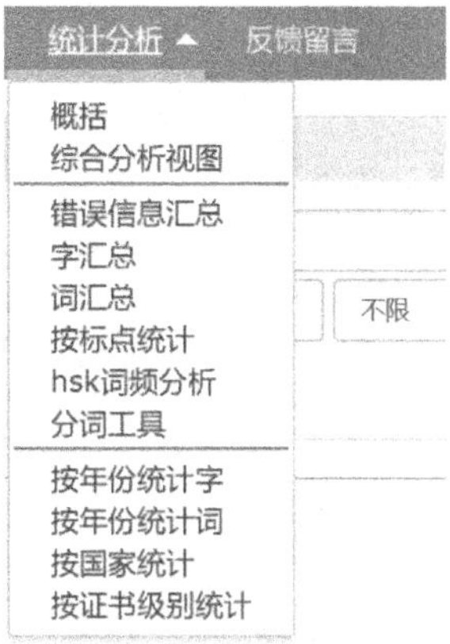

HSK动态作文语料库是目前对外汉语研究中可以免费使用的一种网络语料库,它给对外汉语教学研究提供了极大方便。人们使用它进行研究,取得了一批高质量的研究成果。

目前,HSK语料库已经升级为2.0版。既可以单独使用,又可以放在BCC语料库下面使用。

BCC语料库(http://bcc.blcu.edu.cn)包括的语料有"文学""报刊""多领域""微博""科技""古汉语""篇章检索""HSK"等。(图1-18)

图1-17 统计分析项目示例

图1-18 BCC语料库界面

以上几种都是目前使用较多的在线语料库,研究者可以根据自己的研究需要选择使用。

第二章

分词与检索统计

第一节 自己建库与分词处理

一、自己建库

建立个人的语料库包括"文本库"与"检索统计软件"两大部分。文本库主要是以纯文本（txt）格式的语料文件组成，根据建库的目的与以后使用的需要，可以将不同内容的 txt 格式的文件存放在不同的文件夹中，然后将这些文件夹以不同的名称命名，放置在更高一层次的文件夹中。这样，大的文件夹中包含若干小的文件夹，每个小的文件夹中又包含若干更小的文件夹，直至具体的若干 txt 格式的文件。依照建库需求，可以分为若干个层次，每个层次的文件夹可以命名为具有代表性或提示性的名称。

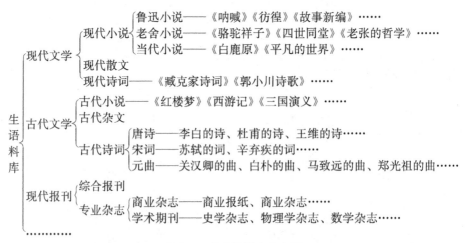

图 2-1 自建语料库示意图

这样建立起来的语料库中的文本是没有经过加工处理过的语料，称为生语料（raw corpus）。研究者可以根据研究需要，对生语料进行加工处理，如分词处理、标注词性、句型标注等，经过加工处理后的语料，称为标注语料（tagged corpus）或熟语料。

按图 2-1 所示的方式建立语料库是为了在以后的检索统计时更加方便地知道语料的出处，便于比较分析。

如今互联网已十分发达，获取电子文本的途径也多种多样，研究者自己可以根据需要获取想要的电子文本。较为专业的语料可能还需要自己输入或扫描为 txt 格式的文件。

有了文本库之后，要实现对语料的检索、分析，还需要借助其他软件才能实现。中文语料库常用的软件包括分词标注软件、检索统计软件等。

二、分词软件

汉字文本是连词书写的。为了给汉语进行词语检索和统计，首先要对文本进行分词处理。目前，很多专家为汉语编写了不少分词软件，一些网络语料库也有很多提供了分词功能。有些软件是商业软件，需要购买后下载使用；也有一些是免费软件，可以直接下载使用。

如"语料库在线"（http://corpus.zhonghuayuwen.org）就提供了在线分词和标注功能。打开页面后，将需要分词标注的文字输入"文字内容框"内（最长限 100 000 字），单击"自动分词 & 标注词性"按钮，在处理结果栏中就会将分词与标注后的文字显现出来，如图 2-2 所示。

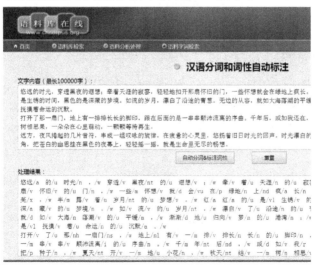

图 2-2 语料库在线之在线分词与标注

该网站还提供"语料汉语拼音自动标注"功能,可以在线对语料进行汉语拼音自动标注。另外,还提供"语料字词频率统计"功能,可以在线进行文本的语料字词频率统计,也可以将结果下载到自己的电脑中进行后期分析。语料字频词频统计如图 2-3 所示。

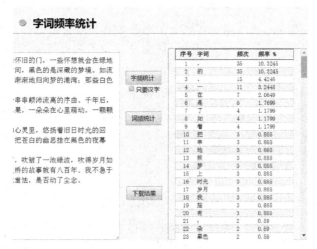

图 2-3　语料字频词频统计

离线的分词与标注软件如 ICTCLAS（现已升级到 3.0 版,软件名称为 CorpusWordParser）、MyTxtSegTag 等。CorpusWordParser 是"语料库在线"提供的一款免费软件,下载地址是 http://corpus.zhonghuayuwen.org/resources.aspx。

MyTxtSegTag 的界面非常简单,如图 2-4 所示,有"打开文件"和"切分标注"按钮,还有"启用专名识别"和"最小化词语颗粒度"选项。单击"打开文件"按钮,文本内容会出现在窗口中,单击"切分标注"按钮,处理过的内容会出现在窗口中。

图 2-4　文本分词和词性标注软件界面

"切换到批处理方式"可以处理文件夹中的多个文件。

单击该按钮后,会出现批处理的窗口。窗口左侧有选择文件夹一栏,通过单击浏览，可以选择电脑中语料放置的文件夹位置，软件将会自动把 txt 格式的文件搜索到文件列表中。窗口右侧有标注后文件的位置，可以自己定义。如图 2-5 所示，将要处理的文件通过 > 、>> 按钮移到右边"要处理的文件"一栏，单击"开始切分标注"按钮，软件将自动对文件进行标注，最后把结果存储在电脑中。

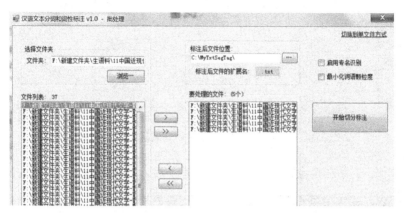

图 2-5　文本分词和词性标注的批处理功能

第二节　检索软件

语料库建设中一般都会编写专门的检索软件。这里我们先来介绍一款使用比较方便的文本编辑器 EmEditor，它同样可以用来进行复杂的检索。各种版本的 EmEditor 具体窗口格式和设置有一定差别，但基本用法一致。

一、软件介绍

启动 EmEditor，看到的是一个类似于记事本的窗口。窗口上方有"文件""编辑""搜索""查看""比较""宏""工具""窗口""帮助"等项目。我们这里主要运用其"搜索""比较""宏"三项功能。

二、常用功能

（一）比较功能

单击"文件"｜"打开"菜单项，或直接单击软件上面的 ，可以打开事先存在电脑中的各种文件，如图2-6所示。我们利用其比较功能，可以比较两个文本之间的异同、可以方便地校对文本。

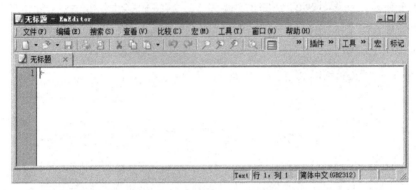

图2-6　EmEditor打开后界面

例如，我们分两次打开两个不同的文本文件，得到如图2-7所示的窗口：

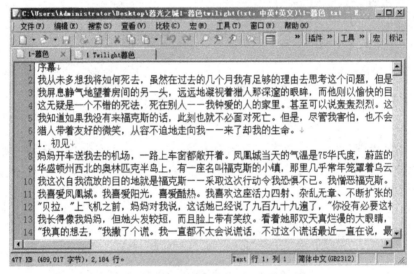

图2-7　EmEditor文本比较功能窗口

我们单击"比较"按钮，软件会跳出一个对话框，表明此时正在比较文件，如图2-8所示。

图2-8　正在比较文件对话框

然后，会出现两个窗口如图 2-9 所示，将两个文件分别显示。

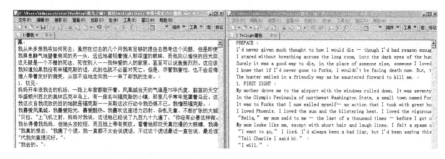

图 2-9　显示两个文件的窗口

如果我们是在进行英汉文本的对齐工作，还可以给两个文件加上"行号"。带行号的两个文件如图 2-10 所示。

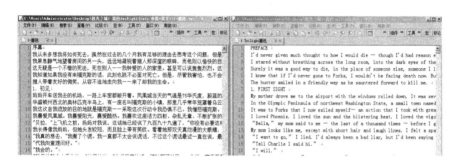

图 2-10　带行号的两个文件

单击"查看"菜单中的"行号"，原来的两个文件会同时显示每一行的行号，方便我们对文件进行加工。同时，如果我们拉动其中一个窗口的滚动条，两个窗口都会同步向下滚动，方便我们参照其中一个文本对另一个文本进行加工。

（二）查找、替换功能

EmEditor 提供了一整套超强的查找、替换功能。使用它，你不仅能对当前文档进行查找、替换操作，还能对整个目录以及子目录中的所有文本文件进行查找、替换操作。

步骤 1：单击"搜索"｜"在文件中查找"菜单项（图 2-11），这时跳出一个"在文件中查找"窗口（图 2-12）。

在"查找"栏中输入你要查找的内容，在"文件类型"栏中输入你的语料库的文件类型（如 txt 表示文本文件），单击"在文件夹"栏右边的 按钮，软件会让你选择要查询的文件（夹）的位置。选择相应的文件位置，如图 2-12 中我们选择的"E：\语料库软件\语料库类"。在下面的条件复选框中，如"区分大小写""查找子文件夹""使用正则表达式"等，按自己查找的情况勾选。单击右上角的"查找"按钮，被查的内容将以绿底的方式显示出来。

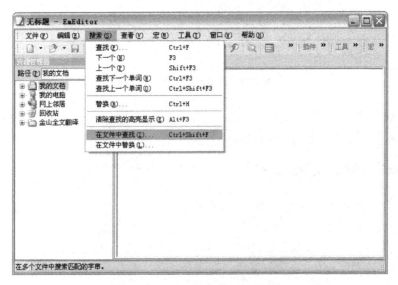

图 2-11 "在文件中查找"菜单项

图 2-12 "在文件中查找"窗口

如果是对当前打开的文件进行查找，"查找"窗口如图 2-13 所示。
步骤 2：替换。单击主界面上的"搜索"｜"替换"按钮，打开"替换"

对话框,在"查找""替换为"框中分别输入要"替换"的内容,以及"替换为"的内容。同样你也可以勾选条件复选框进行复杂的操作。(图 2-14)

图 2-13 "查找"窗口

图 2-14 "替换"窗口

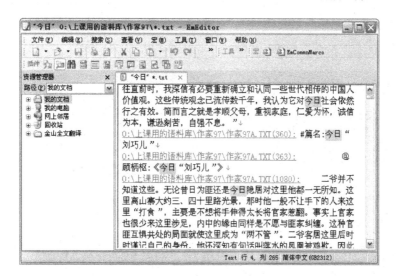

图 2-15 检索结果示意图

下面介绍一些与语料库有关的项目。

第一,关键词查询。

语料库用到 EmEditor 的主要功能就是查找。图 2-11 中显示的"在文件中查找""查找子文件夹"表示在储存的文本文件中进行语料检索,检索结果示意图如图 2-15 所示。

第二,文本分析。

单击"插件"│"单词数量"菜单项,可以统计文本单词的数量(图 2-16)。(注意:由

图 2-16 统计文本单词数量

于汉语文本一般是不分词的,所以,要统计单词或单字的数量,还要先对文本进行分词处理。)

第三,正则表达式。

在计算机科学中,正则表达式(Regular Expression)是指一个用来描述或者匹配一系列符合某个句法规则的字符串的单个字符串。在很多文本编辑器或其他工具里,正则表达式通常被用来检索或替换那些符合某个模式的文本内容。

【例一】 段落间增加空行

一个最简单的例子,"增加空行"示例文本如图 2-17 所示,我们的目标是在各个段落间加入一个空行。

在正则表达式中,使用\n 表示一个换行符,一个换行符代表一段,要在段落间加入一个空行,只要把\n 替换为\n \n 即可。按 Ctrl + H 打开替换对话框,如图 2-18 所示填入内容,注意在替换中一定要勾选"使用正则表达式"。

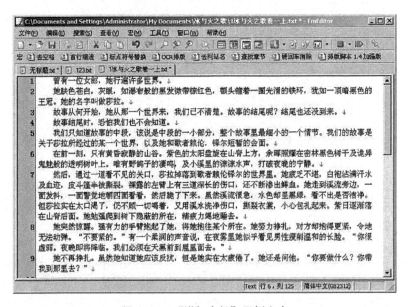

图 2-17 "增加空行"示例文本

【例二】 查找章节

在处理 txt 格式的文件时,经常需要查找各个章节的开头位置。"查找章节"示意图如图 2-19 所示。

一般来说,章节的开头一般是"第 N 章"或者"第 N 节",N 为中文或阿拉伯数字,如"第十四章"。查找时,按下"Ctrl" + "F"键,正则表达式为：第［0-9一二三四五六七八九十零〇百］{1，5}［章］，"查找章节"
示意图如图2-20所示。

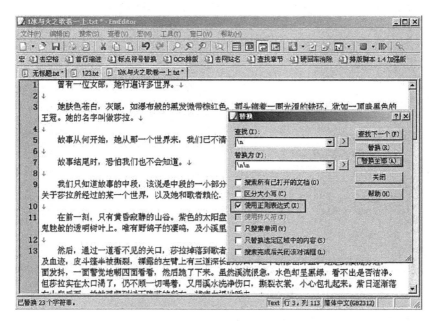

图2-18　使用正则表达式窗口

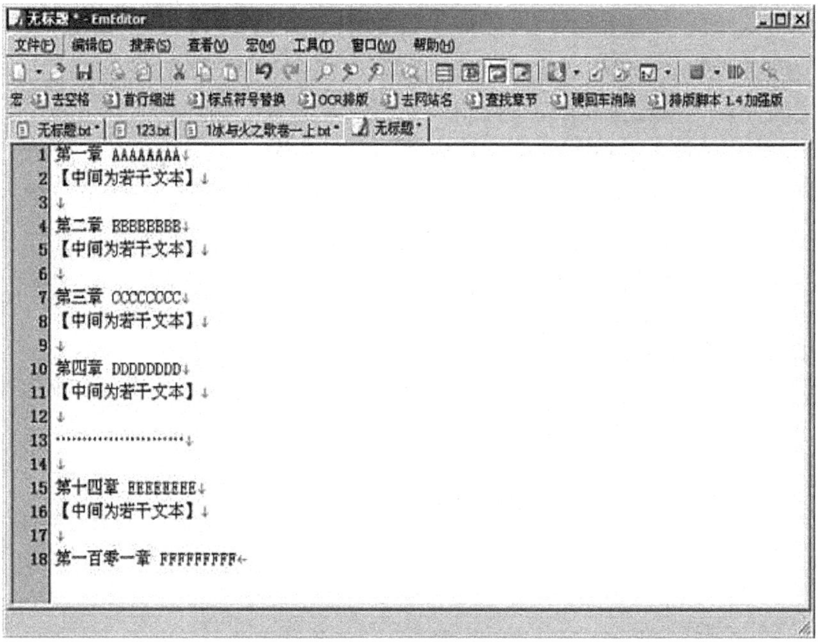

图2-19　"查找章节"示意图

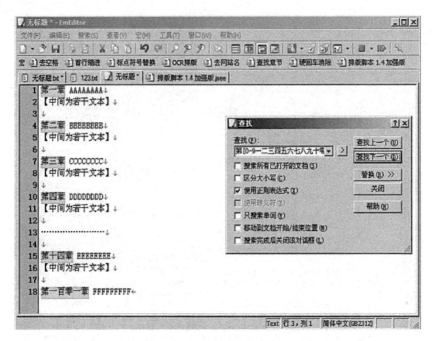

图 2-20 "查找章节"示意图

此表达式中,[ ]里的内容为所有可能字符,这里把所有中文和阿拉伯数字列为可能字符,{1,5}表示这些字符出现的次数为1~5次。比如"第一百二十一章"里面的"一百二十一"就出现了5次字符。可以根据需要改变次数,例如,{1,3}就是出现1~3次。

【例三】 查找分裂的"格式"

在语言材料搜集中,有时需要检索"为……而……""把……了"等。

"为……而……"使用的正则表达式是"为.{1,6}而",其中,"."的含义是任意字符,"{1,6}"表示匹配任意字符"."的次数(1~6次),即"为……(任意字符,1~6个)而……"(图2-21)。单击图2-21中"查找"栏右边的向右箭头">",软件会列出常用的正则表达式。

【例四】 查找汉语的"重叠式"

下面是几种汉语研究中常见的重叠式的检索方式。

(1) AABB 式。

正则表达式:(?:([\u4e00-\u9fa5])\1([\u4e00-\u9fa5])\2)

(2) ABAB 式。

正则表达式:(?:([\u4e00-\u9fa5])\([\u4e00-\u9fa5])\1 \2)

(3) AAB 式。

正则表达式:(?:([\u4e00-\u9fa5])\1)(?:[\u4e00-\u9fa5]))

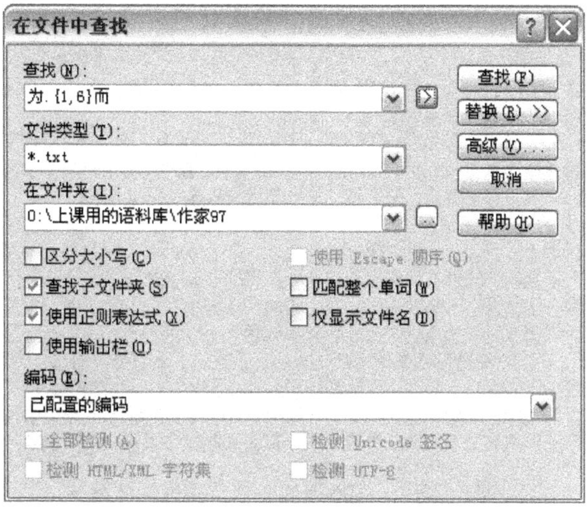

图 2-21 "查找分裂格式"窗口

(4) AXA 式。

正则表达式：(?:([\u4e00-\u9fa5]))(?:([\u4e00-\u9fa5])\1)

(5) ABB 式。

正则表达式：(?:([\u4e00-\u9fa5]))(?:([\u4e00-\u9fa5])\2)

其中，\u4e00-\u9fa5 表示的是 unicode 编码中所有汉字的编码，也就是要查找语料中所有的汉字。如果改成任意字符"."，那么检索出来的结果将包括空格、字母、标点等其他任意符号。

检索结果示意图如图 2-22、图 2-23 所示。

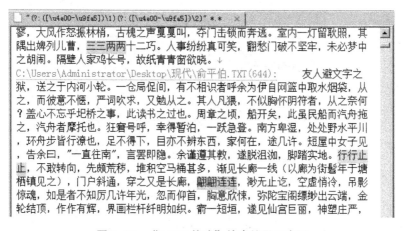

图 2-22 "AABB 格式"检索结果示意图

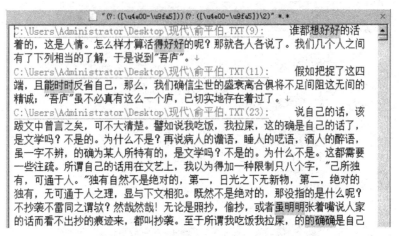

图 2-23 "ABB 格式"检索结果示意图

(三) 宏

可以通过编写或录制 EmEditor 的宏，在文件中查找、提取所需要的文字或词语。网友 YaYa 在网上发布了利用正则表达式来提取字符串的宏，用户如有需要可以到网站上（http://www.yayaus.com/2011/11/24/emeditor-regex-macro.html）进行下载。

宏的安装很简单，点开 EmEditor 上面"宏"下拉菜单，单击"选择"，会出现要使用的宏的位置，找到电脑中宏文件的位置，双击该文件，宏就自动安装进 EmEditor 中了。（图 2-24）

图 2-24 安装宏文件

在图 2-25 中显示的是利用正则表达式来提取字符串的宏。

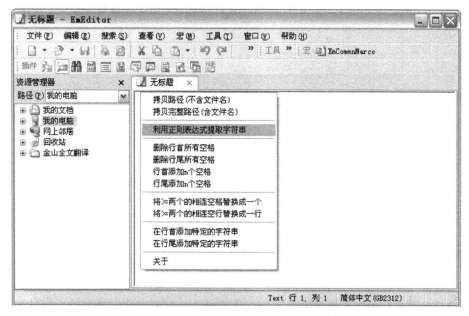

图 2-25　利用正则表达式提取字符串

例如，我们在一个语料库中要查询汉语中"十分……了"的格式。操作步骤如下。

步骤 1：如图 2-26 所示在 EmEditor 中选择所搜索的文件夹，在"查找"栏中输入"十分.{1,8}了"。其中"."的意思是任意字符，{1,8}是"至少 1 次，最多 8 次"匹配。单击"查找"按钮，查找结果示意图如图 2-27 所示。

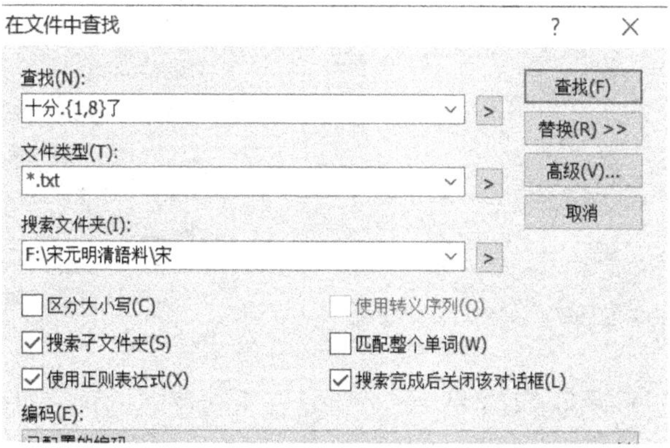

图 2-26　"在文件中查找"界面

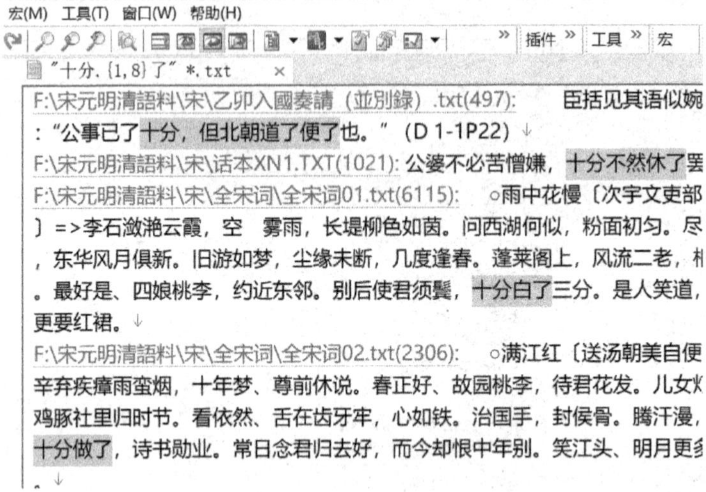

图 2-27　查找结果示意图

步骤 2：如果没有安装宏，应先安装宏。如果已经安装了宏，单击选择"宏"，这时候下拉菜单中会出现"'运行（R）''emeditor_perfecta_zh.jsee'"的选项如图 2-28 所示。单击该选项，会出现一个新的下拉菜单如图 2-29 所示。选择其中"利用正则表达式提取字符串"，这时软件会跳出一个新的提示窗口（图 2-30）。我们将要提取的字符串的表达式输入或粘贴进去，单击"确定"。这时软件就会把检索到的符合条件的所有结果显示在一个新的窗口中。我们可以将该结果复制、粘贴，或者另存为在一个单独的文件中，对它进行分析和研究（图 2-31）。

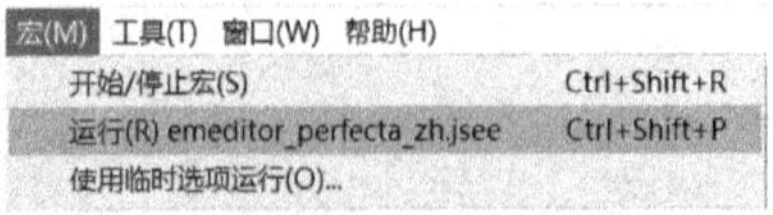

图 2-28　宏的下拉菜单 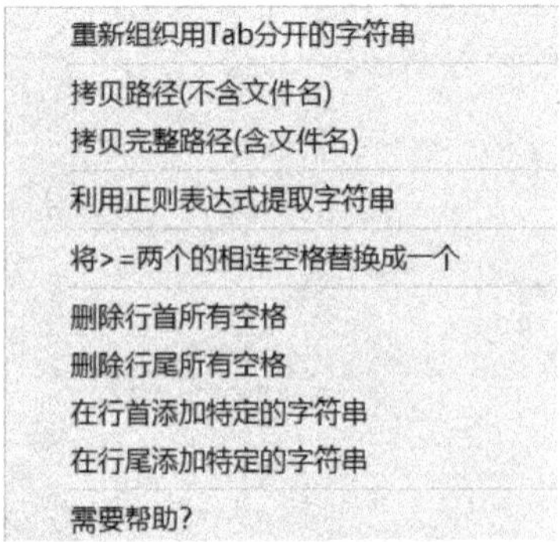　　　　图 2-29　"提取字符串"下拉菜单

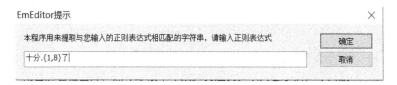

图 2-30 输入要提取的字符串的表达式

思考 在正则表达式"(?:([\u4e00-\u9fa5])\1([\u4e00-\u9fa5])\2)"中,"( )"的含义是"组","?:"的含义是"依照下列格式","[ ]"的含义是"规定中的字符","\u4e00-\u9fa5"的含义是"汉字字符集"中的所有汉字字符,即从第一个汉字字符码(\u4e00)到最后一个汉字字符码(\u9fa5),也就是电脑中的"内码"。"\1""\2"的含义分别是前面第1项、第2项。所以,上述表达式的整体含义如下:

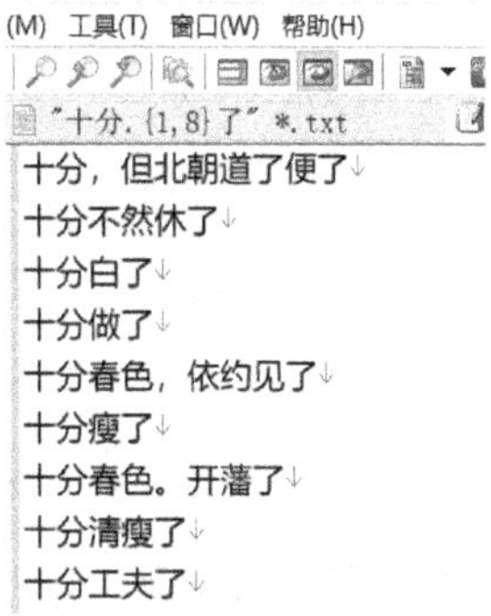

图 2-31 提取出"字符串"界面

按照如下格式查找:汉字字符集中的汉字 + 同第1项 + 汉字字符集中的汉字 + 同第2项。

所得结果其实就是"AABB"式的汉字组合形式。第一个汉字 A 找到后,再查找跟第一个汉字 A 相同的字符,形成 AA;第二个汉字 B 找到后,再查找跟第二个汉字相同的汉字,形成 BB。

根据正则表达式的含义,你可以设计下列特定格式的查找方法。

(1) ABBA。

(2) ABCCBA。

第三章

AntConc 的使用方法

第一节 AntConc 简介

对语料文件进行检索统计的软件，常用的有 WordSmith、AntConc 等。我们这里介绍的 AntConc，它是一款免费软件，而且使用起来非常简单，对中文有较好的兼容性。

一、软件概况[1]

AntConc 是由日本早稻田大学科学工程学院科学工程英语教育中心的 Laurence Anthony 博士开发的一款绿色免费语料库检索工具，运行环境为 Windows、Macintosh OSX 和 Linux。它简单易学，很适合语料库初学者以及语言教学和学习者使用。目前该软件已升级到 AntConc 3.5.8 版。其免费下载网址为：http://www.antlab.sci.waseda.ac.jp/software.html，主界面如图 3-1 所示。

（一）主界面

主界面顶部有 4 个菜单栏：File（文件）、Global Settings（总设置）、Tool Preferences（工具选项）和 Help（帮助）。File（文件）的下拉菜单有：Open File(s)（打开文件）、Open Dir（打开目录）、Close Selected File(s)（关闭选中文件）、Close All Files（关闭所有文件）、Clear Tool（关闭工具）、Clear All Tools（关闭所有工具）、Clear All Tools and Files（关闭所

---

[1] 关于 AntConc 用法的介绍，可参见李光梅. 语言与翻译实践 [M]. 成都：四川大学出版社，2016：99-101. 何安平. 语料库辅助英语教学入门（修订版）[M]. 北京：外语教学与研究出版社，2017：19-45.

有工具和文件)、Save Output to Text File (结果存为纯文本文件)、Import Settings from File (导入文件设置)、Export Settings to File (导出文件设置)、Restore Default Settings (恢复缺省设置)、Exit (退出)。

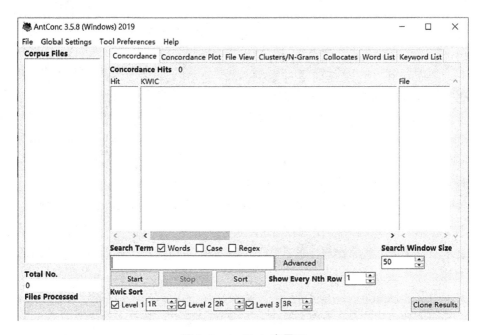

图 3-1　AntConc 主界面

(二) 字体设置

打开 Global Settings (总设置),弹出一个新窗口,如图 3-2 所示。

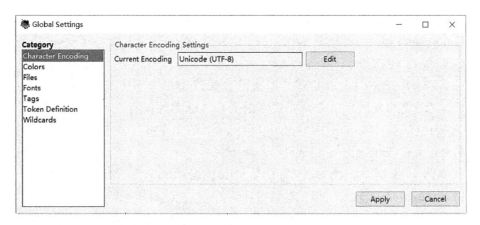

图 3-2　AntConc 总设置界面

Character Encoding（字符设置）是用来设置软件要处理的文字符号。AntConc 中文环境设置如图 3-3 所示：Edit〉Chinese Encodings〉Chinese（euc-cn）。你可以选择 AntConc 读取数据的语言编码。[1] 由于 AntConc 完全适用 Unicode 码，因而它可以处理任何语言数据。如果文本文件的编码是其他类型，既可以选择合适的编码系统，又可以先将文本文件转换成 Unicode 码。

Colors（颜色）设置字体显示的颜色。Files（文件）包括显示文件路径名、缺省文件类型。Fonts（字体）包括字体大小、型号、加粗、斜体等设置，用以

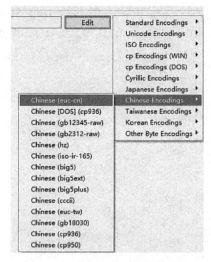

图 3-3　AntConc 中文环境设置

显示文件字体、检索结果字体等。Tags（附码）包括是否显示附码、附码形式等。

Token Definition（类符定义）：类符定义是指该软件如何界定各种符号，包括字母类符定义、数字类符定义、标点类符定义、符号类符定义、标记类符定义、用户自定义等。用户可以根据需要将某些字符、数字等定义为"词"。

Wildcard（通配符）：用户可以根据需要和习惯设置软件的通配符。

（三）工具选项（Tool Preferences）

打开工具选项，弹出新的窗口如图 3-4 所示。Concordance（语境共现）、Concordance Plot（语境共现图）、Clusters/N-Grams（词簇/N-Grams 表）、Collocates（搭配词）、Word List（词频表）、Keyword List（关键词表）。

Concordance（语境共现）用来设置共现词的显示方式。Concordance Plot（语境共现图）用来对共现图的大小、标签等进行设置。Clusters/N-Grams（词簇/N-Grams 表）显示几个词组成的"词簇"，包括对显示形式的各种设置。Collocates（搭配词）选项下包括显示方式、统计方式、其他选项如图 3-5 所示。统计方式下有"Log-Likelihood""MI""MI + Log-Likelihood""T-Score"等。本书在后面会陆续介绍具体计算方法。

---

[1] 如果选择字体后软件仍不能正常显示汉字，说明你使用的软件版本不合适，请改用其他版本。

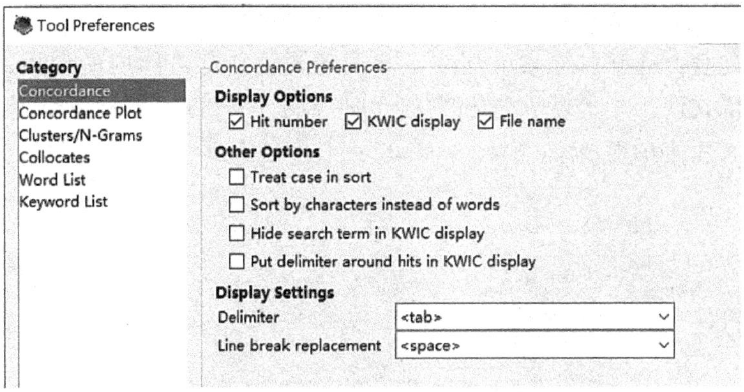

图 3-4　AntConc 工具选项界面

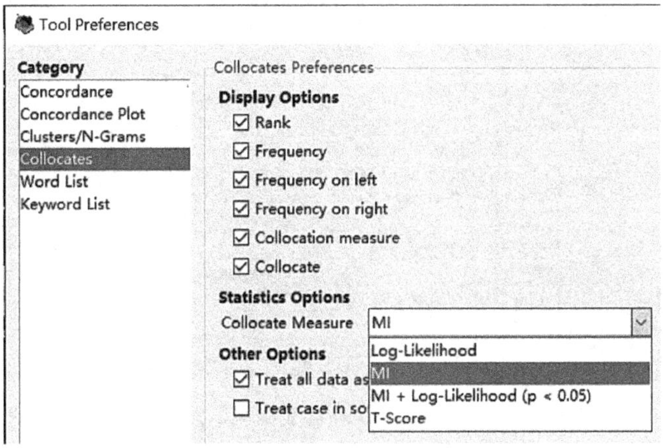

图 3-5　AntConc 搭配词选项界面

Word List（词频表）下包括显示方式设置、词元（Lemma）表、比较目标语料、词表范围、Keyword List（关键词表）。

关键词表可以设置显示的范围、频次、参考语料等。

第二节　语境共现

一、语境共现的概念

语境共现（Concordance），也称"关键词的分布语境"（Key Word in

Context，简称 KWIC)，是指某一检索词在被检索语料文本中所呈现的句子行的列表。通常以检索词居中，并显现周边一定范围内的词语的形式。通过语境共现行中的检索词和它的"共现词"，可以了解检索词的使用环境、意义和使用范式。图 3-6 展示了"平常"作为检索词在文本中的情况。

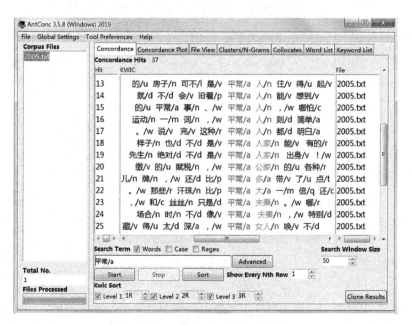

图 3-6　AntConc 检索结果示意图

从图 3-6 中可以看到，围绕着检索词"平常"周围出现的词语的信息：左边出现的有哪些词语、右边出现的有哪些词语，这些词语出现的频率及它们各自离检索词的距离。通过对这些"共现词"的分析，可以获取检索词的语法、语义信息。这也是语料库研究的一个重要方面。

二、语境共现行的提取

（一）提取前的准备

首先是载入语料。有两种方法：一是通过选择打开文件的方式，二是通过选择打开目录的方式。

1. 打开文件 [Open File(s)]

单击"File"按钮，出现一个下拉菜单，如图 3-7 所示。单击"Open

File(s)"，出现如图3-8所示的盘符路径，然后选取一个或多个文件，双击这个（些）文件或单击"打开"即可。

其中，如果要选取多个文件，有两种方法：一种是先选中第一个文件，然后按住键盘上的"Shift"键，再单击连续文件的最后一个文件，最后单击"打开"。第二种方法是先选中一个文件，然后按住键盘上的"Ctrl"键，再一个一个地选取所需要的文件，最后单击"打开"，两种方法选取的结果如图3-9所示。

图 3-7　AntConc 文件下拉菜单

图 3-8　文件盘符路径示意图

图 3-9　多文件选择界面

2. 打开目录（Open Dir）

单击"File"菜单的"Open Dir"，打开某个目录内的全部文件。界面跟上面 Open File(s) 一样。

3. 浏览文件（File View）

载入语料文件后，单击"Corpus Files"栏下的一个文件名，并且单击"File View"，便可以看到被选文件的详细内容，如图 3-10 所示。

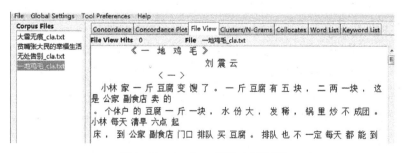

图 3-10　AntConc 浏览文件界面

（二）设置检索项

装载语料之后就可以开始检索某个语言点的语境共现行了。根据检索内容的不同，要在主界面下方的"Search Term"框下按要求设置检索项——单项检索、多项检索、语境词检索、批量检索、通配符检索和附码检索等。下面将一一介绍。

1. 单项检索的设置

单项检索一次只检索一个词项，是最简单和最基本的检索。使用单项检索可以了解该词的出现频数以及周围的搭配词等情况。

步骤1：调入语料，在主界面中下部的"Search Term"框里输入检索词。

步骤2：单击蓝色按钮"Start"（开始），出现检索结果。如果检索过程中因不需要呈现太多结果而想中断检索，可单击绿色按钮"Stop"（停止）。

2. 多项检索的设置

多项检索是指同时检索几个词项的检索方法。

多项检索的方法是在输入的每个检索词之间用"｜"隔开即可。如图3-11所示，是对"难免""不免"一起检索的情况，检索到的结果包括各个检索词。

图 3-11　AntConc 多项检索设置

3. 语境词检索的设置

语境词（context word）是指在检索项周边一定范围内经常出现的词。如果要凸显某一个词与检索项的搭配情况，可以设置将这个词与检索项同时提取出来，而且能保证它会出现在检索项周边的一定范围之内。

例如：要调查"在＿＿上"框架中可能是哪些词，就可以设置"在"右面的某一位置上的词必须是"上"，这时"上"就成了"在"的语境词。也就是说，构成了一个"在……上"的小"语境"。

步骤1：调入语料，在"Search Term"中输入"在"。

步骤2：单击它后面的"Advanced"（高级）如图3-12所示，主界面里的"在"会自动出现在该图的"Search Term"（检索项）里，提醒操作者主界面里的检索词是"在"。

步骤 3：勾选"Use Context Words and Horizons"（选用语境词和范围），在"Context Words"（语境词）中输入"上"，单击"Add"（添加），后面的"Clear"（清除）表示可清除。接着在"Context Horizon"（语境范围）选项下设置 From 5L To 5R 如图 3-12 所示，如果我们想要查询从右边第三个词是"上"，到右边第六个词是"上"，也就是说，"在＿＿上"格式中可以是 1～5 个单词，我们就把数值设置为 2～6。

步骤 4：单击"Apply"（应用），本窗口关闭，自动回到主界面，再单击"Start"。检索结果示意图如图 3-13 所示。

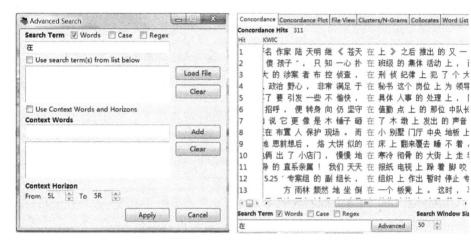

图 3-12　高级检索界面　　　　图 3-13　检索结果示意图

4. 批量检索项设置

批量检索项是指检索词不是一个词，而是一批不连续的词项。特别是当检索词太多，检索框里输不下的时候，可用批量检索方法。如我们想在文件中检索"不免""难免""未免""以免"等词，就可以使用批量检索功能。批量检索窗口如图 3-14 所示。

步骤 1：单击"Advanced"（高级），进入高级检索界面。

步骤 2：勾选"Use search term(s) from list below"（使用以下列表中的检索项），在下面的方框里输入要检索的词，一行一词，不附带任何标点符号。然后单击"Apply"，回到主界面，单击"Start"。批量检索结果示意图如图 3-15 所示。

步骤 3：也可以用"Load File"（载入文件）直接从文件中调取预先制成的检索词表。例如，预先把检索词一行一词、不用任何标点符号地保存在一个单独的文本文件里。然后进入高级检索界面，先勾选"Use search term(s) from list below"，再单击"Load File"来选调先前保存的文本文件，显示结果和从方框中输入的一模一样。这种方法的优点是可以同时检索几十乃至上百个词语。

图 3-14 批量检索窗口

图 3-15 批量检索结果示意图

5. 类别检索——通配符的使用

类别检索是对某一类别的词、词组或标注等的检索。使用通配符属于类别检索设置的一种方法。通配符是使用某些符号来替代一个、多个字母或词，例如，用 * ed 来检索所有以 ed 结尾的词，用 b?t 来检索所有以 b 开头、以 t 结尾而且中间只有一个字母的单词，等等。

每一种软件的通配符不尽相同，所以，AntConc 的通配符（表 3-1）跟 EmEditor（图 2-24）的通配符（正则表达式）也不完全相同。

表 3-1 AntConc 的通配符

符号	意义	检索项	检索结果
*	零个或多个字符	book *	提取所有以 book 打头的词，如 book, books, booking, bookshop 等
		* book	提取所有以 book 结尾的词，如 book, notebook 等
		* book *	可以同时提取以上两类词
+	零个或一个字符	book +	提取所有以 book 打头，但之后有零个或一个字母的词，如 book, books
?	任意一个字符	?ough	提取所有以字母组合 ough 结尾，但之前有一个字母的词，如 cough, rough 等
@	零个或一个词	think@of	提取所有含有 think…of 的词组，如 think of, think highly of 等
#	任意一个词	look#	提取所有与 look 的搭配，如 look after, look at 等
|	检索词1|检索词2	door|doors	提取所有 door 和它的复数 doors

（三）检索结果的观察与加工

1. 观察频数、分布

要了解检索项的使用频数，可观察"Concordance Hits"下的数字。要观察各检索项在语料库中的分布情况，可单击"Concordance Plot"，如图 3-16 所示。它显示"不免""难免""未免""以免"等词在语料中的分布。图 3-16 中每一条竖线代表出现一次，并显示它们在该语料文本中的位置。单击黑竖线，可以定位到原文中该词使用的具体位置，结果如图 3-17 所示。

图 3-16　检索结果的分布情况

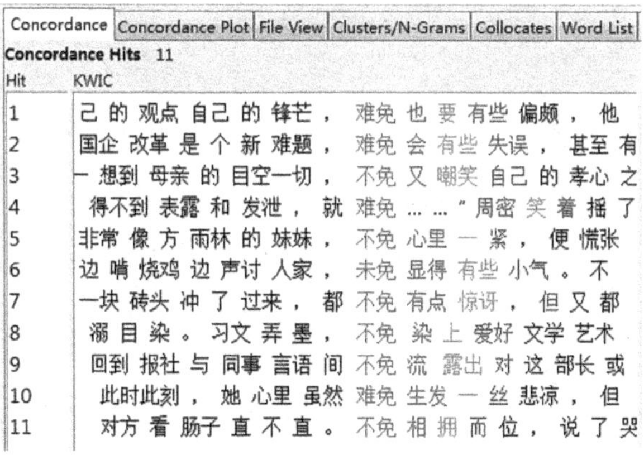

图 3-17　检索词在文中的位置

2. 凸显检索项周围的语境词

为了观察检索项周围词的特性，可选主界面右下方的"Kwic Sort"将检索项周围的词凸显出来。其中"Level 1""Level 2""Level 3"分别用不同颜色凸显检索项周围不同位置的词，并将它们按字母顺序或笔画多少进行排列。1L（L 代表 left）表示检索词左边第一个词，1R（R 代表 right）表示检索词右边第一个词。"Level 1"是默认勾选，设置"Level 2"和"Level 3"时，一定要勾选上它们，否则不起作用。当然这三个 Level 不一定同时都用，如果只显示一列，在三项中任选一项就行；如果显示两列，在三项中任选两项；如果显示三列，则三项都要用上，最后单击检索框下的黄色按钮"Sort"进行凸显排序。

3. 提取检索项的搭配词表

提取检索项搭配词表是将检索项周围某一列或者某一范围内的所有词制成词频表，主要用来凸显检索词和周围词之间的搭配和语法范式。特别是当语境共现行太多、词与词之间的关系不易观察时，提取搭配词表可以清晰地显示出反复与检索词一起出现的词有哪些、出现的次数是多少、在什么位置等重要信息。

步骤 1：单击主界面上方的"Collocates"（搭配词），然后在搜索栏输入检索词。

步骤 2：在 Window Span（搭配词跨距）中设置搭配词距离检索词的位置，本操作设置为从 5L 到 5R（这也是该工具的默认值）。在"Min. Collocate Frequency"（最小搭配频数）中设置搭配词出现次数的限制，默认为 1 以上如图 3-18 所示。

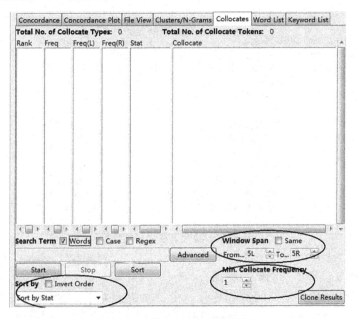

图 3-18　搭配词跨距设置界面

我们以"以便"为检索词，在文件中检索，结果如图 3-19 所示。

图 3-19　检索结果窗口

图 3-19 显示框的第一列是 Rank（排序），第二列是 Freq（频数），第三列是"Freq（L）"（搭配词出现在检索词左边的词的频数），第四列是"Freq（R）"（搭配词出现在检索词右边的词的频数），第五列是"Collocate"（与检索词常在一起的搭配词）。

步骤 3：在左下角 Sort by（排列方式）下，有依频次、依统计量、依单词、依词尾等方式，选择后再单击"Sort"按钮，搭配词的排序方式会按要求改变。

第三节　词频表和关键词表

一、基本概念

词频表（Word List）是一个语料库中所有词及其出现频数的列表，它既可以按词语出现的频数排列，又可以按字母顺序排列。词频表可用来调查语篇词汇的密度、多样性、复现率、高频实义词等词汇类型或频数特征，进而比较某些词在不同文本或不同语体中的分布状态，比较同源词或翻译对应词在不同语言中出现的频数,还可以用于比较两个词频表或对某语篇语体的一致性进行调查,等等。另外,提取词频表是提取关键词表的前期步骤,即提取关键词表之前必须首先生成词频表。

关键词表(Keyword List)是指某篇或某一批语篇中与其他参照语料库相比明显高频的词汇列表。关键词表既可以用来揭示语篇的内容大意、文体风格、关键词之间的语法和语义联系,又可以揭示主话题的情节发展。

通常人们用对数似然(log-likelihood)或卡方(chi-squared)检验来比较两个词频表,从而产生关键词;关键词的一个重要指标是关键性。常见的被提取的关键词有专有名词、表示某种语体风格的语法词和显示文本内容的词语。

二、词频表的提取方法

(一)单个词词频表的提取方法

词频表可以分为单个词词频表和 N 词词频表。单个词词频表是每行只有一个单词的词频表,一般用来了解一个或几个文本里所有单词的频数、词性和词的变化形式等信息。

选好语料之后,单击主界面上方的"Word List"(词频表),再单击"Start",词频表便被提取出来了,结果如图 3-20 所示。它显示我们观察的文本共有词符数(Word Tokens)252 586 个,其中包含了15 577 个不同的词型(Word Types)。在这些词型中,"的"字出现的频数最多,共计 10 690 次;接下来为"了"字,共计8 046 次。

Word Types:	15577	Word Tokens:	252586
Rank	Freq	Word	
1	10690	的	
2	8046	了	
3	3625	一	
4	3513	不	
5	3475	我	
6	3359	是	
7	3273	他	
8	3252	你	
9	2679	说	
10	2476	在	
11	2087	着	
12	1988	地	

图 3-20 词频表

(二)N 词词频表(词簇表)的提取方法

N 词词频表又称多词词频表,是包含检索词的 N 词词频表。通常提取的N 词词频表有两种,一种是含检索词的 N 词词频表,另一种是不含检索词的N 词词频表。例如,提取整个语料库中的二词词频表、三词词频表、四词词频表等。

步骤1：在提取了检索项为"不免"的语境共现行之后，单击主界面上方的"Clusters/N-Grams"按钮，出现如图3-21所示的窗口（也可以在打开"Clusters/N-Grams"界面后再输入检索词"不免"）。

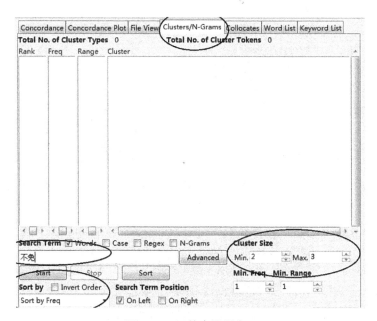

图 3-21　词簇表设置窗口

步骤2：设置"Cluster Size"（词簇的词数），通常默认"Min. Size"（最小数值）是2，"Max. Size"（最大数值）也是2，意味着只检索包含检索项"由于"在内的2个词的短语。如果设置最小为2，最大为3，表示要提取所有含检索项"由于"在内的2~3个词的短语。

步骤3：设置"Min. Cluster Frequency"（最小词簇频数），即设定短语至少要出现几次才进行统计，系统默认为1。注意：短语词数设置得越少，最小频率就要设置得越大，不然结果数量太大，软件会停止运行。一般选频数3次以上。

步骤4：设置"Sort by"（按……显示），选项里多了一个"Sort by Freq"（按频率显示）。

步骤5：单击"Start"，包含检索项"不免"在内的2~3个词的短语的部分检索结果如图3-22所示。

N-Grams是不含检索词的N词词频表。其获取方法如下：

选择"Clusters/N-Grams"界面之后，下方会出现"N-Grams"按钮，选中之后，设置"Cluster Size"，单击"Start"即可。

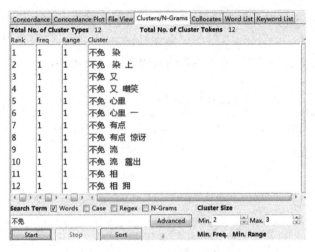

图 3-22 词簇检索结果

(三) 关键词表的提取方法

关键词表可以凸显所关注文本的用词特色,它的提取以词频表为前提,同时选择一个目标语料库和参照语料库,一般情况下如果目标语料库较小,参照语料库则选用较大的语料库。

步骤 1:载入语料。

步骤 2:单击主界面上的"Keyword List"出现提取关键词界面。

步骤 3:单击菜单栏中的"Tool Preferences"(工具选项),弹出新的窗口,如图 3-23 所示。

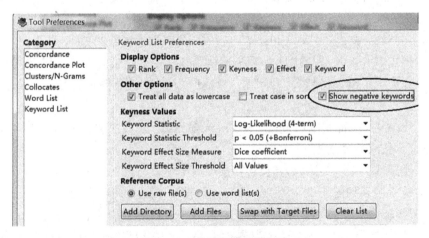

图 3-23 关键词表设置窗口

步骤4：单击"Keyword List"（关键词词表），勾选"Show negative keywords""keywords using highlight color"（用亮色显示关键词），单击"Reference Corpus Option"（参照语料库选项）下面的"Choose Files"（选择文件）。（可以选择参照文件作为参照语料库。）

Keyword Values（关键词值）下面给出了可以选择的项目：Keyword Statistic（关键字统计）给出了 6 种关键词统计方法。Keyword Statistic Threshold（关键字统计阈值）给出了对 p 值的界定，有 9 个可选项目。Keyword Effect Size Measure（关键字效果大小度量）有 10 种度量方式，包括 Dice Coefficient（骰子系数）、Difference Coefficient（差异系数）等，Keyword Effect Size Threshold（关键字效果大小阈值）下面有从 top 100 到 top 1 000 等 10 种选项，研究者可以根据自己的研究性质进行选择。

单击"Load"，参照语料加载成功，再单击"Apply"。

步骤5：回到主界面，单击"Start"，出现如图 3-24 所示的界面。

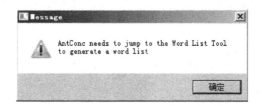

图 3-24　跳出提示信息界面

步骤6：单击"确定"，结果如图 3-25 所示。

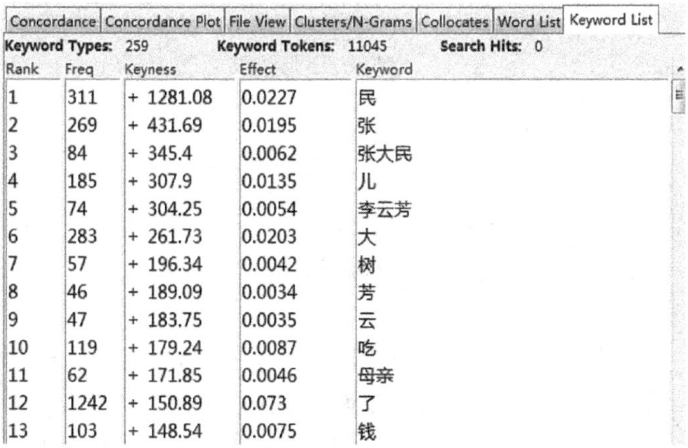

图 3-25　显示文本特色词的界面

图 3-25 表示相对于参照语料库来说,语料中突出显示的高频词如 "张大民""李云芳""树""母亲""钱"等,能够体现《贫嘴张大民的幸福生活》的用词特色。

第四节　搭配和统计量

一、搭配(Collocates)

"搭配预设"(Collocates Preferences)如图 3-26 所示。"搭配"工具是用来生成目标文件的一组有序的搭配列单的。搭配既可以按词频,又可以按照检索词左边或右边的搭配频率,或者按词头、词尾排列,也可以按照检索词和搭配间的统计量的值来排列。统计量的值所测的是检索词与搭配度之间的相关程度。

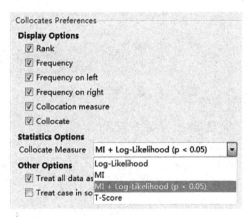

图 3-26　搭配预设

AntConc3.5.8 版提供了四种统计量:对数似然比(Log-Likelihood)、相互信息值(MI)、相互信息值+对数似然比(MI + Log-Likelihood)和 T 值(T-Score)。

如图 3-18 所示,可执行的统计量列在窗口下面,所有的列单顺序可以反向排列。同样地,用户也可以选择检索词左右两边的单词跨度(单词数)。比如,如果只要求一个单词跨度,就可以看哪些单词直接出现在检索词右边。选中右边 Window Span(窗口跨度)的 Same(相同)选项,则使单词跨度的最大值和最小值相同。

步骤 1：在主界面先选择“Tool Preferences”，再选择“Collocates”，然后选择“Statistic Option”。

步骤 2：单击 Collocation Measure 下拉菜单，会出现四个选项如图 3-26 所示。如不选择，系统默认的是 *MI*。我们选择对数似然比（Log-Likelihood）。

步骤 3：勾选“Other Option”。下面两个选项为“Treat all data as lowercase”（所有的数据为小写）和“Treat case in sort”（个案排序），勾选排序，这样统计结果就会按照序列排序。

步骤 4：我们在文本中检索“家”一词，单击“Start”，跳出窗口如图 3-27 所示。

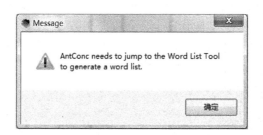

图 3-27　提示信息界面

步骤 5：单击“确定”，跳出显示结果的窗口。

步骤 6：统计结果出来。其中的“Stat”一栏的数值，就是我们刚才设定的 Log-Likelihood 值，如图 3-28 所示。

Concordance | Concordance Plot | File View | Clusters/N-Grams | Collocates | Word List

Total No. of Collocate Types: 28　　Total No. of Collocate Tokens: 29

Rank	Freq	Freq(L)	Freq(R)	Stat	Collocate
1	1	1	0	13.67976	京腔
2	1	1	0	13.67976	对门
3	1	1	0	13.67976	打碎
4	1	1	0	10.90939	县
5	1	1	0	9.86511	惯
6	1	1	0	8.68460	扔
7	1	1	0	8.68460	户口
8	1	1	0	8.68460	如果
9	1	1	0	8.28411	撞
10	1	1	0	7.95143	盖
11	1	1	0	7.41851	油漆
12	1	1	0	7.41851	开始
13	1	1	0	6.50364	咱们

图 3-28　按设定值统计搭配词的结果

其他几种统计量的操作与此类似，只是一开始选择不同的统计方式就可以了。注意：几种统计值的大小并不一致，这是因为每种数值表示的含义不同。

二、统计量（Statistical Measures）

卡方和对数似然比既可用作检验单个词项跨语料库频数差异的显著性，又可作为检验两个词在同一个语料库中一定跨距内的共现强度。

为避免搭配计算中偏重高频词（以功能词居多靠前）的问题，英国学者 Adam Kilgarriff 在公式中增加了节点词和搭配词共现频数的对数值，将高频词的权重降低，从而使其他实词搭配词的权重得以提高。从图 3-28 可以看到，排在前面的搭配词是以实义词为主。如果我们要借助搭配词进行内容分析的话，那么 Log-Likelihood 似乎更适合。

我们谈一下相互信息值（$MI\ value$）的特点及其与 T 值的不同之处。

（一）MI 值测量

MI 值计算的是，"一个词在语料库中出现的频数所能提供的关于另一个词出现的概率信息。"[1] 比如，在一个 1 000 万词的语料库中，"because"这个词出现了 10 次。这意味着"because"在库中出现的概率是 0.000 001。但是，在同一个语料库中，如果"because"这个词出现了 5 次，而且在 5 个实例中，"because"总是出现在"that"之后。那么，当我们看到"that"时，我们就有 0.5 的概率看到"because"。这样，"that"的出现给我们提供了大量的信息，来揭示"because"的出现。MI 值的差异表明词语搭配强度的不同。

MI 值的计算方法如下：

$$I(a,\ b) = \log_2 \frac{P(a,\ b)}{P(a)P(b)}$$

其中，a 和 b 为语料库中的任意两个词性，$P(a,b)$ 是两者共现的概率，$P(a)$ 是词形 a 在库中出现的概率，$P(b)$ 是词形 b 在库中出现的概率。如果 a 和 b 的结合能力很强，则 $P(a,b)$ 要比 $P(a)P(b)$ 大得多，两个词形的搭配强度 $I(a,b)$ 也就趋于正值。由此，

$$I(a,\ b) > 0$$

---

[1] 卫乃兴. 词语搭配的界定与研究体系 [M]. 上海：上海交通大学出版社，2002：48.

否则，

$$I(a, b) \leqslant 0$$

MI 值高，搭配词和节点词共现的频数不一定就高。起决定作用的是搭配词与节点词共现的频数与各自单独出现频数之积的比值。MI 测量方法的缺点是，当一个搭配词和节点词共现的次数不多而仍有较高的 MI 值时，它可能表明一般情况下词语间的搭配强度，也可能是由于语言使用者独特的个人用语特点或者某个语料库的特点所致。对此，研究者很难做出判断。MI 测量方法的优点在于它能较好地识别复合词、固定词组、科技术语等。

（二）Z 值的测量

如果语料库的总词量为 W，某个搭配词在库中的观察频数为 C_1，那么，该搭配词在语料库中各个词位出现的平均概率则为 C_1/W。如果限定跨距为 S，该搭配词与每个节点词共现的概率则为 $\dfrac{C_1 \times (2S+1)}{W}$（$2S$ 指的是节点词左右两边的跨距位置，1 为节点词所占的距位）。但是，当考虑该搭配词与观察频数为 N 的某个节点词共现的概率时，其理论上的概率应当是

$$P = \frac{C_1 \times (2S+1)}{W} \times \frac{N}{W}$$

用这个理论上的共现概率以乘库容 W，便可求得该搭配词与节点词共现的期望频数（expected frequency）E。

$$E = \frac{C_1 \times N \times (2S+1)}{W}$$

也就是说，期望频数的计算涉及 4 项数据：语料库包含的总词数 W，某个搭配词在语料库中的观察频数 C_1，限定跨距 $2S$，节点词在语料库中出现的频数 N。期望频数被用于 Z 值或 T 值的计算。Z 值或 T 值表示的是节点词与搭配词相互预见或相互吸引的程度。在大样本的情况下，两种分值差别不大。计算 Z 值或 T 值需要先计算出搭配词在文本中分布的标准差 SD：

$$SD = \sqrt{(2S+1)N \times (1 - C_1/W) \times (C_1/W)}$$

然后用搭配词和节点词共现的实际频数 C_2 与期望频数 E 之差除以标准差，即可求得 Z 值，即

$$Z = \frac{C_2 - E}{SD}$$

Z 值达到一定程度，搭配词即可视为显著搭配词（significant collocation），它与节点词组成的序列是显著搭配。

类似于 Z 值测量的是 T 值测量，二者仅有很小的差异。一般情况下，前者用于大样本数据的测量，后者用于小样本数据的测量。

T 值的高低主要取决于节点词与搭配词共现的次数。共现的次数越多，T 值越高；反之，则越低。T 值给研究者一种把握，使他可以判断共现的词语间在多大程度上存在着典型的搭配关系。对于 T 值高的序列，研究者便有足够的把握确定其为搭配，因为统计数据表明共现的频数已经很高，足以排除是偶然共现。相互信息值测量的是词语间的搭配强度，即一个词的出现所能提供的关于另一个词出现概率的信息。

对数似然比（Log-Likelihood）是一种频率差异检测方法，这里我们不再讨论其计算方法。在本书第六章第三节中有具体运用的实例，可供参考。究竟是使用 T 值，Log-Likelihood 值，还是使用 MI 值，要视研究的内容与目的而定。

第四章

语言研究中的定性分析与定量分析

通常用于人文社会科学的研究有定量研究与定性研究之分,二者有许多不同之处,很难用一两句话给这二者下定义。为了把问题说得简单明了一点,我们先看一个例子:

【例一】 两位研究者计划对某杂志中的外来词和字母词进行研究。研究开始前,他们各自搜集该杂志的电子文本,建立语料库。

研究者A的研究方法是,对杂志从1979年创刊到2019年几十年来出现的外来词和字母词进行研究。通过研究发现:1979—2019年,外来词在整个语料库中使用频率从0.6‰增长到5‰,然后又下降到2‰;字母词的数量从0.01‰一路攀升,到2019年增加到3.1‰。

研究者B的研究方法是,先提取语料库中外来词和字母词,再进行归纳分类。先按照来源将外来词分为不同类别,再按照语义分为不同领域的词语,比如,政治、经济、教育、计算机、体育等。对字母词也是采用类似的方法。

研究者A的研究对使用频率进行统计、对比,这种方法属于定量分析;研究者B的研究先搜集材料,然后按照一定的标准进行分类,这种方法属于定性分析。可见,定量分析侧重于数据,求出语料库中研究对象出现的频率,并将它们相互之间的关系和发展演变等进行对比;而定性分析主要对特定的研究对象进行搜集、分类、比较和解释。因此,庞奇(Punch)说:"定量研究是实证研究,其数据形式是数字。定性研究是实证研究,其数据形式不是数字。"[1]

两种研究方法对研究问题的设计也不相同:定量研究设计中会出现"变量""相关""影响因素"之类措辞;定性研究设计常以"如何""为什么"等提出研究问题。

---

[1] 文秋芳,俞洪亮,周维杰.应用语言学研究方法与论文写作(中文版)[M].北京:外语教学与研究出版社,2004:62.

第一节 语言研究中的定性分析

一、定性研究概述

定性研究是对自然发生的现象进行描写,一般不涉及试验和其他人为加工材料的研究。定性研究又称归纳性、启发性研究,通常采用自然情境中的资料,而且一般不用数量形式表达的研究。

在研究的实践中,定性研究是对研究对象进行"质"的分析。具体地说,是运用归纳与综合分析以及抽象与概括等方法,对获得的各种语料进行思维加工,从而能去粗取精、由表及里,达到认识事物本质,揭示其内在规律的目的。定性分析常被用于对事物相互作用的研究中。它主要是解决研究对象"有没有"或者"是不是"的问题。例如,我们要认识"把"字句的规律,首先要搜集到"把"字句的各种用例,对它们进行归纳与综合,按照"结构""语义""用法"等对其进行分类,如语义分类,可以分为"处置义""致使义"等,进而找出两种类型的本质区别。所以,定性分析在语言研究中是一种最常见、最重要的分析研究方法。

具体来说,定性研究也有两种层次:一种是研究结果本身就是定性的描述,没有量化或者量化很低;另一种是在定量分析基础上的定性分析。从科学认识的过程看,任何研究或分析一般都是从研究事物的质的差别开始,然后再去研究它们量的规定,在量的分析的基础上,再做最后的定性分析,从而得出更加可靠的分析。

定性研究常用的手段有行动观察研究、案例研究、采访等,其资料或数据来源于观察、采访、文献以及研究者自身的内省式印象。

语言学的定性研究在逻辑上是一种归纳推理的研究方法,它注重观察语言材料和现象。与定量研究不同的是,它从开放性的观察开始,事先没有什么模型或假设,也不规定观察什么变量,而是根据所收集的数据或语料进行分析过滤,概括出一般的形式,然后产生假设。因此,可以说,定性研究是产生假设的研究。

二、常用的定性研究方法

从理论上讲,单纯的定性研究不涉及以量化为主的研究方法,因此常用的定性研究方法有观察法、直觉与内省判断法、个案研究和采访法。

（一）观察法

观察法是定性研究中经常采用的获取语料的方法之一。就整体而言，观察法可分为参与式观察法和非参与式观察法。

研究者可以参与到所观察对象的活动中，以参与者的身份获取亲身感受；研究者也可以不参与所观察对象的活动中，以局外人的身份观察研究对象，不对其进行任何妨碍与干扰。

（二）直觉与内省判断法

在语言学研究中，研究者对语言及语言使用的诸多现象的认知往往根据直觉和内省，自我构建语言数据，这种数据正确与否由研究者依据直觉判断，数据量往往较小。

1. 直觉判断法

直觉，是一种瞬间内省和直接感悟。所谓直觉判断，是一种以感知和内省为基础，但又突破了感知和内省限制而形成的关于认识对象的即时的、敏捷的、直接的观念。

在语言学中，人们对所说、所听到的语句是否符合本民族的语言结构规律，是否符合本民族的语言表达习惯有一种直觉的判断。

2. 内省判断法

内省判断法又称自我观察法。心理学研究通常要求被试者把自己的心理活动报告出来，然后通过分析得出某种心理学结论。尽管内省判断的方法在普通语言学研究中并未使用，然而在社会语言学、语言习得和语言教学研究中，审视语言使用者或语言学习者的思维形式和思维过程，在很大程度上要依赖于人们的内省判断。如对句子正误的判断，对词语意义的理解是否正确，等等。

语言研究中所采用的语料、数据多是依靠内省的方法。人们分析周围人使用的语言，利用自己的直觉对这些话语进行分析，在研究过程中都伴有不同程度的内省判断。

（三）个案研究

个案研究的属性主要是指研究的任务，其次是指具体的研究方法。

此方法以某一具体案例为研究对象，通过"解剖麻雀"的方法考察其具体状态、发展变化的过程等，从中总结出规律，并以此作为研究相似、相同问题的范本或借鉴。

从研究手段来说，个案研究其实就是一种调查研究的方法。

（四）采访法

采访法采用问卷或面对面的方式，就研究问题进行采访，以获取研究所需要的数据。与定量分析中采访方法不同的是，定性分析要进一步对通过采访所采集的数据进行整理、归纳及对比分析，并对数据的变化趋势及数据之间的差异进行归因。

采访的形式主要分为结构式、半结构式和无结构式采访。结构式采访，即采访者事先准备好采访的提纲或问卷，逐项按顺序向被采访者提问所要了解的有关问题。同定量研究所使用的调查问卷不同的是，这种采访的问题多是开放性问题。半结构式采访指的是采访者将采访的关键性内容设计成采访要点，而对采访的全过程和一些具体的采访细节不需要做周密的设计、策划。无结构式采访是指事先对采访的内容不做计划或安排，其方法近似于随机式的采访活动。

语言调查中的田野调查以及社会语言学中的语言使用状况调查，多数为结构式采访。

第二节　语言研究资料的定量分析

一、定量研究概述

定量研究是指运用概率统计原理对社会现象的数量特征、数量关系和事物发展过程中的数量变化等方面进行研究。定量分析的方法最初用于自然科学研究，它结合概率和统计学相关原理，对社会现象的数量特征、数量关系和事物发展过程中的数量变化趋势等进行分析。定量方法也就是计量方法。语言学研究中使用定量方法主要体现在语料库的建立和统计分析、语言材料的调查和统计等方面。计量语言学[1]已经越来越多地把各方面的语言和语篇

---

[1] 计量语言学以真实语言交际活动中呈现的各种语言现象、语言结构、结构属性以及它们之间的相互关系作为研究对象，通过概率论、随机过程、微分与微分方程、函数论等数学的定量方法对其进行精确的测量、观察、模拟、建模和解释，寻找语言现象背后的数理规律，揭示各种语言现象形成的内在原因，探索语言系统的自适应机制和语言演化的动因。刘海涛,黄伟.计量语言学的现状、理论与方法[J].浙江大学学报：人文社会科学版，2012（2）：178-192.

研究结合在一起，对语言和语篇研究中反映出的频率或量化现象进行的统计分析。

在现代学术研究中，各种数学方法（概率论、微分方程、模糊逻辑、集合论）正在被运用于观察语言和语篇的各种现象，运用数学方法对语言材料中的数量关系进行分析研究，涉及社会语言学、方言学、语用学、心理语言学的各个层面。随着计算机的使用越来越普遍，人们运用定量研究的方法开展研究的兴趣与日俱增。

定量研究在方法论上是一种实证研究，逻辑实证主义是定量研究方法的哲学基础。在语言教学研究中，影响教学效果的有许多变量，如教师、学生、教学大纲、教学方法、教材、教具等。这就需要首先控制其他变量，使它们相对稳定，然后操纵要试验的教学方法这个变量，观察使用后的教学效果。

二、常用的定量研究方法

进行定量研究，需要运用变量、假设、设立对照组、实验等方法。其研究过程涉及选择样本、采用抽样、得出研究的结果等步骤。其目的是为了认识研究对象的不同性质提供量的说明，通过量的研究了解事物的性质，或者通过量的分析了解某一现象各要素之间量的关系。常用的定量研究分析方法有：

（一）问卷调查

问卷调查收集数据的方式通常是结构式的，即标准化的问卷。研究者使用设计好的问卷，按照研究任务和目的，从总群体中选取一定数量比例的人作为样本，针对样本进行调查。

这种结构式的问卷调查，是最为常用的数据收集方法之一。所设计的大多数问答题都是固定式选择题，或称封闭式的问答题。调查的样本是从总体中按一定的抽样方法抽取的。

（二）实验法

研究者可以借助一定的实验手段和相关设备，有针对性地干预、控制或者模拟某种语言现象，目的是检测人们对于某种语言现象的反应。

实验法在语言研究、语言教学的过程中发挥着日益显著的作用。除传统的语音实验分析外，探讨语言学习过程中的认知基础，检验语言习得的理论，提出外语教学模型，考察学习者的差异等，越来越多地使用实验法加以验证。

（三）观察采访

研究者事前有目的地设计研究的方案，在研究的过程中有意识地观察记录，得到相关的数据，如语言研究者记录下语言现象发生的频率或次数等。

（四）语言变异研究中的量化分析

从自变量出发来看因变量，观察两者之间是否存在因果关联。社会语言学家使用此方法来观察社会变体和语言变体是否存在相关性或因果关联。例如，社会语言学家拉波夫（W. Labov）在纽约市所做的调查研究表明，不同社会阶层的人在发"r"音时，其"r"音的强弱有着明显的差异。就是说，人们的社会地位（自变量）和人们所发出的"r"音（因变量）之间有某种因果关系。

三、数据资料的描述性统计

"描述性统计，就是对数据或变量进行描述。在统计学上，描述就是对变量做计算，计算必然有参数（总体中）或统计量（样本中），对统计量的计算就是对变量或数据进行描述。"[1]

描述性统计包括使用单变量分析、双变量分析及多变量分析。

（一）描述性统计

当分析数据时，研究人员可以选择单变量（一个变量）、双变量（两个变量）以及多变量（两个以上的变量）分析。在任何时候，所分析变量的数量与研究项目的目的、目标及假设都是相关的。

1. 单变量分析

单变量分析是一次只对一个变量进行的分析。单变量分析很容易通过描述与变量相关的频数分布来实现。频数分布能够用于定类、定序及定距测量层次的变量。定类变量如调查对象的性别、班级、所属国家等。定序测量是指基于等级系统或者答案顺序的测量，如将学生成绩按分数段分等。定距测量在答案中使用标准的计量单位。

（1）集中量数。

从任何一张考试成绩分布表就可以看出，分布在各分数段的人数有大有

---

[1] 任正来. 外语教学与研究量化分析自我管理 [M]. 北京：光明日报出版社，2016：84.

小，但总的看来，中间的人数较大，两端的人数偏小，大部分量数趋向于中间的某一点，这种向某一点集中的趋向叫集中趋势。代表集中趋势的量数，叫集中量数。在研究中常用的集中量数有：中数、众数、几何平均数、算术平均数等。中数是数列按大小顺序排列的正中间的数。众数是在次数分布中出现次数最多的那个数。几何平均数是 n 个数连乘积开 n 次方的根。

算术平均数也叫平均数，是研究中最常用的一种量数，反映研究对象的集中趋势。一个数量资料中各个观察值的总和除以观察值的个数所得的商，即算术平均数。算术平均数的计算方法为：

设试验所得的 n 个数值为 x_1，x_2，x_3，$\cdots$，x_n，测其算术平均数 $\bar{x}$ 由下式求得：

$$\bar{x} = \frac{\sum_{i=n}^{n} x_i}{n}$$

为了简便起见，上式可写成：

$$\bar{x} = \frac{\sum x_i}{n} = \frac{x_1 + x_2 + x_3 + \cdots + x_n}{n}$$

【例二】 考察某作家9篇文本中使用"歇后语"的次数分别为87，66，72，94，77，85，83，79，68，试求其平均使用数。

解：由平均数的计算公式得

$$\bar{x} = \frac{\sum x_i}{n} = \frac{x_1 + x_2 + x_3 + \cdots + x_n}{n} = \frac{87 + 66 + 72 + \cdots + 68}{9} = 79$$

通过计算可知，9篇文本中使用歇后语的平均次数为79。

算术平均数在研究中有广泛的用途：

① 利用平均数可以对各个样本或总体进行比较。

② 利用平均数可以反映样本或总体的一般水平。如单一样本有较大的偶然性，平均数可以反映出样本的一般水平。

③ 利用平均数可以分析现象之间的依存关系。如根据全班学生成绩的高低，可以看出学生的成绩与该教师的教学水平有密切的关系。

④ 利用平均数可以研究样本或总体的一般水平在时间上的变化。如不同时段的语料中某些语言现象的使用情况的平均数，反映了这种语言现象使用上的变化过程。

（2）差异量数。

差异量数是表示一组数据的差异情况或离散程度的量数，它反映了数据分布的离中趋势。差异量数愈大，集中量数的代表性愈小；差异量数愈小，则集中量数的代表性愈大。差异量数一般包括全距、平均差、方差与标准差等。

全距是表示数据分布离散程度最简单的方式，即一组数据中的最大数与最小数之差，故称两极差。如某班学生考试成绩最高为94分，最低为67分，则全距为94－67＝27。

平均差是表示各量数同平均数的离差绝对值的算术平均数。首先计算各变量与平均数之差，然后求绝对值之和（即将各变量与平均数之差的绝对值相加），再除以变量的个数，即平均差。例如，在统计得到5个数据分别是75，70，65，68，72，其平均数是70，则各变量与平均数之差的绝对值＝｜75－70｜＋｜70－70｜＋｜65－70｜＋｜68－70｜＋｜72－70｜＝14，那么平均差＝14÷5＝2.8。

方差是样本中各数据与样本平均数的差的平方和的平均数。标准差是根据研究对象的全部变量计算的，它是以平均数为中心，计算各变量离平均数的一个参数。标准差是方差的算术平方根。标准差的计算方法如下：

设试验所得的 n 个数值为 x_1，x_2，x_3，…，x_n，则其方差 S^2 与标准差 S 分别由下式求得：

$$S^2 = \frac{\sum (x-\bar{x})^2}{n-1}$$

$$S = \sqrt{\frac{\sum (x-\bar{x})^2}{n-1}}$$

在实际计算中，一般将 $\sum(x-\bar{x})^2$ 展开简化为 $\sum x^2 - \frac{(\sum x)^2}{n}$，即

$$S = \sqrt{\frac{\sum x^2 - \frac{(\sum x)^2}{n}}{n-1}}$$

【例三】 试求［例二］中9个数据的标准差。

由标准差计算公式，得：

$$S = \sqrt{\frac{\sum x^2 - \frac{(\sum x)^2}{n}}{n-1}} = \sqrt{\frac{(87^2+66^2+\cdots+68^2)-\frac{(87+66+\cdots+68)^2}{9}}{9-1}} \approx 9.25$$

在科学研究中方差与标准差有很重要的作用：

① 表示变量分布的离散程度。标准差小，说明变量在平均数附近的分布比较密集；标准差大，则表明变量在平均数附近的分布比较离散。因此，可以用标准差的大小来判断平均数代表性的大小。

② 利用标准差的大小可以概括地估计出变量的次数分布及各类观测值在总体中所占的比例。

（3）标准分数。

标准分数也叫 Z 分数，是以标准差为单位，表示一个分数在团体中所处的相对位置量数，通常是以观察分数与平均值之差除以标准差，可以表示为

$$Z = \frac{X - \bar{X}}{S}$$

式中 Z 为标准分数，X 为原始分数，$\bar{X}$，S 分别是量数 X 所在团体中的平均数与标准差。

在各种研究中，Z 分数常用于对成绩、绩效量化的比较。例如，某学生期中考试的成绩是 85 分，期末考试的成绩是 87 分，不便直接判断究竟是哪一次的成绩更好，如果将其转化为标准分数，则可以有效地进行比较。

【例四】 在考试中，已知期中考试的全班平均分为 81 分，标准差为 7，某学生得 85 分，而期末考试的全班平均分为 85 分，标准差为 5，该生得 87 分。该生哪一次考试成绩较好？

解：根据公式我们可以求出标准分数：

$$Z_{期中} = \frac{X - \bar{X}}{S} = \frac{85 - 81}{7} \approx 0.57$$

$$Z_{期末} = \frac{X - \bar{X}}{S} = \frac{87 - 85}{5} = 0.4$$

由此可见，该生期中考试的成绩比期末考试成绩好。

一般的语料库软件中都可以直接得到检索项目的 Z 值。

2. 双变量分析

双变量分析考虑两个变量之间的关系，两个变量间或者彼此相关，或者彼此无关。相关的变量可描述为证明共变，无关的变量在任何情况下都可描述为独立相关。判定两个变量间的关系有很多种方法：交叉表、散点图和相关分析。

（1）交叉表。

交叉表能够使调查者同时展现两个变量的信息，且能够判断两个变量之间是否相关。这样的关系能用二元表格来求出——也就是说，二元表格能够

使调查者采用交叉列表来表示两个变量。任何测量层次的变量(定类、定序、定距和定比)都可以构造二元表格。当制作二元表格时,通常自变量用列表示,因变量用行表示。某年级学生期中考试成绩如表 4-1 所示。

表 4-1 某年级学生期中考试成绩

分数段	班别				合计
	一班人数	二班人数	三班人数	四班人数	
0~59	4	3	5	3	15
>59~69	8	9	5	7	29
>69~79	12	11	13	10	46
>79~89	13	15	12	15	55
>89~100	6	3	10	12	31
总计	43	41	45	47	

(2)散点图。

散点图(图 4-1)可以描述成关系曲线图或者平面图。在制作散点图过程中,调查者独立调查每一种情况,然后绘制在散点图上。当准备一个曲线

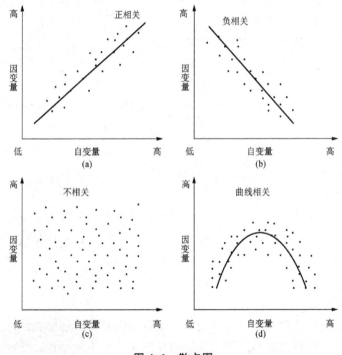

图 4-1 散点图

图来代表散点图的时候，要保证将自变量放在 X 轴（横轴），将因变量放在 Y 轴（纵轴）。而且，变量的最小值设置在 X 轴和 Y 轴相交的地方，最大值设置在轴的外端。正相关可描述为一个通过平面在曲线图上最优拟合的直线，从曲线图的左下方向右上方移动［图 4-1（a）］。负相关表现为最优拟合的直线从左上方向右下方移动［图 4-1（b）］。不相关表现为小点散落于整个图形中［图 4-1（c）］。曲线相关表现为曲线上的点散落在 U 形（可以颠倒的）［图 4-1（d）］或 S 形（没有展示）中心点的周围。

（3）相关分析。

相关分析是研究现象之间是否存在某种依存关系，并对具体有依存关系的现象探讨其相关方向以及相关程度，是研究随机变量之间相关关系的一种统计方法。

相关关系是一种非确定性的关系，例如，以 X 和 Y 分别表示一个人的身高和体重，或学习态度与学习成绩。两个变量之间有关系，而又不能确切到可由其中的一个去精确地决定另一个的程度，这就是相关关系。研究现象之间数量依存关系的统计方法叫相关分析。

相关关系的分类形式很多，按其性质分为：正相关、负相关与零相关。正相关是指一个变量变动时，另一个变量也发生相同方向变动，如学生学习兴趣与学习成绩之间的关系；负相关是指一个变量变动时，另一个变量发生相反方向变动，如学生的认真程度与错误率的关系；零相关是指一个变量变动时，另一个变量不变或是呈现无规则变化，如某学生的成绩与他身高的关系。从密切程度来看，无论两个变量的变化方向如何，凡密切程度高的称强相关或高度相关，密切程度一般的称中度相关，密切程度弱的称弱相关或低度相关。

最常见的一种相关系数是皮尔逊积矩相关系数或积差相关系数，用来描述两个变量之间变化方向与密切程度的数字特征量，一般用 r 表示，取值在 -1.00 与 1.00 之间。相关系数的绝对值表示相关的密切程度，前面的符号表示相关的变化方向。如 $r=1.00$，表示变量之间相关程度为 1，为正相关，即完全正相关；如 $r=-1.00$，表示变量之间的相关程度为 1，但是为负相关，即完全负相关；如 $r=0$ 表示相关程度为 0，变量之间没有相关，即零相关。

皮尔逊积矩相关系数适用于两个变量都是等距变量或比值变量，且每个变量的数据都是呈正态分布的情况。其计算公式如下：

$$r=\frac{\sum xy}{NS_xS_y}$$

式中，$x = X - \bar{X}$，即 X 数列各变量与其平均数之差；
$y = Y - \bar{Y}$，即 Y 数列各变量与其平均数之差；
S_x 为 X 数列的标准差；
S_y 为 Y 数列的标准差；
N 为成对量数的次数。

【例五】 对 12 名学生进行智商与成绩测试，结果如表 4-2 所示。求学生成绩与智商相关系数。

表 4-2 学生智商与成绩测试结果统计表

学生	1	2	3	4	5	6	7	8	9	10	11	12
智商 X	124	119	111	108	104	101	98	97	96	92	92	81
成绩 Y	97	88	76	75	86	63	71	54	62	67	55	46

分析：要想知道成绩与智商之间的相互关系，可以用散点图看看两者之间是一种怎样的分布情况，如图 4-2 所示。

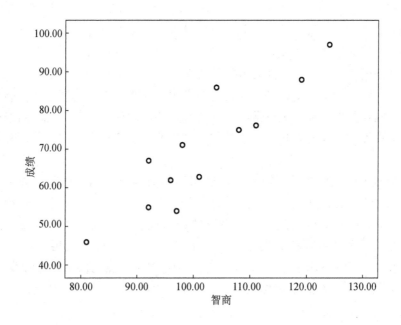

图 4-2 学生智商与成绩关系散点图

从图 4-2 可以大致了解到：智商越高，成绩越高，这种情况就是上面所说的正相关。

解：学生成绩与智商相关系数计算如表 4-3 所示，计算步骤如下：

表 4-3 学生智商与成绩相关系数计算表

智商 X	成绩 Y	$x = X - \bar{X}$	X^2	$y = Y - \bar{Y}$	Y^2	xy
124	97	22.083 33	15 376	27	9 409	596.25
119	98	17.083 3	14 161	18	7 744	307.499 4
111	76	9.083 3	12 321	6	5 776	54.499 8
108	75	6.083 3	11 664	5	5 625	30.416 5
104	86	2.083 3	10 816	16	7 396	33.332 8
101	63	-0.916 7	10 201	-7	3 969	6.416 9
98	71	-3.916 7	9 604	1	5 041	-3.916 7
97	54	-4.916 7	9 409	-16	2 916	78.667 2
96	62	-5.916 7	9 216	-8	3 844	47.333 6
92	67	-9.916 7	8 464	-3	4 489	29.750 1
92	55	-9.916 7	8 464	-15	3 025	148.750 5
81	46	-20.916 7	6 561	-24	2 116	502.000 8
合计	1 223	850		126 257		61 350	1 834.918

$S_x = 12.11$，$S_y = 15.23$，$N = 12$

$$r = \frac{\sum xy}{NS_x S_y} = \frac{1\ 834.918}{2\ 213.224} = 0.829$$

因此，成绩与智商相关性很高。

3. 多变量分析

多变量分析是指同时对两个以上变量的分析。研究者保持一个变量为常量（作为控制变量），然后检验一个自变量和一个因变量的关系。研究者可通过检验来判断自变量和因变量的关系对于另一变量的不同种类是否一致。通常研究者借助多变量分析来证明任何双变量的关系并不是"假的"。三个变量的分析可以使用表格或者多元回归分析来进行。三元表格由控制变量每一个类别的自变量值和因变量值的二维表格构成。

多元回归分析是多元分析的另一种形式。多元回归分析调查研究几个自变量对因变量的影响。它用于定距和定比测量层次的数据，通常使用统计软件包进行计算。某年级男、女生期中考试成绩分布情况分别如表 4-4、表 4-5 所示。

表 4-4　某年级男生期中考试成绩分布表

分数段	班别				合计
	一班人数	二班人数	三班人数	四班人数	
0～59	2	3	2	2	9
>59～69	5	7	3	2	17
>69～79	8	7	7	6	28
>79～89	6	8	6	5	25
>89～100	2	1	4	6	13
男生合计	23	26	22	21	

表 4-5　某年级女生期中考试成绩分布表

分数段	班别				合计
	一班人数	二班人数	三班人数	四班人数	
0～59	2	0	3	1	6
>59～69	3	2	2	5	12
>69～79	4	4	6	4	18
>79～89	7	7	6	10	30
>89～100	4	2	6	6	18
女生合计	20	15	23	26	

四、数据资料的推断性统计

推断性统计是以概率抽样为基础的，并且当检验假设或描述与研究总体相关的样本时非常重要。检验又可分为非参数检验和参数检验。参数检验假定所研究的变量在总体中表现为正态分布。非参数检验假定所研究的变量在总体中并不表现为正态分布。

（一）正态分布

正态分布是最重要的一种概率分布。正态分布是一种中间大、两头小、两边对称的概率分布。它是一个理想的数学模型。这个数学模型是德国数学家高斯提出来的。在这个数学模型中，有两个重要的参数：一个是平均值（也叫数学期望），另一个是方差。随机变量在平均值周围的取值概率大，远离平均值的取值概率小。

若随机变量 x 服从一个数学期望为 μ、方差为 σ^2 的高斯分布,记为 $N(\mu,\sigma^2)$。其概率密度函数为正态分布的期望值 μ 决定了其位置,其标准差 σ 决定了其分布的幅度。由于其曲线呈钟形,因此人们又经常称之为钟形曲线(图 4-3)。我们通常所说的标准正态分布是 $\mu=0$,$\sigma=1$ 的正态分布。标准正态分布曲线下面积分布规律是在 $-1.96\sim+1.96$ 范围内曲线下的面积等于 0.950 0,在 $-2.58\sim+2.58$ 范围内曲线下面积为 0.990 0。

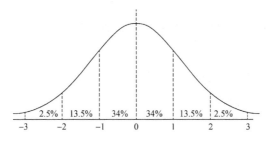

图 4-3　正态分布图

(二) 显著性水平

估计总体参数落在某一区间内,可能犯错误的概率为显著性水平,用 α 表示。$1-\alpha$ 为置信度或置信水平,表明了区间估计的可靠性统计,假设检验也称显著性检验,即样本统计量和假设的总体参数之间的显著性差异。显著性是对差异的程度而言的,程度不同说明引起变动的原因也有不同:一类是条件差异,另一类是随机差异。显著性差异就是实际样本统计量的取值和假设的总体参数的差异超过了通常的偶然因素的作用范围,说明还有系统性的因素发生作用,因而就可以否定某种条件不起作用的假设。假设检验时提出的假设称为原假设或无效假设,就是假定样本统计量与总体参数的差异都是由随机因素引起的,不存在条件变动因素。

假设检验运用了小概率原理,事先确定的作为判断的界限,即允许的小概率的标准,称显著性水平。如果根据命题的原假设所计算出来的概率小于这个标准,就拒绝原假设;大于这个标准,则接受原假设。这样显著性水平把概率分布分为两个区间:拒绝区间,接受区间。

(三) 单侧检验与双侧检验

单侧检验用来判定是否相等:
$$H_0: \mu_1=\mu_0,\quad H_1: \mu_1\neq\mu_0$$

双侧检验用来判定大小关系：

$$H_0: \mu_1 \leqslant \mu_0 \quad H_1: \mu_1 > \mu_0$$
$$\text{或 } H_0: \mu_1 \geqslant \mu_0, \quad H_1: \mu_1 < \mu_0$$

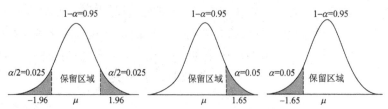

图 4-4　正态分布拒绝区域（阴影部分）的三种不同位置

单侧检验的 t_α＝双侧检验的 $t_{2\alpha}$。

若对同一资料既进行双侧检验，也进行单侧检验，那么在 α 水平上单侧检验显著，只相当于双侧检验在 2α 水平上显著。所以，同一资料双侧检验与单侧检验所得的结论不一定相同。双侧检验显著，单侧检验一定显著；反之，单侧检验显著，双侧检验未必显著。

在实际研究中，何时用单侧检验，何时用双侧检验，一定要根据研究目的所规定的问题的方向性来确定，绝不可以按照自己所希望出现的结果而随心所欲。从图 4-4 中可以看出，显著性水平 $\alpha=0.05$ 不变，双侧检验比单侧检验的临界点更远（临界值右移），即单侧检验时拒绝 H_0，而双侧检验时则可能不能拒绝 H_0。图 4-5 显示的 $\bar{X}_i$ 的位置，若用单侧检验应拒绝 H_0，双侧检验则还不能拒绝 H_0。

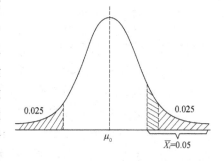

图 4-5　$\bar{X}_i$ 均值位置示意图

选用单侧检验还是双侧检验应根据专业知识及问题的要求（分析的目的）在试验设计时确定。

一般若事先不知道所比较的两个处理效果谁好谁坏，分析的目的在于推断两个处理效果有无差别，则选用双侧检验；若根据理论知识或实践经验判断甲处理的效果不会比乙处理的效果差（或好），分析的目的在于推断甲处理的效果比乙处理的效果好（或差），则选用单侧检验。

一般情况下，如不做特殊说明均指双侧检验。

（四）统计决策的两类错误

所有的假设检验都是带有概率性质的反证法，都存在犯错误的风险。在统计决策中,有两种类型的错误,如表 4-6 所示。

表 4-6 统计决策的两类错误

真实情况	决策结果	
	拒绝虚无假设 H_0	接受虚无假设 H_1
H_0 实际上为真 H_1 实际上为假	弃真概率 α(第一类错误) 正确概率 $1-\beta$	正确概率 $1-\alpha$ 取伪概率 β(第二类错误)

第一类错误:拒绝虚无假设 H_0,但它实际上是真实的。此类错误又称 α 类错误,概率为 α。

第二类错误:接受虚无假设 H_1,但它实际上是不真实的。此类错误又称 β 类错误,概率为 β。

我们将两类错误反映在图 4-6 上,就容易看得出来它们是如何发生的,以及它们的关系。

如图 4-6 所示,当拒绝虚无假设的时候,就是拒绝承认 $\bar{X}$ 是来自 H_0 假设的总体中的一个样本。而实际上这一分布中的样本平均数还有 α 的概率处在 $\bar{X}$ 及其右边区域,所以拒绝了 $\bar{X}$,也就同时拒绝了 $\bar{X}$ 以外的样本,其弃真概率就是图 4-6 中的面积 α。这一类错误叫作弃真错误。

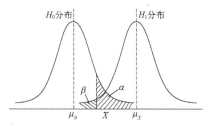

图 4-6 两类错误及其关系示意图

相反,当接受虚无假设的时候,就是承认平均数为 $\bar{X}$ 的样本及其左侧的部分样本属于 H_0 假设中的总体,同时拒绝承认它们属于 H_1 假设的总体。而实际上,在这一范围内仍然有部分样本可能是来自 H_1 分布的,其概率就是图 4-6 中的面积 β。可是因为接受了虚无假设,这一部分可能是属于 H_1 的样本被否决了,所以这种错误叫作取伪错误,其概率为 β。

在统计决策中,如果依据概率性质的反证法否定了 H_0,就可能会犯第一类错误。不过,这一类错误的概率可以控制:只要提高规定的显著性水平 α,就可以达到降低犯 α 类错误的概率。但要注意的是,降低 α 类错误的同时,使否定 H_0 更加困难,从而增加了 β 类错误的概率。

需要指出,α 类错误与 β 类错误分别是在两种不同前提下发生的,也是在两个不同分布中进行分析的,所以 $\alpha+\beta\neq1$。α 类错误是可以控制的,可以通过改变显著性水平来改变 α 类错误的概率,而 β 类错误则是难以控制和考察的。在任何 α 水平上,即使我们不能拒绝虚无假设,也不能草率地承认虚无假设，否则，犯 β 类错误的概率就很大。我们可以做出诸如"根据目前资料，在 α 水平上未发现显著差异"一类的结论。一般情况下，增大样本容量可以减小 α 类错误与 β 类错误的概率。

（五）参数检验与非参数检验

假设检验包括参数检验和非参数检验。如果进行假设检验时对总体的分布形态已知，需要对总体的未知参数进行假设检验，则称参数假设检验；如果对总体分布形态所知甚少，需要对未知分布出现的形态及其他特征进行假设检验，则称非参数假设检验。t 检验、方差分析、相关系数的检验等都属于参数检验的范畴，而 χ^2 检验、等级方差分析则属于非参数检验的范畴。

（六）假设检验的步骤

在进行假设检验时，一般应包括以下四个步骤：

1. 假设

H_0：$\mu_1 = \mu_2$，即两个样本平均数 $\bar{x}_1$ 与 $\bar{x}_2$ 所属总体平均数 μ_1 与 μ_2 没有差别；H_1：$\mu_1 \neq \mu_2$。

假设检验首先要对总体提出假设，一般应作两个假设：一个是无效假设，记作 H_0；另一个是备择假设，记作 H_1。无效假设是直接检验的假设，是对总体提出来的一种假想目标。所谓"无效"意指处理效应与总体参数之间没有真实的差异，实验结果中的差异乃误差所致。备择假设是与无效假设相反的一种假设，即认为实验结果中的差异是由于总体参数不同所引起的。因此无效假设与备择假设是对立事件，在检验中，如果接受 H_0，就否认 H_1；反之亦然。

2. 规定显著性水平

在进行无效假设与备择假设后，要确定一个否定 H_0 的概率标准，这个标准叫显著性水平，记作 α。α 是人为规定的小概率界限，统计学中常取 $\alpha = 0.05$ 与 $\alpha = 0.01$ 两个显著性水平。

3. 计算概率

在假设 H_0 正确的前提下，根据样本平均数的抽样分布计算出由抽样误差造成的概率。

4. 推断是否接受假设

根据小概率原理判断是否接受 H_0。小概率原理指出：如果假设此条件，并在假设的条件下能够准确地计算出事件 A 出现的概率 α 为很小，则在假设条件下的 n 次独立重复实验中，事件 A 将按预定的概率发生，而在一次实验中则几乎不可能发生。在统计学中，常把概率小于 0.05 或 0.01 作为小概率事件。如果计算的概率大于 0.05 或 0.01，则认为不是小概率事件，H_0 的假设可能是正确的，应接受，同时否定 H_1；反之计算的概率小于 0.05 或 0.01，则否认 H_0，接受 H_1。通常把概率等于或小于 0.05 叫作差异显著性水平，等于或小于 0.01 叫作差异极显著水平。一般差异达到显著性水平，则在资料的右上方标注"＊"，差异达到极显著水平，则在资料右上方标注"＊＊"。

第五章

t 检验与语料库分析

第一节 Z 检验和 t 检验

一、Z 检验

Z 检验是用正态分布的理论来推论差异的概率,从而比较两个平均数的差异是否显著。Z 检验适用于大样本(即样本容量大于 30)。下面的例子说明 Z 检验的一般步骤。

【例一】 某校对男、女生进行了一项有关问题的测试。测试成绩统计如下。问:男、女生成绩是否存在差异?(表 5-1)

表 5-1 男、女生测试成绩方差计算表

性别	N	$\bar{X}$	S
1(男)	38	72.87	18.15
2(女)	30	80.07	15.32

步骤 1:提出零假设

H_0:$\mu_1 = \mu_2$,即男、女生之间成绩不存在显著性差异;H_1:$\mu_1 \neq \mu_2$。

步骤 2:计算统计量,代入 Z 值公式。

$$Z = \frac{\bar{X}_1 - \bar{X}_2}{\sqrt{\frac{S_1^2}{N_1} + \frac{S_2^2}{N_2}}} = \frac{72.87 - 80.07}{\sqrt{\frac{18.15^2}{38} + \frac{15.32^2}{30}}} = \frac{-7.2}{4.06} \approx -1.77$$

步骤 3:计算出的 Z 值与表 5-2 进行比较,做出判断。

表 5-2 男、女生成绩差异显著性判定表

Z	P	差异显著性	判断
Z<|1.96|	P>0.05	不显著	接受 H_0
Z≥|1.96|	P≤0.05	显著	拒绝 H_0
Z≥|2.58|	P≤0.01	极显著	拒绝 H_0

从图 5-1 中可以看出，如果 Z 值大于 |1.96|，即位于图中的阴影部分，零假设 H_0 成立的概率小于 0.05，即 95% 的情况下拒绝零假设 H_0。如果 Z 值小于 |1.96|，则位于图中白色的中间位置，零假设有 95% 成立的可能，接受零假设 H_0。本题中的零假设 H_0 为均值相等，即男、女生成绩无差别。

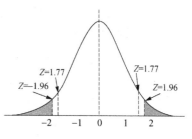

图 5-1　Z 值的位置

步骤 4：结论。

P>0.05 差异不显著，接受 H_0，即男、女生成绩无显著性差异，两个样本之间分数不同是由于抽样误差引起的。

二、t 检验

t 检验适用于小样本的差异显著性检验，小样本是指样本容量不大于 30 ($n≤30$) 的样本检验。用 t 分布来检验两个平均数之差的显著性，就是 t 检验。

1. 独立样本的 t 检验

当两个平均数来自独立样本时，其差异的显著性检验方法如下：

首先，用样本方差 S_1^2 与 S_2^2 进行加权，求出平均数差数的均方 S_e^2、σ^2（代表总体方差）σ 的估计，计算公式为：$S_e^2 = \dfrac{S_1^n(n_1-1) + S_2^2(n_2-1)}{(n_1-1)+(n_2-1)}$

求得 S_e^2 后，可得出样本平均数差数的标准误差为 $S_{\bar{x}_1-\bar{x}_2} = \sqrt{\dfrac{S_e^2}{n_1} + \dfrac{S_e^2}{n_2}}$

t 值的计算公式为：$t = \dfrac{(\bar{x}_1 + \bar{x}_2) - (\mu_1 - \mu_2)}{S_{\bar{x}_1-\bar{x}_2}}$

在假设 H_0：$\mu_1 = \mu_2$ 的条件下，t 值为：$t = \dfrac{\bar{x}_1 - \bar{x}_2}{S_{\bar{x}_1-\bar{x}_2}}$

它具有自由度 $df=(n_1-1)+(n_2-1)=n_1+n_2-2$

【例二】 随机抽取（1）班与（2）班考试成绩：

（1）班：132，107，118，70，94，101，85

（2）班：113，129，97，123，161，124，146，134，106，83，119，107

问：两个班级考试成绩有没有差异？

解：本题 σ_1^2 与 σ_2^2 未知，且为小样本，用 t 检验：

（1）假设：

$H_0: \mu_1=\mu_2$，即两个班级考试成绩没有差别；$H_1: \mu_1 \neq \mu_2$。

（2）取显著性水平 $\alpha=0.05$。

（3）检验计算：

$\bar{x}_1=101.00$，$S_1^2=425.33$，$n_1=7$

$\bar{x}_2=120.17$，$S_2^2=451.97$，$n_2=12$

$$S_e^2=\frac{S_1^2(n_1-1)+S_2^2(n_2-1)}{(n_1-1)+(n_2-1)}=\frac{425.33\times(7-1)+451.97\times(12-1)}{(7-1)+(12-1)}$$

$$\approx 422.568$$

$$S_{\bar{x}_1-\bar{x}_2}=\sqrt{\frac{S_e^2}{n_1}+\frac{S_e^2}{n_2}}=\sqrt{\frac{422.568}{7}+\frac{442.568}{12}}\approx 10.005$$

$$t=\frac{\bar{x}_1-\bar{x}_2}{S_{\bar{x}_1-\bar{x}_2}}=\frac{101.00-120.17}{10.005}\approx -1.916$$

$$df=n_1+n_2-2=7+12-2=17$$

查 t 值表，$t_{0.05}=2.110$，$|t|=1.916 < t_{0.05}$，故 $P>0.05$。

2. 相关样本

当两个平均数来自相关小样本，其差异的显著性检验方法如下：

首先假设两个样本的总体差数 $\mu_d=\mu_1-\mu_2=0$，而不必假定两个样本的总体方差 σ_1^2 与 σ_2^2 相等。

设两个样本的变量分别是 x_1 与 x_2，共配成 n 对的差数为 $d=x_1-x_2$，则样本差数平均数 $\bar{d}$ 为：

$$\bar{d}=\frac{\sum d}{n}=\frac{\sum(x_1-x_2)}{n}=\frac{\sum x_1}{n}-\frac{\sum x_2}{n}=\bar{x}_1-\bar{x}_2$$

样本差数方差 S_d^2 为：$S_d^2=\frac{\sum(d-\bar{d}_2)^2}{n-1}=\frac{\sum d^2-\frac{(\sum d)^2}{n}}{n-1}$

样本差数平均数的标准误差 $S_{\bar{d}}$ 为：

$$S_{\bar{d}}=\sqrt{\frac{S_d^2}{n}}=\sqrt{\frac{\sum(d-\bar{d})^2}{n(n-1)}}=\sqrt{\frac{\sum d^2-\frac{(\sum d)^2}{n}}{n(n-1)}}$$

t 值为：$t=\dfrac{\bar{d}-\mu_d}{S_{\bar{d}}}$。

若假设 $H_0: \mu_d=0$，上式则变为：$t=\dfrac{\bar{d}}{S_{\bar{d}}}$；自由度 $df=n-1$。

【例三】 对某班级开展两个月的拓展课，开设前与开设后随机抽取 11 名学生成绩如下，试问：拓展课对学生成绩有没有显著性效果？（表 5-3）

表 5-3　开设拓展课前后学生实验成绩统计表

学号	1	2	3	4	5	6	7	8	9	10	11
开设前	22	23	20	23	25	20	20	21	22	23	24
开设后	25	24	21	25	26	23	21	22	23	25	29

解：此题中对成绩的测试是对同一组学生进行的两次测试，因此本题为相关数据。

（1）假设：

$H_0: \mu_d=0$，开设拓展课前后学生成绩没有显著性差异；$H_1: \mu_d \neq 0$。

（2）取显著水平 $\alpha=0.01$。

（3）检验计算：

$\bar{d}=\bar{x}_2-\bar{x}_1=24-22.09=1.91$

$$S_{\bar{d}}^2=\frac{\sum(d-\bar{d})^2}{n-1}=\frac{\sum d^2-\frac{(\sum d)^2}{n}}{n-1}=\frac{57-\frac{21^2}{11}}{11-1}=\frac{57-40.091}{10}=1.691$$

$$S_{\bar{d}}=\sqrt{\frac{S_{\bar{d}}^2}{n}}=\sqrt{\frac{1.691}{11}}=0.392$$

$$t=\frac{\bar{d}}{S_{\bar{d}}}=\frac{1.91}{0.392}=4.87$$

查 t 值表，当 $df=n-1=10$ 时，$t_{0.01}=3.169$；$|t|>t_{0.01}$，故 $P<0.01$。

（4）推断：否定 $H_0: \mu_d=0$，接受 $H_1: \mu_d \neq 0$。

（5）结论：开设拓展课前后学生成绩有极显著性差异，因而开设拓展课有很明显的效果。

第二节　t 检验的 SPSS 过程

一、单样本 t 检验

单样本 t 检验，用于检验单个变量的均值与给定的常数（指定的检验值）之间是否存在显著差异；样本均值与总体均值之间的差异显著性检验，也属于单样本 t 检验。

单样本 t 检验主要用于小样本情况。根据 t 分布的性质，当样本容量较大时，t 分布的形状近似于正态分布。所以如果样本较大，则无论是用 t 检验还是 Z 检验，所得结果近似相同；而当样本容量较小时，使用 t 检验更为准确。（表5-4）

表5-4　三种 t 检验的适用情况

分析方法	功能	研究问题	数据类型
单样本 t 检验	差异关系	身高是否明显等于已给定的平均身高 1.8 m	定量
独立样本 t 检验	差异关系	想研究学习成绩（x）与身高（y）的差异关系	y（定类） x（定量）
配对 t 检验	差异关系	某作家在青年时代和老年时代的作品中，使用的句式一样吗	组1（定量） 组2（定量）

【例四】　经标准化整理后，语言学家发现某地方言中代词"俺"使用的平均分是 14.11 分。今从 50 名同学的作文中观察他们使用代词"俺"的情况，随机抽取了 50 篇作文，其中代词"俺"的使用分数如下：

13.5，19.5，15，14.5，16，13.5，17，17.5，12，15，16，20，14.5，21，10.5，17.5，11.5，22，12.5，13.5，10.5，23，19.5，14，15.5，21.5，22.5，17，12，12.5，10.5，16.5，9.5，19，20.5，16.5，9，15.5，13.5，16.5，10.5，18.5，14.5，13，18.5，19，12，10.5，11.5，22.5

现在研究者想知道这 50 名学生的代词"俺"的使用情况与该地方言的平均分之间有无显著性差异。

1. 问题分析

题目中给出了两个量：一个是方言代词"俺"的平均分 14.11 分，另一个是一组学生作文中代词的分数。现在,要比较的是学生作文中代词"俺"的平均分与当地方言的平均分之间的差异。

2. 软件操作

步骤 1:建立变量。

打开 SPSS,在"变量视图"第一列"名称"栏下输入"代词",在相应的"标签"行内输入"学生作文"。到时系统会分为两行显示出来。(图 5-2)

步骤 2:输入数据。

切换回"数据视图",在"代词"栏下输入上面这 50 个分数。

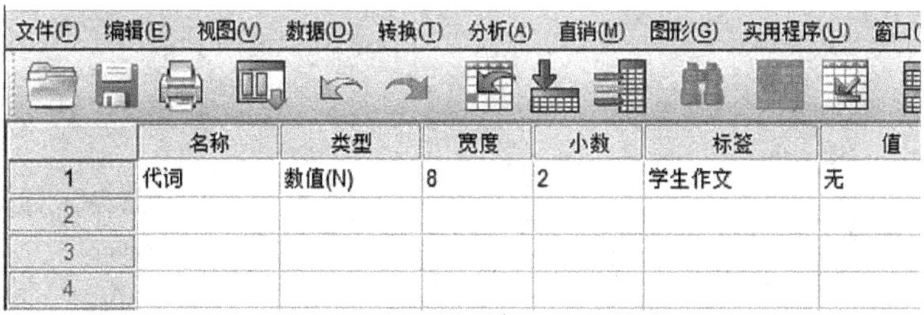

图 5-2 变量视图输入界面

步骤 3:分析数据。

(1)从菜单栏中选择"分析 | 比较均值 | 单样本 T 检验"。(图 5-3)

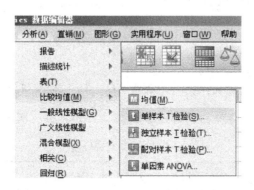

图 5-3 单样本 T 检验所处的下拉菜单

(2)"单样本 T 检验"对话框中左边的栏中会出现"学生作文"。

(3)选择"学生作文",单击向右箭头按钮把变量移到"检验变量"框。

(4)将方言使用代词"俺"的平均分 14.11 输入该主对话框下部的"检验值"参数栏内作为假设检验的常数。这时的主对话框如图 5-4 所示。

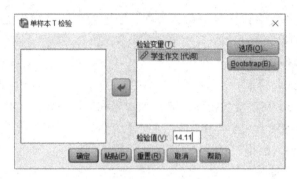

图 5-4　输入检验值的窗口

（5）单击该框右边"选项"按钮，弹出"单样本 T 检验：选项"子对话窗。"置信区间百分率"默认是 95，我们取"95"这一数值即可。

下面是"缺失值"围栏，内有两个选项。第一个是"按分析顺序排除个案"，选这一项，将不计算受测变量中含缺失值的观测量。第二项是"按列表排除个案"，选这一项，任何一个变量含有缺失值的观测量都将不被计算。我们保留系统的默认选项，选第一项，如图 5-5 所示。

图 5-5　置信区间窗口

（6）单击下面"继续"按钮，返回主对话框。

（7）单击主对话框"确定"按钮，系统输出结果。

3. 结果解释

结果呈现在两个表中。

第一个表（表 5-5）是"单样本统计量"，列出了同学们作文中代词"俺"的观测量数目（N）、均值、标准差及均值的标准误差。

表 5-5　单样本统计量

	N	均值	标准差	均值的标准误差
学生	50	15.56	3.823 45	0.540 72

第二个表（表 5-6）是"单样本检验"。从该表可以看出，t 值是 2.682，自由度（df）为 49，双侧显著值为 0.01，显示即使在 0.01 的水平上，作文成绩的平均分与该地方言代词"俺"使用情况的平均分之间也存在显著差异，50 名学生作文的平均分明显高于方言平均分。同时该表还给出了样本均值与检验均值的差为 1.45。该差值 95% 的置信区间是 0.36～2.54。

表 5-6 单样本检验

	检验值 = 14.11					
	t	df	Sig.（双侧）	均值差值	差分的 95% 置信区间	
					下限	上限
学生作文	2.682	49	0.01	1.45	0.363 4	2.536 6

$P<0.05$，说明差异显著

在写结果时除了报告样本均值和样本标准差，还要报告假设检验的结论、自由度、t 值、P 值。本例题可做如下报告：

50 名学生作文中代词"俺"的平均分（$M=15.56$，$SD=3.82$）明显高于当地方言中代词"俺"使用情况的平均分。$t(49)=2.682$，$P<0.05$。

二、独立样本 t 检验

在研究中经常会遇到这样的问题，如比较男性、女性在某些用语上有无区别、两位作家在作品中某些词语的使用上有无不同等。这些问题涉及两个总体之间的均值比较，可以通过检验两个变量之间均值的差值大小来进行检验。采用的检验方法称为两样本均值 t 检验。

根据两样本情况的不同，可以分为两样本的样本容量相同和两样本的样本容量不同两类。根据分析对象的已知信息，又可以将样本分为总体方差已知和总体方差未知两种情况。

独立样本 t 检验用于分析定类数据（x）与定量数据（y）之间的差异情况。

使用两独立样本 t 检验时，除了需要服从正态分布以外，还要求两组样本的总体方差相等。如果分组样本彼此不独立，如比较长跑锻炼前后某项体能（如肺活量）的成绩均值有无显著性差异，则应该使用配对样本 t 检验的功能。当数据不服从正态分布或方差不齐时，则考虑使用非参数检验。

【例五】 研究者通过留学生的作文语料库的调查，想了解日本、韩国学生在使用汉语"可能补语"（V+得+补、V+不+补）方面偏误是否存在差异。随机检索日本、韩国各 15 名留学生的作文中使用"可能补语"的偏误数据，计算出各自的偏误率值（可能补语偏误次数÷可能补语使用总次数×100）。（表 5-7）

表 5-7　日韩留学生使用可能补语偏误数据

日本学生	偏误率值	韩国学生	偏误率值
1	17	16	4.7
2	1	17	12
3	7	18	5.9
4	6	19	3.7
5	11	20	15
6	5.5	21	22
7	4	22	3.8
8	6.2	23	19
9	4.1	24	1.6
10	3.6	25	4.3
11	5	26	17
12	15	27	9
13	7	28	3.7
14	12	29	4
15	5.8	30	8

1. 问题分析

在本研究中，自变量是学生国别（日本学生与韩国学生），因变量是偏误率值。因为 t 检验是用来检验两组数据的均值有无差别的，所以，零假设 H_0 要假设两组数据的均值相等。

原假设指出两组的学员分数均值在总体上是相等的：

$$H_0 : \mu_{日本学生} = \mu_{韩国学生}$$

对立假设 H_1 则指出两组的学员分数均值在总体上是不等的：

$$H_1 : \mu_{日本学生} \neq \mu_{韩国学生}$$

2. 软件操作

步骤 1：生成变量。

（1）打开 SPSS，单击"变量视图"标签，在 SPSS 中生成两个变量，一个是不同国别的组（自变量），另一个是偏误率的组（因变量）。这些变量将各自被命名为"学生国别"和"偏误率值"。

（2）在"变量视图"窗口前两行分别输入变量名称"学生国别"和"偏

误率值"。(图 5-6)

图 5-6　变量视窗输入变量名称

(3) 为变量"学生国别"建立变量值标签，1 = "日本学生"，2 = "韩国学生"。

步骤 2：输入数据。

(1) 单击"数据视图"标签。变量"学生国别"和"偏误率值"出现在"数据视图"窗口的前两列。

(2) 参照图 5-7，为每个学生输入两个变量的数据。在"学生国别"一列，日本学生输入 1，韩国学生输入 2。在"偏误率值"一列分别输入 30 名学生的数据。

图 5-7　数据视窗输入相关数据

步骤 3：分析数据。

(1) 从菜单栏中选择"分析"｜"比较均值"｜"独立样本 T 检验"(图 5-8)。

打开"独立样本 T 检验"对话框，变量"学生国别"和"偏误率值"出现在对话框的左边。

图 5-8　独立样本 T 检验的窗口

（2）选择因变量"偏误率值"，单击向右箭头按钮把变量移到"检验变量"框中。

（3）选择自变量"学生国别"，单击向右箭头按钮把变量移到"分组变量"框中。[1]

在"分组变量"框中，两个在括号内的问号（??）出现在"学生国别"的右边（图 5-9）。这些问号表示原先的数字分配到两个样本中（也就是 1、2）。这些数字需要通过单击"定义组"来输入。

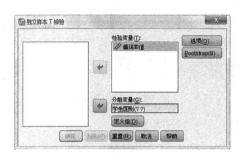 

图 5-9　"分组变量"界面　　　　图 5-10　"定义组"输入界面

---

[1] 此处我们是以学生国别（日本学生、韩国学生）作为分类的依据，所以，"分组变量"一栏中填"学生国别"。

(4) 单击"定义组"。

(5) "定义组"对话框被打开,在"组1"的右边输入"1",并且在"组2"的右边输入"2"。

(6) 单击"继续"。

(7) 单击"确定"。

3. 结果解释

结果显示为一系列的表格。

(1) 组统计量表。

输出的第一个表格(表5-8)显示每个国别组的描述统计量,包括样本量(N)、均值、标准差和均值的标准误差。注意到日本学生的偏误率值(均值 = 7.346 7)比韩国学生偏误率值(均值 = 8.913 3)要低,我们稍后将会考虑这两组数值之间的差异对具有统计显著性而言是否足够大。

表5-8 组统计量

	学生国别	N	均值	标准差	均值的标准误差
偏误率值	日本学生	15	7.346 7	4.452 1	1.149 53
	韩国学生	15	8.913 3	6.503 06	1.679 08

"组统计表"提供了两个训练组的均值。如果原假设被拒绝,我们就可以根据该表确定哪一组的均值较低。

(2) 独立样本检验表。

第二个表格"独立样本检验表"(表5-9)显示为"均值方程的t检验"之后的"假设方差相等"栏中的结果。

表5-9 独立样本检验表

		方差方程的Levene检验		均值方程的t检验						
		F	Sig.	t	df	Sig.(双侧)	均值差值	标准误差值	差分的95%置信区间	
									下限	上限
偏误率值	假设方差相等	3.231	0.083	−0.77	28	0.448	−1.566 67	2.034 88	−5.734 93	2.601 6
	假设方差不相等			−0.77	24.76	0.449	−1.566 67	2.034 88	−5.759 64	2.626 31

相等方差的Levene检验的P值(表5-9中的Sig.值)。如果$P \leq 0.05$,我们假设方差不相等(读t的结果中的底部数值),如果$P > 0.05$,我们假设方差相等(读t的结果中的顶部数值)。因为0.083的P值大于0.05,所以我们假设方差相等,解释t检验结果上面一行(假设方差相等)。

因为0.448的P值大于0.05,所以接受两组均值相等的原假设,即两国学生的偏误率没有显著差别。

(3) 方差方程的 Levene 检验。

"方差方程的 Levene 检验"检验两个小组的总体方差是否相等，这是独立样本 t 检验的一个假设。SPSS 使用由 Levene 开发的方法来检验总体相等的假设。

Levene 检验的原假设和对立假设如下：

H_0： $\sigma^2_{日本学生} = \sigma^2_{韩国学生}$（两组的总体方差相等）

H_1： $\sigma^2_{日本学生} \neq \sigma^2_{韩国学生}$（两组的总体方差不相等）

在写独立样本 t 检验的结果时，除了报告样本均值和样本标准差还要报告假设检验的结论、自由度、t 值、P 值。本例的报告可以陈述如下：

日本学生可能补语的偏误率（$M=7.35$, $SD=4.45$）与韩国学生可能补语的偏误率（$M=8.91$, $SD=6.50$）相比，没有统计意义上的显著差别。$t(28)=-0.77$, $P<0.05$。

三、相依样本 t 检验

在对某种程度上相关的两个样本的均值进行比较时，我们可以使用相依样本 t 检验（也称配对样本 t 检验、重复测量 t 检验、匹配样本 t 检验等）。

在相依样本 t 检验中，两个样本可能包含同一个人在两个不同时刻进行测量或者两个有联系的人分别测量的结果（例如，双胞胎的 IQ，妻子与丈夫的沟通质量）。准确定义相依样本 t 检验的关键在于记住两样本间要在某方面存在自然联系。下面给出一个相依样本 t 检验的例子。

【例六】 设有 10 个学生参加语言测验，用某种方法进行教学实验之后，又参加了第二次难度相同的测验。实验前后两次的测验成绩如下（表 5-10），试问：这两次测验成绩是否真的有差别？

表 5-10　10 个学生在实验前后的成绩

学生	实验前	实验后
1	20	22
2	18	19
3	19	17
4	22	18
5	17	21
6	20	23

续表

学生	实验前	实验后
7	19	19
8	16	20
9	21	22
10	19	20

注：变量"学生"包含在数据中，但不用输入 SPSS。

1. 问题分析

原题中的两个自变量"实验前"和"实验后"之间，是对同一批参与者进行的重复测试。所以，用"相依样本 t 检验"。

原假设：

H_0：$\mu_{\text{实验前}} = \mu_{\text{实验后}}$

相反假设：

H_1：$\mu_{\text{实验前}} \neq \mu_{\text{实验后}}$

2. 软件操作

步骤 1：生成变量。

（1）打开 SPSS，单击"变量视图"标签。在 SPSS 中生成两个变量，分别用于"实验前"和"实验后"。

（2）在"变量视图"窗口前两行分别输入变量名称"实验前"和"实验后"。（图 5-11）

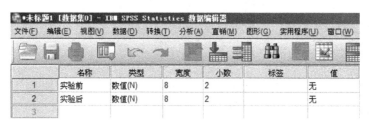

图 5-11 变量视图中输入变量名称

步骤 2：输入数据。

（1）单击"数据视图"标签。变量"实验前"和"实验后"出现在"数据视图"窗口的两列。

（2）为每个参与者输入两个变量的数据。对第一个参与者，为变量"实验前"和"实验后"依次输入全部参与者的数据。（图 5-12）

图 5-12　数据视图中输入数据

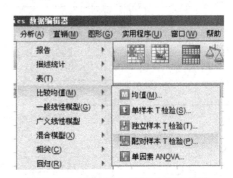

图 5-13　配对样本 T 检验菜单位置

步骤 3：分析数据。

（1）从菜单栏中选择"分析"｜"比较均值"｜"配对样本 T 检验"。（图 5-13）

打开"配对样本 T 检验"对话框，变量"实验前"和"实验后"出现在对话框的左边。（图 5-14）

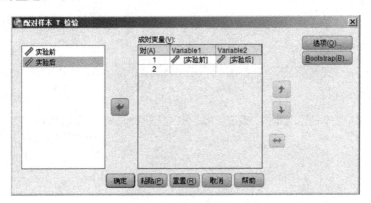

图 5-14　成对变量窗口

（2）选择因变量"实验前"和"实验后"，单击箭头按钮把变量移到"成对变量"框中。

（3）单击"确定"。

在 SPSS 中运行相依样本 T 检验程序，结果显示在"查看"视窗中。

3. 结果解释

（1）成对样本统计量。

输出的第一个表格"成对样本统计量"（表 5-11）显示了"实验前"

和"实验后"的描述统计量,包括样本量(N)、均值、标准差和均值的标准误差。请注意,"实验后"的均值 20.10 比"实验前"均值 19.10 稍微高。我们稍后将会考虑这两个平均等级之间的差异是否大到足以具有统计显著性。

表 5-11　成对样本统计量

		均值	N	标准差	均值的标准误差
对 1	实验前	19.1	10	1.791 96	0.566 67
	实验后	20.1	10	1.911 95	0.604 61

表格"成对样本统计量"提供了两个变量("实验前"和"实验后")均值。如果原假设被拒绝,我们将查阅这个表格以确定哪个变量有更高的均值。

(2) 成对样本相关系数。

表格"成对样本相关系数"除了提到这个相关性等于 10 个学生实验前后的等级之间的皮尔逊相关系数外,对于解释配对样本 T 检验是不重要的。(表 5-12)

表 5-12　成对样本相关系数

		N	相关系数	$Sig.$
对 1	实验前 & 实验后	10	0.062	0.866

(3) 成对样本检验。

表格"成对样本检验"(表 5-13)为我们的研究问题给出了答案,就是实验前和实验后的均值间是否存在差异。原假设的检验是以 t 的形式显示的,这里:

$$t = \frac{\text{实验前和实验后的等级之间的均值差}}{\text{分数差的均值的标准误差}}$$

从表格"成对样本检验"中代入适当的值(均值、均值的标准误差),得:

$$t = \frac{-1}{0.802\,77} \approx -1.246$$

这与表格"配对样本 T 检验"中 t 列的值一致。有 10 个参与者,自由度(df)等于 9(参与者数目 -1),对应的 P 值为 0.244。

因为 P 值 0.244 大于 0.05,所以接受均值相等的原假设,结论:实验前与实验后的成绩均值没有显著性差异。

表 5-13　成对样本检验

		成对差分					t	df	Sig.(双侧)
		均值	标准差	均值的标准误差	差分的95%置信区间				
					下限	上限			
对1	实验前-实验后	−1	2.538 59	0.802 77	−2.816	0.816	−1.246	9	0.244

均值−1.00等于"实验前"和"实验后"均值间的差(19.10−20.10=−1.00)。

因为P值为0.244,大于0.05,接受原假设,即实验前后的两次成绩无显著性差别。

在报告结果时,除了样本均值和样本标准差还要报告假设检验的结论自由度、t 值、P 值。本例的结果可以报告为:

经检验,实验前的成绩($M=19.1$, $SD=1.79$)与实验后的成绩($M=20.1$, $SD=1.91$)没有显著性差别。$t(9)=-1.246$, $P>0.05$。

第三节　用 t 检验分析语料库数据举例

运用 t 检验对语料库数据资料进行分析的例子很多,如语料库关于词语搭配的计量,多数语料库软件本身就具有 t 检验的统计功能。本节我们列举两个运用 t 检验进行语言研究的实例。

一、汉语补位"一下"的统计分析

蔡燕在《现代汉语补位"一下"的语法化研究》中,就介绍了使用 t 检验进行统计的情况。[1]

作者在语料库中得到"下"的 164 336 条检索句,然后对它们进行筛查,共得到作为动量词的"下"的检索句 20 234 条,即"下"作为动量词的用法的频次。作者将"下"作为动量词的用法的频次(20 234)除以"下"的词形频次(164 336),得到"下"作为动量词用法的比例 12.31%,如表 5-14 所示。然后作者又将"一下"的使用频次统计出来,为 18 265 次,占动量词"下"用法的 90.27%。

---

[1] 蔡燕.现代汉语补位"一下"的语法化研究[M].济南:山东大学出版社,2016:30-32.

表 5-14 "下"的动量词用法比例

检索词	同形词频次	动量词用法频次	动量词用法比例/（%）
下	164 336	20 234	12.31

其中，补语位"一下"使用的频次，共计 13 297 条。具体数据如表 5-15 所示。

表 5-15 补位"一下"的使用频次合计

V+一下	V+一下子	V+一下儿	合计
12 968	125	204	13 297

从表 5-15 中可以看到，补语位"一下"共出现 12 968 次，其变体形式"一下子"和"一下儿"分别出现了 125 次和 204 次，共 13 297 次。

作者接着介绍了搭配抽取的方法。在考察补语位"一下"与谓词性成分的搭配情况、补位"一下"的谓词性成分前的修饰语等的情况时，采用的是基于数据的词语搭配研究方法。

具体做法是，在语料库中观察词语的搭配情况时，作者以"一下"为节点词（node word），即关键词。作者限定窗口跨距为 [-3, 0]，认为这样会忽略"一下"的一些非连续搭配（discontinuous collocation），能够保证检索结果具有较高的准确率。作者针对不同问题的研究采用了不同的观察窗口。

在基于语料库的词语搭配研究中，作者还统计了搭配词与关键词的共现频次和 t 值，把 t 值等于或大于 1.65 的搭配词作为显著搭配词。

作者介绍了其研究中使用的现代汉语文学作品语料库的建设情况和基本统计数据，并介绍了母本语料库、抽样语料库和补位"一下"检索句样本的基本情况。作者认为语料库语言学的方法能够为现代汉语补位"一下"在共时层面的分布情况及特点作统计分析打下切实的基础。

然后，作者分章考察了计次义"一下"、短时义"一下"、情态标记"一下"的语义特征、谓词性搭配项、语言环境、语用功能等。

如从动词的语义类别角度分析"一下$_1$"的谓词性搭配项，发现只有动作动词与其搭配。进一步分析，发现这些动作动词的语义都十分具体，主要是人体动作类和物体运动类两种，如表 5-16 所示。

可以看出，人体动作类动词的"击打类"动词、"与击打有关类"的动词和"一般的人体动作类"动词搭配最高。有一部分"物体运动类"动词也有一定数量的搭配。

通过分析，作者认为，"现代汉语中的'一下$_1$'的用法是对古代汉语的继承"。

表 5-16 与"一下$_1$"搭配的两类动作

	人体动作类			物体运动类	总计
	击打类	与击打有关类	一般的人体动作类		
搭配种数	14	120	140	20	294
搭配频次	414	1 132	1 339	488	3 373
例词	拍、打、敲、刺、捶	碰、拉、摸、推、握	跳、吻、皱、亲、眨	闪、晃、晃荡、闪烁	

接着,作者又统计"动词+一下$_2$"的搭配情况,如表 5-17 所示。

表 5-17 与"一下$_2$"搭配的动词频次

动词	动词频次	动词频率/%	动词+一下	搭配频次	搭配频率/%
介绍	511	0.005 754	介绍+一下	95	0.001 070
看	20 825	0.234 397	看+一下	80	0.000 901
来	22 666	0.255 227	来+一下	48	0.000 54
整理	153	0.001 723	整理+一下	20	0.000 225
坐	6 409	0.072 168	坐+一下	10	0.000 113
锻炼	134	0.001 509	锻炼+一下	6	0.000 068
用	3 455	0.038 905	用+一下	4	0.000 045
问候	24	0.000 27	问候+一下	3	0.000 034
改善	58	0.000 653	改善+一下	2	0.000 023
倾听	128	0.001 441	倾听+一下	1	0.000 011

作者还对"一下$_2$"与形容词的搭配、情态标记类"一下$_3$"的搭配情况一一做了统计分析。这里不再赘述。

总之,作者在统计的基础上,结合定性分析,全面考察了语料库中"一下"的使用情况,分析中既有定性分析,又有定量统计,增强了论文的说服力。

但不足的是,作者虽然详细介绍了搭配词的统计方法,但没有给出 t 检验的数值,仍然偏重于类别分析。

二、人称代词照应模式对比分析

司建国就清华大学学生与美国大学生英语作文中第三人称代词照应模式进行对比分析[1]，借助"体验英语写作学习语料库"的语料和统计工具，发现两组学生的作文在第三人称代词照应频率上无显著性差别，而在语篇预指和零型回指方面差异显著。其中，美国学生作文的预指手段明显多于清华学生作文，而在零型回指上远逊于后者。两组学生的作文在物主代词的照应方面也基本相同。

具体研究情况介绍如下。

（一）研究对象

该项研究致力于中国大学生和美国大学生英语作文中第三人称代词照应特征的对比考察。作者选用作文为考察对象，认为相对于口语，书面语的使用通常是比较稳定的。同时，不同话语群体（discourse community）具有不同的文本模式和文体风格，不同文化背景学生的英语作文，不但与社会文化关系密切，而且有重要的教育意义。作者假设，清华大学学生英语作文中第三人称代词照应和预指的频率低于美国大学生文本，而前者的零型回指高于后者。这种差异分析不但拓宽了语言对比分析的范畴，而且对于认识清华大学学生和中国学生作文中第三人称代词照应特征以及由于语言迁移而造成的汉化倾向，对于指导写作教学和翻译教学都有积极意义。

作者首先介绍了一些概念。照应（reference）是语篇中某一成分和另一成分之间在指称意义上相互解释和说明的关系，即语篇中指代成分（reference item）与所指对象（referent）之间的相互对应关系。如在"Doctor Foster went to Gloucester in a shower of rain, he stepped in a puddle right up to his middle and never went there again."中，he作为指代成分与所指对象Doctor Foster相互照应，指代成分there与所指对象Gloucester构成互相解释的关系。照应关系由语言手段来实现，但指代成分与所指对象通过语义联系来建立。

Halliday和Hasan依据指代成分，将照应分为三类：人称照应（personal reference）、指示照应（demonstrative reference）和比较照应（comparative reference）。上例中，he引起的照应关系为人称照应，there引

---

[1] 司建国. 当代文体学研究：文本描述与分析[M]. 广州：中山大学出版社，2016：231-240.

起的照应关系为指示照应。同时，根据指代成分与所指对象在语篇中的相对位置，照应又可分为两大类：预指（cataphora）和回指（anaphora）。如所指对象在指代成分之前，为回指照应；反之，为预指照应。上例中的两个照应皆为回指，而预指照应则为：He stopped for a moment, the man stepped in。就回指而言，又有深层回指（deep anaphora）与表层回指（surface anaphora）之别。表层回指是由句法因素控制的回指。上例中的两个照应都属表层回指。深层回指是由语用因素控制的回指，即在句法范畴内无法解决，需要语用推理才能解决的回指。

作者着重考察第三人称代词引起的预指和各种回指照应。深层回指中的三种方式：零型回指、模糊回指和无先行项回指都是关注的对象。此外，第三人称代词的不同形态，包括自反代词、形容词性代词、名词性代词等，也在作者的调查范围之内。

作者分析的语料分别来自《体验英语写作学习语料库》和《美国大学生作文荟萃》。选中的两种语料语类相同（都属人称照应特征突出的叙事性文本），长度相当（皆为12 000左右英语单词），具有一定的可比性。

（二）结果与分析

作者首先将选择的美国学生作文以纯文本（txt）形式导入具有开放特性文本对比功能的《体验英语写作学习语料库》之中，然后利用其中的"查看单词列表"功能，统计出两组学生的作文第三人称代词照应的次数。结果如表5-18所示。

表5-18 两组学生的作文第三人称代词照应的次数

单词类型	清华学生	美国学生
he	37	72
her	73	51
herself	1	1
him	24	28
himself	3	4
his	32	91
it	112	110
she	77	72

续表

单词类型	清华学生	美国学生
their	22	17
theirs	1	0
them	38	28
themselves	2	0
they	57	34
hers	0	0
one	45	34
oneself	1	0
itself	0	1
总次数	525	543
总单词数	12 280	12 097

从表5-18中可以发现，清华学生作文只在第三人称阳性单数代词（he，him，his）出现频率上低于美国学生作文，但在其余的绝大多数代词项，即在第三人称阴性单数代词、第三人称复数代词和第三人称中性单数代词（it）上都高于美国学生作文，在某些词项上高出后者许多。如her（73∶51），they（57∶34），them（38∶28）；双方在第三人称阴性单数反身代词（herself）（1∶1）和第三人称阴性单数名词性代词（hers）（0∶0）上持平。清华学生作文中第三人称代词照应频率略低于美国学生作文，但前者的代词照应率也很高，这自然最终导致清华学生作文在代词出现频率上虽低于美国学生作文（525∶543），但差距不大。

针对两组文本的总代词照应次数，作者对以上数据进行了独立样本 t 检验，如表5-19所示。

t 检验结果显示，P 值（双侧 $sig.$ 值）为0.880，远大于0.05，说明清华学生与美国学生在使用第三人称代词照应频率方面，在统计学意义上讲无显著差异。这与作者先前的假设相左，也与大部分名家的英汉比较研究结果不一致，但此结果支持了刘礼进的说法[1]。他分析了 Silas Marner（《织工马南》）的英汉语对照本后发现，尽管英语的回指率高于汉语，但两种语言的回指率都很高。

---

[1] 刘礼进. 英汉人称代词回指和预指比较研究 [J]. 外国语，1997（6）：40-44.

表 5-19 两组学生作文第三人称代词照应次数的独立样本 T 检验

	Levene's Test for Equality of Variances		t-test for Equalily of Means						
	F	Sig.	t		Sig. (2-tailed)	Mean Difference	Std. Error Difference	95% Confidence Interval of the Difference	
								Lower	Upper
Equal Variances	0.244	0.626	0.153	26	0.88	−2.071	13.571	−29.968	25.825
Equal Variances Not Assumed			0.153	25.87	0.88	−2.071	13.571	−29.975	25.832

作者分析，造成这种结果的主要原因首先是思维模式上的。英汉两种语言有着人类相同的思维、相同的理论基础，即语言表述经济性。因为代词是语言经济的一种手段，具有使语言简约干练的功能。两种语言的经济性准则一致，主要体现在两种语言相异点上的语言迁移作用就不明显，这自然缩小了两组学生作文的代词照应差距。此外，从语言表达习惯本身而言，作者发现，清华学生作文中有大量英语独有而汉语中没有的涉及第三人称代词的表达法。这主要体现在两方面：第三人称中性单数代词（it）和物主形容词性代词（possessive adjective pronoun）的使用。如前所述，清华学生作文中的 he 出现频率不但不低于美国学生作文，而且还略高于后者（112：110）。这是由于清华学生作文中有大量地道的、包含 it 的英语表达法。

另外，涉及物主代词（possessive pronoun）的一种表达法，英语常有，汉语罕见。即用作动词或介词宾语的"物主代词 + 名词"结构，物主代词多为第三人称单数，名词有时为身体的某一部位，如 He hit him on his face。清华学生作文中的这种结构几乎与美国学生作文持平（35：36）。清华学生在运用这一表达式时，非常自如，看不出如汉语迁移的影响：Tears rolled down her cheeks. //her eyes, the palace was the same as that in her dreams//once my mother took his place.

通过上面的分析，作者认为，总体上清华学生作文和美国学生作文在大多数第三人称代词照应手段以及总的照应频率上非常相似，无显著性差异。这是因为，首先，汉语和英语在代词照应方面的差异本身并不大，并非如有些学者估计的那样明显；其次，清华学生为全国大学生的精英，自身的英语素质高，他们在英语习惯表达的习得和英语思维的养成方面卓有成效，所以，语言迁移在他们作文中的代词照应特征上作用不大，这就进一步缩小了在代词照应方面的英汉差异。

作者还进一步讨论了具体照应模式等其他问题，这里不再赘述。

作者能够选定封闭的语料库对特定的词语进行统计，数据容易把握，分析具体清晰，以这种"解剖麻雀"的方式，将两组学生作文中的第三人称代词的照应模式进行了全面的比较。既有定量的统计，又有定性的探讨，结论可信度高。

第六章

卡方检验与语料库分析

χ^2 检验是分析计数资料的最常用的非参数检验方法,它实际上是一种差异性检验技术,或是对观测样本中的次数分布形态与某种假设或理想的次数分布形态的差异性进行检验,或是对不同样本间次数分布的差异性进行检验。概括地说,χ^2 检验主要包括适合度检验和独立性检验,其中独立性检验是对不同分类变量间是否相互独立的检验。

第一节 χ^2 检验的基本原理

一、计数资料

在科学研究中,除了借助于等距、等比量表获得的一些计量数据外,还常常会借助于称名量表或等级量表获取一些计数资料。例如,在社会调查中,将公众的意见分为"赞成""反对""不确定"三类,然后可以得到三类选择的人次比较;在产品质量评价中,将产品的质量分为"很好""较好""中等""较差""很差"五个等级,然后可以获得每一等级上的人数……这样的数据资料都属于计数资料。另外,根据研究的需要,一些连续变化的数据资料也可以转换为计数资料。比如,按照一定的分数线将学生的考试成绩划分为"合格""不合格"两个类别后,统计两类成绩的学生人数,这样就将计量资料转换成了计数资料。

在语料库中,可根据研究需要,将被调查的对象按照不同等级或类型进行检索统计,得到的数据也是计数资料。

下面,就几个研究实例来具体了解一下计数资料形式,以及与这类数据资料有关的统计分析问题。

（一）选择问题的调查

【例一】 语言研究者为了了解调查对象使用不同语言的情况，将4种不同的语言（ABCD）作为选项，看看哪种语言是被调查者平时使用的语言，通过对这4种语言的使用情况进行了调查，得到200份有效答案。4种语言的使用人数如表6-1所示。那么，能否借此推断被调查者对4种语言的使用存在差异？

表6-1　4种语言的使用人数

语言种类	A	B	C	D	合计
使用人数	45	50	48	57	200

这类问题研究的是选择问题，是通过调查受众对某一方式的接受频率反映其效果，或者研究受众的心理活动规律，这是一种常见的调查手段。

此例中只涉及一个分类维度（语言种类），属于单变量研究。资料分析的统计任务就是通过样本频数的分布对样本所在总体的分布做出推断。

（二）态度取向的评估

【例二】 某省最近出台了新的高考制度，为了解学生对这一高考新模式的态度，一位教师从自己所在学校的高中生中随机抽取了90名学生进行调查，其中男生40人，女生50人。调查的问题如下：

作为一名高考备考生，您对最近新推出的高考方案持什么态度？请从下列三个选项中选择一项最符合您想法的选项。

A. 赞成　　　　　　B. 反对　　　　　　C. 无所谓

学生选择的情况汇总如表6-2所示。那么，该校学生对高考新方案的态度存在性别差异吗？

表6-2　男、女生对高考新模式的态度

	态度			合计
	赞成	反对	无所谓	
男	21	13	6	40
女	19	17	14	50
合计	40	30	20	90

这类问题涉及社会调查中最常见的资料类型，即态度偏好。这里的态度类别具有等级性质，它统计的数据反映的是被试人数在各态度等级上的分

布。这类调查还往往涉及不同的人群，所得资料面临的分析任务主要有两个：一是分析调查对象总体的主要态度偏向，二是比较不同被试群体的态度偏向是否存在差异。

（三）成绩等级的评定

【例三】 在高校教学管理中，往往采用学生评价的方法促进教学。比如，某一学期末，有三个班级的学生对同一位英语教师的教学质量进行了评价，结果如表 6-3 所示。那么，这三个班级的学生对这位教师的评价是否存在明显差异呢？

表 6-3 三个班级的学生对同一位英语教师的教学质量的评估结果

		教学评估成绩			合计
		很好	一般	较差	
班级	1	22	12	15	49
	2	30	10	6	46
	3	35	12	3	50
合计		87	34	24	145

这些例子中的数据资料都是计数资料，一般都是借助称名量表或等级量表获得的，而且这类资料不能采用前述介绍的各种参数分析方法来处理，只能采用非参数检验方法，主要是卡方检验来进行分析和推断。卡方检验适用于计数资料的分析。

在语言学及语言教学领域，许多调查统计获得的数据都是计数数据，如语料库中对字词句的统计，所以，卡方检验在语言学和语言教学中被广泛使用。

二、卡方分布及其应用领域

（一）卡方分布简介

卡方检验所依据的分布是卡方分布。卡方分布是一种正偏态分布，其自由度不同时，分布曲线的偏斜程度也会不同。卡方分布的统计量用希腊字母 χ^2 表示。

卡方分布曲线下的总面积为 1，卡方检验一般采用的是单侧检验。在计算出自由度后，根据显著性水平要求，在"卡方临界值表"中可以查出临界值。如果计算的卡方值大于这个临界值，说明卡方值对应的曲线下右侧的面积小于这个显著性水平对应的 α 值。例如，当自由度为 5 时，0.05 显著性水平对应的临界值是 11.1，这就是说，在自由度为 5 的卡方分布曲线下，卡方值大于 11.1 的右边尾部的面积是 0.05。

从图 6-1 中可以看出，卡方分布具有以下的特点：

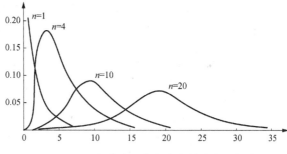

图 6-1　不同自由度下卡方分布的密度函数曲线

(1) 卡方值都是正值。

(2) 卡方分布呈正偏态，右端无限延伸，但永不与基线相交。

(3) 卡方分布随自由度的变化而形成了一簇分布。自由度不同，卡方分布曲线的形状也不同：自由度越小，分布形态越偏斜；自由度越大，分布形态越趋于对称；其极限分布为正态分布，即 $df \to \infty$ 时，卡方分布即正态分布。

(二) 卡方分布的应用

卡方检验可以用来处理很多离散型随机变量的统计检验问题。当某一事物或现象的属性不能用等距量表测量，只能用称名或等级量表测量时，由此得到的次数形式的数据，或者由连续型数据转换而来的次数形式的数据，都可以进行卡方检验。

在卡方检验过程中，并不涉及总体的平均数、方差或相关系数等参数，因此卡方检验是一种非参数检验。其主要用途有两个：一是用于一个变量多项分类的资料，检验各类别的观察频数与期望频数是否吻合，即适合性检验；二是用于两个或两个以上变量，每个变量又有多项分类的资料，检验这两个或两个以上变量之间是否独立，即独立性检验。

第二节　卡方检验的 SPSS 过程

一、双因素卡方检验

双因素卡方检验法常用来检验两个因素是否互相独立。

做出零假设（H_0），两个因素互相独立，没有联系；备择假设（H_1）为两个因素不互相独立，有联系。如果 $P > 0.05$ 或 0.01，接受原假设，说明两个因素互相独立，没有联系；相反，如果 $P<0.05$ 或 0.01，拒绝原假设，说明两个因素不互相独立，有联系。

（一）2×2 表的卡方检验

【例四】 一位研究者想研究不同语言文化背景下采取的拒绝策略是否存在差异。调查语言文化（汉语、英语）和拒绝方式之间有无关系。他通过问卷调查，发现汉语和英语中都有先用虚拟语气表示肯定，再否定的方式。例如，英语中，"Yes, I would love to help you but ..."，汉语中，"我很愿意，但是……"（表 6-4）

问：表达方式和语言文化的选择之间存在联系吗？

表 6-4 两种表达方式的统计表

		语言文化		合计
		汉语	英语	
表达方式	I would/我愿意	6	24	30
	其他方式	86	48	134
合计		92	72	164

1. 问题分析

因为"表达方式"和"语言文化"都有两个因素，得到四个单元，当前的例子为 2×2 表。

χ^2 独立性检验的目标是确定两个分类变量之间有无关系。其数据要求是频数或计数，包含两个或多个类别的分类变量。本例中，两个因素又各有两个分类变量：语言文化（汉语、英语）、表达方式（先肯定、其他）。

χ^2 独立性检验用来检验两个因素之间是否互相独立。所以，本题中原假设和对立假设如下所述：

H_0：表达方式和语言文化之间没有联系

H_1：表达方式和语言文化之间存在某种联系

说明：零假设为 2×2 表中"横向"与"纵向"表示的"语言文化"与"表达方式"之间独立。如果 $P<0.05$，则拒绝零假设；如果 $P>0.05$，则接受零假设。

2. 软件操作

步骤 1：生成变量。

（1）打开 SPSS。单击"变量视图"标签。在 SPSS 中生成三个变量："语言文化""表达方式""频数"。

(2) 在"变量视图"窗口前三行分别输入变量名称:"语言文化""表达方式""频数"。

(3) 为分类变量"语言文化""表达方式"建立变量值标签,就"语言文化"来说,1 = "汉语",2 = "英语"。就"表达方式"来说,1 = "先肯定",2 = "其他"。

步骤2:输入数据。

接下来,我们在SPSS中输入数据。χ^2独立性检验有两种不同的数据输入方法:加权方法和个体观测值方法。当数据在每个单元的频数统计出来时,应采用加权方法。由于在我们的例子中,单元中的频数已经被统计出来如图6-2所示,我们将采用加权方法来输入数据。

图6-2 变量视图中输入变量名称

在本例中,说英语和说汉语的人可以选择表达方式中的一个,于是产生了四种不同情况。由于我们采用加权方法来输入数据,我们需要在"数据视窗"窗口为这四种情况的每一种创建单独的一行。数据文件结构如表6-5所示。

表6-5 数据文件结构表

语言文化	表达方式	频数
1	1	6
1	2	86
2	1	24
2	2	48

研究中设定的四种情况（对于"表达方式"，"先肯定"赋值为"1"，"其他"赋值为"2"。对于"语言文化"，"汉语"赋值为"1"，"英语"赋值为"2"）。

（1）单击"数据视图"标签。变量"语言文化""表达方式""频数"出现在"数据视图"窗口的前三列。

按照图表，第一种情况对应于说"汉语"且用"先肯定"表达方式的人，总共有 6 个人，这些值应该被输入"数据视图"窗口的第一行。

（2）在"数据视图"窗口的第一行对"语言文化""表达方式""频数"分别输入 1，1，6，在"数据视图"窗口的 2~4 行输入剩下的三种情况（在第 2 行输入 1，2，86，在第 3 行输入 2，1，24，在第 4 行输入 2，2，48）。图6-3给出了完整的输入情况。

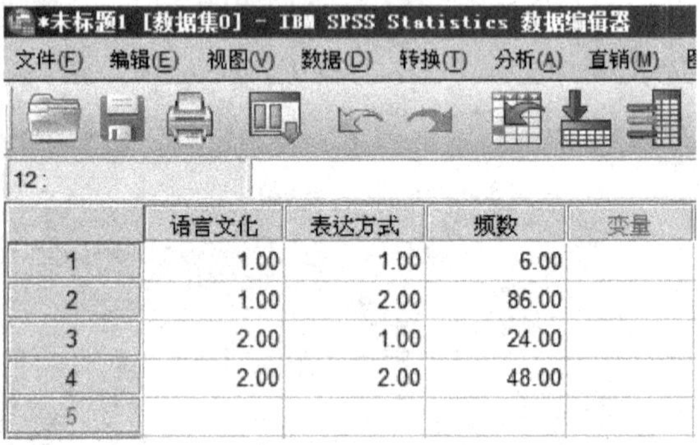

图 6-3　数据视图中输入数据

步骤 3：分析数据。

在执行 χ^2 检验之前，我们首先需要对"频数"进行加权。加权表明给定变量的值表示观测总次数，而不仅仅是一个分数值。例如，对"频数"进行加权时，"频数"取值为 6 代表 6 个人，而不是分数为 6。

对"频数"进行加权：

（1）在菜单栏中选择"数据"｜"加权个案"，如图 6-4 所示。

（2）打开"加权个案"对话框。选择"加权个案"并选择变量"频数"，单击箭头按钮，把"频数"移到"频率变量"框中，如图 6-5 所示。

（3）单击"确定"。这表示在每个类别中频数的取值（6，24，86，48）对应于每个单元的所有参与者，而不仅仅是一个分数。

通过对"频数"进行加权，现在我们可以在 SPSS 中执行 χ^2 独立性检验。

执行 χ^2 独立性检验：

（1）在菜单栏中选择"分析"｜"描述统计"｜"交叉表"。

打开"交叉表"对话框，变量"表达方式"，"语言文化"和"频数"出现在对话框左侧。

图 6-4 加权个案的下拉菜单　　　　图 6-5 选择要加权的个案

(2) 选择"语言文化",单击箭头按钮,把变量移到"行"框。

(3) 选择"表达方式",单击箭头按钮,把变量移到"列"框(图 6-6)。

(4) 单击"统计量"。打开"交叉表:统计量"对话框,勾选"卡方(H)",如图 6-7 所示。

(5) 单击"继续"。

(6) 单击"单元格"。打开"交叉表:单元显示"对话框,在"计数"围栏下选择"观察值""期望值";在"百分率"一栏下选择"行",如图 6-8 所示。

(7) 单击"继续"。

(8) 单击"确定"。

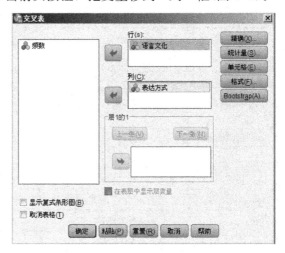

图 6-6 交叉表的输入情况

图 6-7 选择要统计的统计量

图 6-8 选择要显示的数据

3. 结果解释

表 6-6 为"案例处理摘要"表,对案例的有效样本及缺失样本情况进行了描述。

表 6-6 案例处理摘要

	案例					
	有效的		缺失		合计	
	N	百分率	N	百分率	N	百分率
语言文化 * 表达方式	164	100.00%	0	0.00%	164	100.00%

表 6-7 是"语言文化"与"表达方式"构成的一个交叉制表,描述统计了两种语言采取的表达方式的数量、期望数量、百分率。

表 6-7 "语言文化 * 表达方式"交叉制表

			表达方式		合计
			先肯定	其他	
语言文化	汉语	计数	6	86	92
		期望的计数	16.8	75.2	92
		语言文化中的百分率/%	6.50	93.50	100.00
	英语	计数	24	48	72
		期望的计数	13.2	58.8	72
		语言文化中的百分率/%	33.30	66.70	100.00
合计		计数	30	134	164
		期望的计数	30	134	164
		语言文化中的百分率/%	18.30	81.70	100.00

表6-8为"卡方检验表",显示了卡方检验的结果。从表中可以看到,Pearson 卡方值为19.426, $P=0$, 小于0.05, 因此, 拒绝原假设。

表6-8 卡方检验表

	值	df	渐进Sig.(双侧)	精确Sig.(双侧)	精确Sig.(单侧)
Pearson卡方	19.426[a]	1	0		
连续校正[b]	17.674	1	0		
似然比	20.045	1	0		
Fisher的精确检验				0	0
线性和线性组合	19.308	1	0		
有效案例中的N	164				

注:a. 0单元格(0%)的期望计数少于5。最小期望计数为13.17。
　　b. 仅对2x2表计算。

自由度df为1,卡方值为19.426,P值为0.000,小于0.05。拒绝原假设。

因此,原假设"表达方式和语言文化之间没有联系"不成立,如表6-6至表6-8所示。

(二) ($r×c$) 列联表的卡方检验

当列联表不是2×2表的时候,要判断总体的变量是否彼此独立,这时候自由度:$df=(r-1)(c-1)$。列联表形式($r×c$)如表6-9所示。

表6-9 列联表形式 ($r × c$)

		列 (c)					合计
		1	2	3	……	c	
行 (r)	1	O_{11}	O_{12}	O_{13}	……	O_{1c}	O_1
	2	O_{21}	O_{22}	O_{23}	……	O_{2c}	O_2
	3	O_{31}	O_{32}	O_{33}	……	O_{3c}	O_3
	—						
	r	O_{r1}	O_{r2}	O_{r3}		O_{rc}	O_r
合计		n_1	n_2	n_3	……	n_c	n

方法同2×2表,只是增加列、行的数量。我们选择林连书《应用语言学实验研究方法》一书中的例子来分析在 SPSS 中如何做 ($r×c$) 列联表的卡方检验。[1]

---

[1] 林连书. 应用语言学检验研究方法 [M]. 广州:中山大学出版社,2001:83-84.

【例五】 有人数相等、学习条件相似的一组中国学生和一组日本学生,在一次有关冠词运用的测验中,对 the, a, an 和不用冠词(用"无"表示)四种情况所犯错误的频数如表 6-10 所示。假定这两组学生除第一语言背景不同外,其他情况基本相同,问他们所犯的冠词错误是否与第一语言背景有关。

表 6-10 两国学生所犯的冠词错误频数

第一语言背景	冠词错误频数				
	the	a	an	无	总数
汉语	12	14	6	8	40
日语	22	24	8	6	60
总数	34	38	14	14	100

1. 问题分析

做出零假设:假设学生所犯的冠词错误与第一语言背景无关,即相互独立。

零假设为:列一"第一语言背景"与列二"冠词错误频数"之间独立。如果 $P < 0.05$,则拒绝零假设;反之,则接受零假设。

经过计算,结果如下:

$\chi^2 = 2.234 < \chi^2_{(3, 0.05)} = 7.81$

$P = 0.525$,即接受原假设。

没有证据可否定零假设,只好维持零假设,即学生所犯冠词错误与第一语言无关。

2. 软件操作

步骤 1:建立变量。

在"变量视图"中同样输入"错误类别""语言背景""频数"三行。然后,分别对"错误类别""语言背景"标签赋值,如图 6-9 所示。

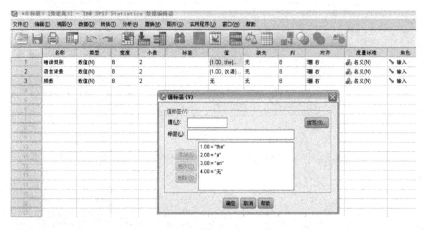

图 6-9 变量视图中输入变量

步骤 2：输入数据。

在"数据视图"中输入数据，如图 6-10 所示。

注意按照列联表的对应情况，分别为"错误类别""语言背景"中输入 1～4，1～2 的值。并将它们在列联表中的频数值，输入第三列"频数"中。

图 6-10 数据视图中输入数据

步骤 3：分析数据。

因为"频数"一列中的数值是频率数，所以先为它加权，加权个案如图 6-11 所示。

图 6-11 加权个案

执行 χ^2 独立性检验：

(1) 在菜单栏中选择"分析"|"描述统计"|"交叉表"，如图 6-12 所示。

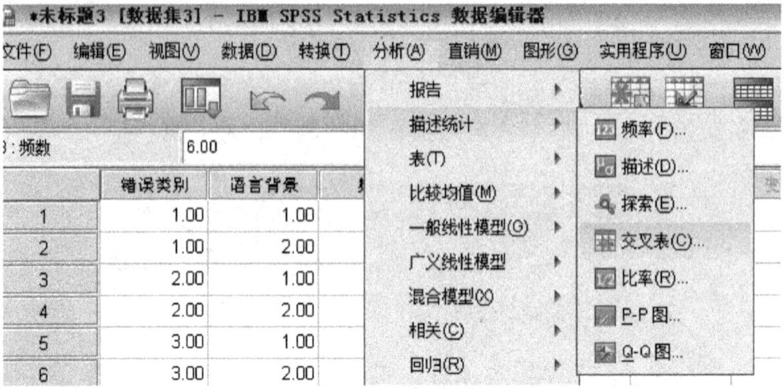

图 6-12　下拉菜单位置

（2）选择"语言背景"，单击箭头按钮，把变量移到"行"框（图 6-13）。
（3）选择"错误类别"，单击箭头按钮，把变量移到"列"框（图 6-13）。
（4）单击"确定"。

图 6-13　交叉表中的变量情况

3. 结果解释

（1）案例处理摘要。

表格"案例处理摘要"（表 6-11）给出了一般信息。"有效的"为 100%，"缺失"为 0。

表 6-11 案例处理摘要

	案例					
	有效的		缺失		合计	
	N	百分率	N	百分率	N	百分率
语言背景 * 错误类别	100	100.00%	0	0.00%	100	100.00%

(2) 语言背景*错误类别交叉制表。

表格"交叉制表"(表 6-12)为观测频数和期望频数提供了信息。表格中"计数"为输入 SPSS 时的原始数据;"期望计数"是原假设为真条件下的期望频数。

表 6-12 "语言背景*错误类别"交叉制表

			错误类别				合计
			the	a	an	无	
语言背景	汉语	计数	12	14	6	8	40
		期望计数	13.6	15.2	5.6	5.6	40.0
		语言背景中的百分率/%	30.0	35.0	15.0	20.0	100.0
	日语	计数	22	24	8	6	60
		期望计数	20.4	22.8	8.4	8.4	60.0
		语言背景中的百分率/%	36.7	40.0	13.3	10.0	100.0
合计		计数	34	38	14	14	100
		期望计数	34.0	38.0	14.0	14.0	100.0
		语言背景中的百分率/%	34.0	38.0	14.0	14.0	100.0

(3) 卡方检验。

"卡方检验"表(表 6-13)提供了检验的结果。Pearson 卡方的值为 2.234,自由度(df)为 3,P 值为 0.525(表中 $Sig.$ 值即 P 值)。因为 $P>0.05$,所以,接受原假设,即学生所犯的冠词错误与第一语言背景无关。

表 6-13 卡方检验表

	值	df	渐进 $Sig.$(双侧)
Pearson 卡方	2.234[a]	3	0.525
似然比	2.194	3	0.533
线性和线性组合	1.845	1	0.174
有效案例中的 N	100		

注:a. 0 单元格(0%)的期望计数少于 5。最小期望计数为 5.60。

在文章中报告结果时,要将原假设的结论、自由度、样本量、卡方值、P 值描述出来。本例的结果可以陈述为:

经卡方检验,学生所犯冠词错误与第一语言无关。$\chi^2(3, N=100) = 2.234, P>0.05$。

在上面的表述中,括号中第一个数字"3"表示的是自由度(df),第二个"$N=100$"表示的是样本的数量为100。

二、单因素 χ^2 检验法

单因素 χ^2 检验法是将收集到的数据按频数分组,然后检验频数的分布是否与某个概率分布模式拟合。例如,在某英语测验中,已测得各分数段的频数,要检验分数的频数分布是否与正态分布、均匀分布或其他分布拟合。

我们用林连书《应用语言学实验研究方法》一书中的例子加以说明。[1]

【例六】 在一项有关外语系学生专业倾向的调查中,随机抽查120个学生,要求学生在文学、语言学和应用外语三种可能选项中选择一项。结果有48人选择文学,有42人选择语言学,还有30人选择应用外语。问学生的专业倾向有无明显差别。

检验过程如下:

先做出零假设:假定专业倾向没有差别,即在学生中,要选择文学、语言学和应用外语的可能性一致。用数学符号表示如下:

$$H_0: P_1 = P_2 = P_3$$

其中,P_1, P_2, P_3 分别表示选择文学、语言学和应用外语的概率。相反的假设就是 $H_1: P_1, P_2, P_3$ 中至少有一个不相等。

注意:单因素卡方检验的零假设不是"独立性"假设,我们可以将它变换成类似独立性问题的假设。在本例中,三组学生的选择问题如果是"独立"的,就是它们之间互不影响,选择方面均匀分布,各占1/3,即"专业倾向没有差别"。

在统计结果中,如果 $P<0.05$,拒绝零假设(=有差别);如果 $P>0.05$,接受原假设(=无差别)。

将观察频数和期望频数列出表格如下(表6-14):

---

[1] 林连书. 应用语言学实验研究方法 [M]. 广州:中山大学出版社,2001:79-80.

表 6-14　3 组学生选择专业的观察值和期望值

	专业倾向			
	文学	语言学	应用外语	总数
观察值	48	42	30	120
期望值	40	40	40	120

1. SPSS 中的操作

步骤 1：建立变量。

（1）打开 SPSS。

（2）单击"变量视图"标签。

（3）在"变量视图"窗口前两行分别输入变量名称"类别""人数"，如图 6-14 所示。

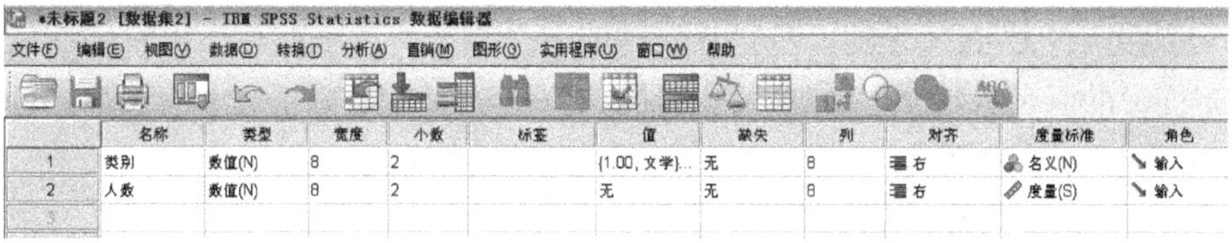

图 6-14　变量视图中输入变量

（4）如图 6-15 所示，为分类变量"类别"建立变量值标签，对于"类别"，1="文学"，2="语言学"，3="外语"。

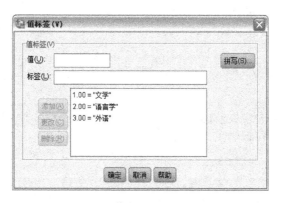

图 6-15　建立变量值标签

步骤 2：输入数据。

（1）单击"数据视图"标签。变量"类别""人数"出现在"数据视图"

窗口中。

(2) 在"数据视图"窗口的"类别"列中分别输入 1, 2, 3, 在"人数"列中分别输入 48, 42, 30。(图 6-16)

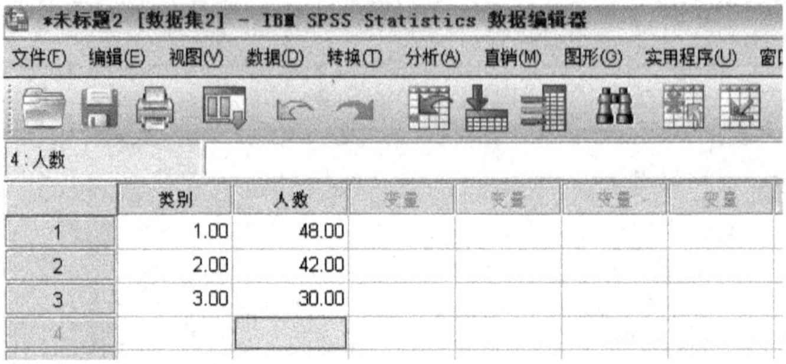

图 6-16 数据视图中输入数据

步骤 3：分析数据。

在执行 χ^2 检验之前，我们首先需要对"人数"进行加权。加权表明给定变量的值表示观测总次数，而不仅仅是一个分数值。取值为 48 代表 48 个人，而不是分数为 48。

对"人数"进行加权：

① 在菜单栏中选择"数据 | 加权个案"。

② 打开"加权个案"对话框。选择"加权个案"并选择变量"人数"，单击箭头按钮，把"人数"移到"频率变量"框中。(图 6-17)

③ 单击"确定"。

执行 χ^2 检验：

① 在菜单栏中选择"分析" | "非参数检验" | "旧对话框" | "卡方"。(图 6-18)

图 6-17 加权个案

打开"卡方检验"对话框，变量"类别""人数"出现在对话框的左侧。

② 选择"人数"，单击箭头按钮，把变量移到"检验变量列表"框。(图 6-19)

③ 选择"选项"，出现"卡方检验：选项"。在"统计量"一栏下面勾选"描述性"，然后单击"继续"。(图 6-20)

第六章 卡方检验与语料库分析

图 6-18 卡方检验的下拉菜单

图 6-19 检验变量列表

图 6-20 统计量选项

④ 单击"确定"。

步骤4：解释结果。（表6-15至表6-17）

表6-15 描述性统计量

	N	均值	标准差	极小值	极大值
人数	120	41.4	7.103 56	30	48

表6-16 人数

	观察数	期望数	残差
30.00	30	40.0	-10.0
42.00	42	40.0	2.0
48.00	48	40.0	8.0
总数	120		

表6-17 检验统计量

	人数
卡方	4.200[a]
df	2
P值	0.122

注：a. 0个单元（0%）具有小于5的期望频率。单元最小期望频率为40.0。

结果显示，学生的专业倾向没有明显差别。$\chi^2(2, N=120)=4.20$，$P>0.05（P=0.122）$。

第三节　用卡方检验分析几种语料库中的词语

语言研究中使用卡方检验的例子很多，特别是基于语料库的数据分析，可以直接使用卡方检验来对数据进行比较，不需要将数据进行转换，因此，使用起来很方便。下面举两个运用卡方检验比较语料库中词语使用方面有无差别的研究例子。

一、中国英语学习者与本族语者并列连词用法对比研究[1]

杨贝比较了中国学习者英语语料库（CLEC）与本族语者语料库中并列

---

[1] 杨惠中，桂诗春，杨达复. 基于CLEC语料库的中国学习者英语分析 [M]. 上海：上海外语教育出版社，2005：257-265.

连词的使用情况，调查中国学生对某些连接词的使用情况，并分析中国学生对逻辑连接词的掌握情况。

(一) 研究设计

1. 研究问题

该项研究主要回答以下几个问题：中国学习者是否超用、少用或误用并列连词？中国学习者是否倾向于在书面体中把并列连词置于句首？并列连词的各主要语义逻辑关系在中国学习者英语语料库和在本族语者语料库中的分布有无差别？如果存在上述问题，原因是什么？

2. 研究数据

学习者语料库分别取自：中国学习者英语语料库（CLEC）中的大学英语学习者作文子语料库，由 2 000 多篇非英语专业大学生的四级和六级考试作文（394 255 词）构成；国际学习者英语语料库（International Corpus of Learner English，简称 ICLE）中的法语学习者子语料库（135 582 词）和 ICLE 的西班牙语学习者子语料库（178 253 词）。本族语者语料库取自 ICLE 的本族语参照语料库（Louvain Corpus of Native English Essays，简称 LOCNESS），该子语料库包含 200 多篇英美大学二、三年级的本族语学生作文（181 678 词）。以上所选语料库作文均为论说文。

该文选用的语料库检索工具是 Wordsmith Tools 3.0。由于两个子语料库大小不同，因此所有原始统计频数都换算成了标准频数（用原始统计频数除以子语料库的总词数再乘以 10 000，即每 100 000 词次出现的次数）。文本之间的频数差异检验用的是卡方检验（Chi-square test），其中，*代表两组数据之间有显著差异（$P<0.01$）。使用的统计软件为 SPSS。作者首先统计了并列连词在学习者语料库与本族语者语料库中出现的频数，并使用卡方检验测试两组数据之间是否存在显著差异；然后分析了学习者语料库中并列连词的误用现象；最后对比分析了并列连词的不同语义在学习者语料库和本族语者语料库中的分布情况。

(二) 结果与讨论

1. 并列连词使用频数的对比分析

表 6-18 的统计结果显示，与本族语者相比，中国学习者少用 and 和 or，超用 but，三组数据之间存在显著差异；与本族语者相比，法语和西班牙语学习者从总体上来说超用并列连词。

表 6-18　语料库中 and 和 or 出现的标准频数

WORDS	LOCNESS	CLEC	P 值 (LOCNESS vs CLEC)	FRICLE	P 值 (LOCNESS vs FRICLE)	SPICLE	P 值 (LOCNESS vs SPICLE)
and	2 637.63	2 233.83*	0	2 392.81*	0.001	2 658.02	0.783
or	337.41	263.03*	0.003	502.69*	0	513.32*	0
but	396.86	497.39*	0.001	594.29*	0	615.98*	0

作者认为，中国学习者少用 and 和 or 的原因可能是：

第一，中国学习者受母语迁移的影响。表 6-18 的数据显示：少用 and 和 or 不是学习者共有的发展性特征，而是中国学习者所特有的中间语特征，因此这一特征很可能是学习者受汉语的影响而形成的。根据连接论的观点，先前的学习经历对后续的输入产生影响。学习者在习得二语之前，头脑中已经存在着母语，有其固定的概率形式；母语使用的时间越久，其概率形式被激活的机会越多，被强化的程度就越高。学习外语，碰到跟母语相似的成分，容易激活已经顽固存在的母语形式，导致迁移。因此，中国学生受汉语的影响，在英语习作中，常常忽略连接词语的运用。

第二，中国学习者较少使用复合句。Wordsmith 的统计结果显示：中国学习者英语语料库的平均句长是 14.20 词，本族语者语料库的平均句长是 20.09 词，法语学习者语料库的平均句长是 21.63 词，西班牙语学习者语料库的平均句长是 37.48 词。表 6-18 的数据型显示并列连词 and 和 or 在中国学习者英语语料库中的频数最少，在本族语者语料库和在法语学习者语料库中的频数相近，在西班牙语学习者语料库中的频数最多。虽然长句子不一定是复合句，但是复合句一般比简单句长。基于以上数据，可以推测中国学习者英语作文中所用的复合句最少。

第三，学习者作文体现口语倾向。朗文英语口语和笔语语法（Longman Grammar of Spoken and Written English，简称 LGSWE）基于语料库的研究表明，and 和 or 在口语中没有在书面语中使用频繁。口语中动词的出现频率很高，因此分句数量较多，而分句数量越多，用于分句间衔接的连接词就越多；在口语语体中单词短语出现的频数比书面语要高很多，而复合短语在书面语中出现较多。以上两个因素导致在口语中 and 和 or 主要用于分句间的衔接，而较少用于短语间的衔接，因此口语体中 and 和 or 出现的频数较少。在书面语中 and 和 or 频繁地衔接复合短语，因此出现频数显著增加。与本族语作文相比，学习者作文中 and 和 or 使用较少，可能反映了学习者的语体意识不强，书面作文体现口语倾向。

表 6-18 显示了不同母语背景的学习者都超用 but，因此这一特征很可能是学习者共有的发展性特征。朗文英语口语和笔语语法的研究表明，but 在口语和小说中最常用，在学术文体中用得最少。口语的交互性导致了口语中常用否定句：说话者可以使用 but 来修正自己的说法，表达相反的意见；驳斥对方的观点或反对对方提出的建议；等等。书面语中则较多使用 however 和 yet 等连接词。学习者超用的原因可能是书面语中存在口语化倾向。为了探究这种推测的可能性，该文进一步统计对比了连接词 however 和 yet 在学习者语料库和本族语者语料库中出现的表达转折、让步等逻辑关系的标准频数。结果显示如表 6-19 所示。

表 6-19 语料库中 however 和 yet 出现的标准频数

WORDS	LOCNESS	CLEC	P 值 (LOCNESS vs CLEC)	FRICLE	P 值 (LOCNESS vs FRICLE)	SPICLE	P 值 (LOCNESS vs SPICLE)
however	192.10	67.47*	0.000	64.91*	0.000	64.52*	0.000
yet	40.18	5.07*	0.000	23.60	0.046	1.68*	0.000

表 6-19 数据显示，与本族语者相比，学习者少用 however 和 yet 等多用于书面语中的连接词，以上五组之间存在显著差异。由此可见，学习者作文中存在口语化倾向还体现在对不同语体的词汇的选择使用上。

2. 并列连词在中国学习者英语语料库中的误用和避免使用现象

学习者不仅少用而且误用或避免使用并列连词。误用和避免使用大致可归为：多余的并列连词、误用的并列连词、并列连词连接的不合语法的句子结构、并列连词的缺失四类。

3. 并列连词在学习者语料库和本族语者语料库中用于句首的频数对比分析

在英语书面语中并列连词很少置于句首。因此，研究并列连词在学习者语料库和本族语者语料库中的位置将是很有意义的。

学习者语料库和本族语者语料库中并列连词位于句首的标准频数如表 6-20 所示，数据表明学习者倾向于把并列连词置于句首。把 and 和 but 置于句首的频数在学习者语料库与本族语者语料库之间均存在显著差异；把 or 置于句首的频数在学习者语料库与本族语者语料库之间虽然不存在显著差异，但是这种用法在学习者语料库中的频数至少是本族语者语料库的 5 倍。朗文英语口语和笔语语法的研究证明把 and 或 or 置于句首的用法经常出现于口语语体中，而较少出现在书面语中。由此可见，学习者尚须进一步学习目标语不同的语体特征。汉语中的并列连词常置于句首，这也可能导致中国学习者在写作时倾向于将并列连词置于句首。

表 6-20　语料库中并列连词位于句首的标准频数

WORDS	LOCNESS	CLEC	P 值 (LOCNESS vs CLEC)	FRICLE	P 值 (LOCNESS vs FRICLE)	SPICLE	P 值 (LOCNESS vs SPICLE)
and	19.82	177.80*	0.000	89.37*	0.000	62.83*	0.000
or	0.55	6.59	0.034	8.94	0.011	2.81	0.317
but	51.19	302.34*	0.000	256.93*	0.000	135.20*	0.000

4. 并列连词在学习者语料库和本族语者语料库中主要语义分布的对比分析

对比分析并列连词在学习者语料库和本族语者语料库中的使用频数可以揭示：and，but 和 or 在连接复合短语及复合分句可以表达不同的语义关系，因此进一步研究它们在学习者语料库和本族语者语料库中主要语义分布可以对学习者并列连词使用的了解更深一步。由于这三个并列连词在两个语料库中出现的频数较多，不便一一统计它们各主要语义关系的出现频数，因此作者采用 WordSmith Tools 的抽样功能，先从每 10 个索引行中抽取一行，再统计各语义关系的出现频数。

（1）并列连词 and 的主要语义在学习者语料库和本族语者语料库中的分布如表 6-21 所示。

由 and 连接的复合短语、复合分句之间的语义关系主要有以下五类：

① 增补，例如，one women, two men and three children.
② 动作先后，例如，She came in and sat down.
③ 结果，例如，Work hard and you will pass your examinations.
④ 强调，例如，We walked for miles and miles.
⑤ 对照，例如，Don't worry——there are rules and rules, i.e. Some rules are important, more easy to ignore, etc. than others.

表 6-21　并列连词 and 的主要语义在语料库中的分布

类别	LOCNESS	百分率/%	CLEC	百分率/%
增补	381	78.70	727	75.20
动作先后	28	5.80	48	5
结果	53	11	89	9.20
强调	5	1	68	7

续表

类别	LOCNESS	百分率/%	CLEC	百分率/%
对照	17	3.50	35	3.60
总数	484	100	967	100

And 的各主要语义关系在本族语者语料库中的分布从多到少依次是增补、结果、动作先后、对照和强调；在学习者语料库中的分布从多到少依次是增补、结果、强调、动作先后和对照。学习者明显地超用 and 表示强调关系，除强调之外的其他语义关系在本族语者语料库与在学习者语料库中的百分率只是略有差别。学习者用 and 表示强调关系尤其集中在短语 more and more 的使用上。经检索 more and more 在学习者语料库中出现频数达到近 500 次，即每 789 个词就出现一次，此短语在本族语者语料库中只出现了 12 次，即每 15 140 个词才出现一次。这可能是由两个语料库不同的作文题目导致的，学习者语料库中的作文题目可能更多地要求作者做比较；此外学习者可能尚未学会用 increasingly, progressively 等来表达"越来越多"。

(2) 并列连词 but 的主要语义在学习者语料库和本族语者语料库中的分布如表 6-22 所示。

由 but 连接的复合短语、复合分句之间的语义关系主要有以下两类：

① 转折，例如，You've bought the wrong shirt. It's not the red one I wanted but the blue one.

② 让步，例如，I'd love to go to the theatre tonight, but I'm too busy.

无论是在本族语者语料库还是在学习者语料库中，but 表示让步的语义关系总是占大多数。不同的是，学习者语料库中 but 表示转折的百分率高于本族语者语料库；表示让步的百分率低于本族语者语料库。原因可能是学习者更倾向于使用 though, although 等来表示让步关系，两个语料库中作文题目的不同可能也是部分原因。

表 6-22 并列连词 but 的主要语义在语料库中的分布

类别	LOCNESS	百分率/%	CLEC	百分率/%
转折	19	28.80	74	38.30
让步	47	71.20	119	61.70
总数	66	100	193	100

(3) 并列连词 or 的主要语义在学习者语料库和本族语者语料库中的分布如表 6-23 所示，由 or 连接的复合短语、复合分句之间的语义关系主要有以下三类：

① 选择，例如，Is the baby a boy or a girl?
② 替代，例如，An increase of 50p, or 10 shillings in old money.
③ 条件，例如，Turn the heat down or your cake will burn.

表 6-23　并列连词 or 的主要语义在语料库中的分布

类别	LOCNESS	百分率/%	CLEC	百分率/%
选择	58	92.10	101	87.80
替代	5	7.90	4	3.50
条件	0	0	10	8.70
总数	63	100	115	100

or 的各主要语义关系在本族语者语料库中的分布从多到少依次是选择、替代和条件；在学习者语料库中的分布从多到少依次是：选择、条件和替代。值得注意的是，or 表示条件关系在本族语者语料库中所抽取的索引行中没有出现，而在学习者语料库中所出现的表示条件关系的 or 占总数的 8.70%，学习者过度运用此方法，这可能与所抽的样本或与本族语者语料库的作文题目有关。

（三）结论

作者通过研究发现：

（1）中国学习者少用并列连词 and 和 or，超用 but。其原因可能是学习者受到母语的影响、英语水平有限以及语体意识不强等。

（2）误用或避免使用并列连词。

（3）学习者倾向于把并列连词置于句首，这是学习者语体意识不强的又一体现。

（4）并列连词各主要语义关系在本族语者语料库和在学习者语料库中的分布不同，学习者超用或少用某些语义关系。

这是一项基于语料库的统计研究，作者以四种语料库为基础，经过多次统计，得出结论。另外，作者还谈了研究的启示和存在的不足。

二、基于越南学生汉语中介语语料库的趋向补语"来、去"习得考察[1]

刘汉武在其《基于越南学生汉语中介语语料库的趋向补语"来、去"习得

---

[1] 上海师范大学《对外汉语研究》编委会. 对外汉语研究（第 13 期）[M]. 北京：商务印书馆，2015：116-118.

考察》中，比较了越南学生跟汉语母语者使用趋向补语"来、去"的情况。

对学习者所使用的语言及本族语者所使用的语言进行比较，可以发现学习者的超用（overuse）和少用（underuse）现象。作者认为，目前国内学者进行比较时采用了以下四种方法：一是对两者的使用频率进行卡方检验，二是对两者的使用频次进行检验，三是对两者的使用频次及语料库容量进行耶茨连续性修正（Yates Continuity Correction）的卡方检验，四是对两者的使用频次、语料库容量进行似然比检验（likelihood ratio test）。然而，前三种方法有的违反了统计学原理，有的不适合用来研究汉语，最后一种方法却较为适合用来研究汉语。因此，作者采用似然比检验来看看越南学生使用趋向补语"来、去"时是否存在超用、少用现象。

似然比检验由 Neyman-Pearson 于 1928 年提出的。在该检验中，对数似然比的计算公式如下：

$$E_1 = [c \times (a+b)]/(c+d)$$
$$E_2 = [d \times (a+b)]/(c+d)$$
$$LL = 2 \times [a \times \ln(a/E_1) + b \times \ln(b/E_2)]$$

其中，a、b 分别是考察对象在语料库一、二中的使用频次，c、d 分别是语料库一、二的容量，E_1、E_2 分别是语料库一、二的期望值（the expected values）。

该论文中所使用的汉语母语者语料来自北京语言大学所建的现代汉语研究语料库系统（共约 200 万字）。

（一）趋向补语"来、去"使用情况对比

越南学生与汉语母语者使用趋向补语"来、去"的情况，如表 6-24 所示。

表 6-24 越南学生与汉语母语者"来、去"组趋向补语使用情况对比

趋向补语	意义		汉语母语者（200万字）		越南学生（65万字）		LL	P
			使用频次	使用频率	使用频次	使用频率		
来	基本义	表示向立足点移动	801	4.005	227	3.492	3.4	0.065
	引申义	表示实现某种状态	17	0.085	3	0.046	1.09	0.296

续表

趋向补语	意义		汉语母语者（200万字）		越南学生（65万字）		LL	P
			使用频次	使用频率	使用频次	使用频率		
去	基本义	表示离开立足点向另一处所趋近	618	3.09	63	0.969	104.98	0
	引申义	表示实现某种状态	16	0.08	23	0.354	20.85	0
		表示"除去"	57	0.285	18	0.277	0.01	0.915

注：使用频率为使用频次/语料容量，其单位为次/万字。

表6-24显示，无论是在汉语母语者语料库中，还是在越南学生语料库中，都使用了趋向补语"来、去"的各个意义的用法。越南学生使用趋向补语"来"及"表示'除去'"的趋向补语"去"的情况与汉语母语者相比不存在显著性差异（$P>0.01$）。越南学生使用表示离开立足点向另一处所趋近及表示实现某种状态的趋向补语"去"的情况与汉语母语者相比存在显著性差异（$P<0.01$）。越南学生使用"表示离开立足点向另一处所趋近"的趋向补语"去"时有少用现象，而使用"表示实现某种状态"的趋向补语"去"时却有超用现象。

（二）含趋向补语"来、去"格式使用情况对比

含趋向补语"来、去"的主要格式有"$V+C_2$""$V+C_2+O$""$V+O+C_2$"三种格式。越南学生与汉语母语者使用含趋向补语"来、去"格式的情况对比，如表6-25所示。

表6-25 越南学生和汉语母语者含趋向补语"来、去"格式使用情况对比

格式	汉语母语者（200万字）		越南学生（65万字）		LL	P
	使用频次	使用频率	使用频次	使用频率		
$V+C_2$	841	4.205	177	2.723	30.26	0
$V+C_2+O$	341	1.705	138	2.123	4.57	0.032
$V+O+C_2$	327	1.635	19	0.292	90.23	0

注：使用频率为使用频次/语料容量，其数值为次/万字。

表6-25显示，"$V+C_2$""$V+O+C_2$"格式汉语母语者的使用频率比越

南学生多得多，其对数似然比表明它们的差异具有统计显著性（$P<0.01$）。"$V+C_2+O$"格式汉语母语者的使用频率比越南学生的低，但它们都不具有统计显著性（$P>0.01$）。可见，越南学生使用含趋向补语"来、去"格式时存在少用"$V+C_2$""$V+O+C_2$"格式的现象。另外，还可以看到，越南学生与汉语母语者各格式的使用频次高低次序是一致的，均为"$V+C_2$">"$V+C_2+O$">"$V+O+C_2$"。

第七章

方差分析与语料库数据（上）

第一节 方差分析简介

一、Z 检验和 t 检验的局限性

当研究中出现两个以上的平均数时，用 Z 检验和 t 检验会有以下一些不足。

（一）比较次数增多

如果参与比较的项目增加，再用 Z 检验或 t 检验就要增加检验的次数。如要对三所学校的成绩进行比较，则需对 A 校与 B 校、B 校与 C 校、C 校与 A 校做检验，这时我们所做的检验是三次而不是一次。如果一次研究 10 组数据，其检验数就会达到 45 个之多。事实上，我们需要一个可以让我们同时处理两种以上条件的单独检验。

（二）降低可靠程度

对数据进行 Z 检验或 t 检验的次数越多，犯 I 型错误（即弃真错误）的概率就会大大增加。在一个检验中，$\alpha=0.05$，意味着有 0.05 的可能性犯 I 型错误，即有 $1-\alpha=0.95$ 的概率不犯 I 型错误。如果我们做两次检验，每次都为 0.05 的显著性水平，那么不犯 I 型错误的概率就变为 $0.95 \times 0.95 \approx 0.90$。此时犯 I 型错误的概率则为 $1-0.90=0.10$，即至少犯一次 I 型错误的概率翻了一倍。若做 10 次检验的话，至少犯一次 I 型错误的概率将上升到 $0.40(1-0.05^{10})$，也就是说 10 次检验结论都正确的概率只有 60%。所以说随着均数个数的增加，其组合次数增多，从而降低了采用 Z 检验或 t 检验推论可靠性的概率，增加了犯错误的概率。

想要若干检验的总显著性水平仍为 0.05 的话，一种做法就是为每一个独

立检验设置更为保守的显著性水平。例如，若进行5次检验，为了使总的犯Ⅰ型错误的风险仍为0.05（$1-0.99 \times 0.99 \times 0.99 \times 0.99 \times 0.99 \approx 0.05$），则每一个独立检验的显著性水平需设为$P=0.01$。另一种可替代的方法就是设计一种能使总显著性水平始终为0.05的单一检验，这种方法就是方差分析。

（三）缺少综合信息

两个以上的平均数检验中采用Z检验或t检验，都只提供了两个组的信息，而忽略了其他综合信息。然而在许多情况下，这些被忽视的信息可能对检验结果产生更大的影响力。同时，在10次检验之后所得到的只是零散的信息，并非从总体来分析几种不同条件的效果，也难以获得几种不同条件的直接答案。

二、方差分析的含义与假设

在研究工作中获得的一批数据，其变异情况或离中趋势，既可以用标准差（σ）来测量，又可以用方差（σ^2）来表示。方差也称均方差或均方，它比标准差好的地方在于：方差可以相加，便于计算与分析。方差分析的基本原理，就是把数据的总方差分析为两部分：一部分是组与组之间的方差，另一部分是各个组内的方差。在研究时获得的数据，因为受到多种因素的影响而发生变异，总是参差不齐。如果要寻找影响变异的主要因素，或检验某种因素有无重大的影响，我们可以把这批数据对其平均数的差异情况（即总变异）分解为几部分，了解总变异可以归因于哪些部分。有一部分可以归因于各组之间的变异，是由受控制的实验因素所引起的；而另一部分可以归因于组内的变异，是由被试的个别差异或实验误差所引起的。假使组间变异大于组内变异若干倍以上，那么各组平均数间的变异是显著的，也就是说，它们不是从同一总体中随机抽取而来的，而是受控制的实验因素起着重要的作用。

例如，对某年级一班、二班、三班的同学进行两次摸底考试，所获得的数据（成绩）既有班与班的关系，又有两次考试的关系。班与班之间就是组间，两次考试就是组内。

三、方差分析的计算

（一）平方和的划分

假使把第一、第二两组数据联合为一个分布时，这个联合分布的方差

S_t^2，绝不是两组方差 S_1^2 与 S_2^2 的总和，也不是两组方差的平均数。然而这个联合分布的方差可由下式求得：

$$S_t^2 = \frac{1}{N}(n_1 S_1^2 + n_2 S_2^2 + n_1 d_1^2 + n_2 d_2^2)$$

或

$$NS_t^2 = n_1 S_1^2 + n_2 S_2^2 + n_1 d_1^2 + n_2 d_2^2$$

在上式中，S_t^2 是联合分布的方差；

n_1 与 n_2 是两组的数目；

S_1 与 S_2 是两组的标准差；

d_1 与 d_2 是两组的平均数与联合分布平均数的差数；

N 是两组数目的总和，即 $n_1 + n_2$。

由此可见，所有测量数与联合平均数的差数的平方和，等于两组内差数的平方和加上两组间与联合平均数的差数之平方和。

上面只是假定了两个组的联合分布。如增加一组新材料，就可增加一个平方和 nS^2。因此，上述式子可以写成：

$$NS_t^2 = \sum n_s S_s^2 + \sum n_s d_s^2$$

这就是说，总平方和 = 组内平方和 + 组间平方和。

（二）自由度的划分

前面说总平方和可以区分为两个部分，与此相应的自由度也可区分为两个部分。如果研究 k 组材料，每组都是 n 个测量数据，那么总自由度是 $(n-1)$，组间自由度是 $(k-1)$。至于组内自由度，因为每组的自由度是 $(n-1)$，所以 k 组共有 $k(n-1)$ 个自由度。在计算时必须注意总的自由度 = 组间自由度 + 组内自由度。

（三）方差的计算

计算出组间平方和、组内平方和与总平方和，然后再用与其相应的自由度去除，就分别得出它们的方差，有些人把这称为均方差或均方。

$$\text{组间均方} = MS_{\text{组间}} = \frac{\sum n_s d_s^2}{k-1},$$

$$\text{组内均方} = MS_{\text{组内}} = \frac{\sum n_s S_s^2}{k(n-1)}$$

因为在大多数的方差分析的应用时，各组数目都等于 n，又因为 $n_s S_s^2 = \sum x_s^2$，所以上述两式又可写为

$$组间均方 = MS_{组间} = \frac{n\sum d^2}{k-1},$$

$$组内均方 = MS_{组内} = \frac{\sum x_s^2}{k(n-1)}$$

(四) F 比值

把组间均方除以组内均方，求得两者的比例 F，即

$$F = \frac{组间均方}{组内均方} = \frac{MS_{组间}}{MS_{组内}}$$

把实得的 F 值与从理论上计算的 F 值进行比较，称为 F 检验。

以下三条假设在进行方差分析时是非常关键的，否则易产生错误的统计结论。

1. 总体分布的正态性

方差分析与 Z 检验和 t 检验一样，也要求样本必须来自正态分布的总体。

2. 各个实验组的方差齐性

方差分析要求各总体的方差或标准差相同。如若总体方差不一致，那么方差分析在得出差异显著结论时就无法进行很好的归因分析。例如，某校在甲班和乙班进行教学方法的实验，以新方法施教于甲班，以传统方法施教于乙班。实验结束后发现两班成绩差异非常显著，然而这种差异究竟是教法不同造成的，还是两班学生原有学习水平不同引起的，我们无法回答这个问题。因此，方差分析前需对各样本的方差做一致性检验，称方差齐性检验，只有满足了方差齐性的条件才可做方差分析。

3. 变异具有可加性

变异具有可加性是方差分析中的又一重要假设。众所周知，影响事物的因素是多种多样的，方差分析是将事物的总变异分解为各个不同来源的变异，分解后的各部分变异相互独立，相加后又构成总变异。

第二节 一维组间方差分析

一、一维(元)方差分析的含义

一维(元)方差分析也称单因素方差分析。它可以检验由单一因素影响的

一个（或几个相互独立的）因变量，依照因素各个水平分组的均值之间的差异是否具有统计意义；还可以对该因素的若干水平分组中哪一组与其他各组均值间具有显著性差异进行分析，即进行均值的多重比较，包括单因素方差分析、均值多重比较和相对比较。在进行一维（元）方差分析时要求因变量服从正态分布。

方差分析是在实验研究中产生的，由于一次实验涉及的因素多少不一而分为单因素设计和多因素设计。所谓单因素设计，就是从影响实验结果的众多因素中选取一个作为自变量，其他因素都加以控制的设计类型。

二、被试组间设计的方差分析

研究者想了解不同阶段的学生对英语空间语义的介词（at, in, on, to, by, from）的掌握和运用有无不同，从某市高中二年级学生、大学英语专业本科二年级学生和英语专业研究生中随机选取30名志愿者参加统一测试。选取学生时，高中生和大学生排除掉考试前10名的同学和末几名的同学。测试包括"完形填空"和"开放式书写"。受试者答题之后，研究者对他们的试卷进行评分。然后根据他们的得分情况，检验不同阶段的学习者对英语介词的掌握情况。

这种随机抽取式的实验设计叫作完全随机设计（completely randomized design）。正因为抽样的随机性，各组之间是相互独立的，所以这类设计也称独立组设计或被试组间设计。

下面我们看一个"一维组间方差分析"的例子。

【例一】 研究者想了解某市不同学习阶段的学生掌握英语空间语义介词的情况，从高中、大学和研究生中随机各抽取30名志愿者，通过"完形填空"和"开放式书写"来测试他们对英语介词（at, in, on, to, by, from）的掌握情况。

研究者想知道：不同阶段的学生对英语空间语义介词的掌握有无明显差别？

1. 问题分析

在这项研究中，自变量是不同类型的学生（A、B和C），因变量是测试的成绩。研究的目标是检验因变量在自变量的均值上有无显著差异。

（1）原假设和对立假设。

原假设是三种类型的学生的成绩的总体均值相等，即

$H_0: \mu_{\text{高中}} = \mu_{\text{大学}} = \mu_{\text{研究生}}$

为了说明原假设是错误的，没有必要要求所有均值之间彼此互不相同，只需满足原假设在某些方面错误（某些组间存在不同）。常用的备择假设是均值在某些方面存在差异。

H_1：其中至少一个均值与其他均值不同。

如果检验产生的结果在原假设正确时看起来不可能（结果发生的可能性小于5%），那么拒绝原假设。如果检验产生的结果在原假设正确时看起来正确（结果发生的可能性大于5%），那么不拒绝原假设。

（2）数据。

30个学生按照学习阶段的不同，分别标记为"1""2""3"。一维组间方差分析的数据。如表7-1所示。

表7-1 一维组间方差分析的数据

参与者	高中	成绩	参与者	大学	成绩	参与者	研究生	成绩
1	1	81	11	2	82	21	3	86
2	1	88	12	2	90	22	3	84
3	1	90	13	2	79	23	3	75
4	1	75	14	2	80	24	3	79
5	1	69	15	2	89	25	3	94
6	1	74	16	2	88	26	3	82
7	1	80	17	2	82	27	3	85
8	1	82	18	2	70	28	3	93
9	1	72	19	2	80	29	3	87
10	1	89	20	2	92	30	3	85

此表格可转成下面的形式（表7-2）：

表7-2 一维组间方差分析数据的表格形式

学生类型							
参与者	高中	参与者	大学	参与者	研究生
1		11		21	
2		12		22	
3		13		23	
...		...		...	

（当变量"学生类型"的种类为2时，要用独立样本 t 检验进行检验）

2. 软件操作

步骤1：建立变量。

（1）打开 SPSS。

（2）单击"变量视图"标签。

在 SPSS 中，将生成两个变量，分别用于不同学生类型（自变量）和测试成绩（因变量）。两个变量分别命名为"学生类型""测试成绩"。

（3）在"变量视图"窗口前两行输入"学生类型""测试成绩"。

（4）为变量"学生类型"建立变量值标签。1＝"高中"，2＝"大学"，3＝"研究生"，如图 7-1 所示。

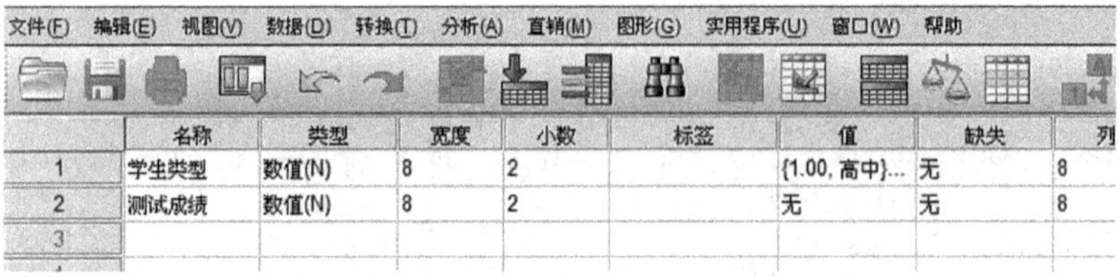

图 7-1 变量视图中输入变量

步骤2：输入数据。

（1）单击"数据视图"标签。变量"学生类型""测试成绩"出现在"数据视图"窗口的前两列，如图 7-2 所示。

图 7-2 数据视图中输入数据

(2)为每个参加者输入两个变量的数据。"学生类型"中输入 1, 2, 3,"测试成绩"中,输入每个参与者的数据。

步骤 3:分析数据。

(1)从菜单栏中选取"分析"|"比较均值"|"单因素 ANOVA",如图 7-3 所示。

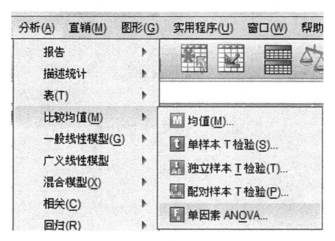

图 7-3 方差分析在下拉菜单中的位置

打开"单因素 ANOVA"对话框,变量"学生类型""测试成绩"出现在对话框的左边,如图 7-4 所示。

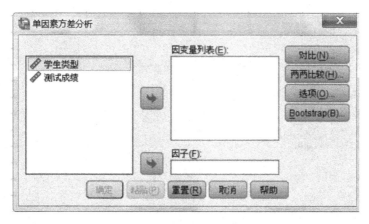

图 7-4 单因素方差分析界面

(2)选择因变量"测试成绩",单击上面的箭头按钮,把因变量移动到"因变量列表"框中,如图 7-5 所示。

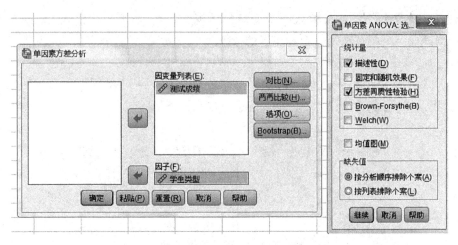

图 7-5 选择因变量与统计量

(3) 选择自变量"学生类型",单击下面的箭头按钮,把自变量移动到"因子"框中。

(4) 单击右边的"选项"按钮,在"统计量"一栏下勾选"描述性""方差同质性检验"。

(5) 单击"继续"按钮。

(6) 单击"两两比较"按钮。打开"单因素 ANOVA:两两对比"对话框,在"假定方差齐性"围栏下勾选"Tukey",单击"继续"按钮。(图 7-6)

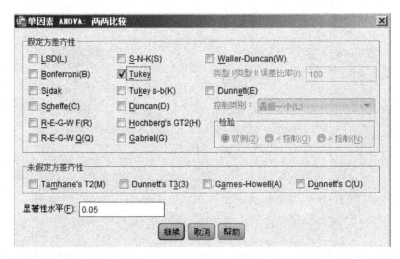

图 7-6 选择两两比较的方法

(7) 单击"确定"。

3. 结果解释

结果显示在下列各表格中。

(1) 描述统计。

输出的第一个表格（表 7-3）为每一组（和全部样本）列出了描述统计量。检查不同类型学生的测试成绩的均值可以发现，"研究生"的均值最高（均值为 85.00），其次是"大学"（均值为 83.20），最低的是"高中"（均值为 80.00）。

表 7-3 描述统计

	N	均值	标准差	标准误差	均值的 95% 置信区间		极小值	极大值
					下限	上限		
高中	10	80	7.423 69	2.347 58	74.689 4	85.310 6	69	90
大学	10	83.2	6.629 9	2.096 56	78.457 3	87.942 7	70	92
研究生	10	85	5.734 88	1.813 53	80.897 5	89.102 5	75	94
总数	30	82.733 3	6.736 08	1.229 83	80.218	85.248 6	69	94

(2) 方差齐性检验。

表格方差齐性检验用以检验三组方差是否相等，它是组间方差分析的一个假设。SPSS 使用 Levene 建立的程序来检验方差齐性假设。

Levene 检验的原假设和对立假设如下：

H_0：$\sigma^2_{高中} = \sigma^2_{大学} = \sigma^2_{研究生}$（三组的总体方差相等）

H_1：其中至少一个方差与其他方差不相等

方差齐性检验由表格中输出的 P 值来评定。如果 $P \leqslant 0.05$，拒绝原假设，表明总体方差不相等。如果 $P > 0.05$，不拒绝原假设，假定三组的总体方差相等。

本例题中的数据，Levene 检验得到 $F = 0.70$（SPSS 表中标记为 Levene 统计量）和 P 值为 0.505。由于 0.505 大于 0.05，不拒绝原假设。即 Levene 检验的结果告诉我们，三组的总体方差相等。

方差齐性假设的判断规则总结如表 7-4、表 7-5 所示。

表 7-4　方差齐性假设的判断规则

Levene 结果	决策	结论
$P>0.05$	不拒绝 H_0	总体方差相等
$P\leqslant 0.05$	拒绝 H_0	总体方差不相等

表 7-5　方差齐性检验

Levene 统计量	df_1	df_2	显著性
0.700	2	27	0.505

> ANOVA 中的一个假设——方差相等检验的 P 值。因为 0.505 大于 0.05，不能拒绝原假设，假定三组策略方差相等，满足了单因素方差检验的方差齐性条件，说明下面的检验结果是有效的。

（3）ANOVA：检验三种策略均值相等的原假设。

表格 ANOVA 给出了我们研究问题的答案，即三个策略组的单词准确回忆数是否不同。ANOVA 进行了 F 检验，即两方差的比值，而且每个方差在输出结果中表示为均方（MS）的形式：

$$F=\frac{\text{组间均方}}{\text{组内均方}}$$

从表格 ANOVA 中代入适当的值，得到 F 值为

$$F=\frac{82.633}{2.170}\approx 38.080$$

这与 ANOVA 表中 F 列给出的值一致。

该检验中有两个自由度，组间自由度（组数目－1）和组内自由度（样本容量总数－组的数目），由 ANOVA 表得到组间和组内自由度分别是 2 和 27。

在 ANOVA 表格"显著性"列下的 P 值为 0.250（读作"大于 0.001"）。由于 P 值大于 0.05，接受均值相等的原假设，并得出结论，三种类型的学生的成绩的总体均值相等。（表 7-6）

表 7-6　ANOVA

	平方和	df	均方	F	显著性
组间	128.267	2	64.133	1.458	0.25
组内	1 187.6	27	43.985		
总数	1 315.867	29			

> 总体均值是否等于检验中的 P 值。因为 P 值大于 0.05，表示接受三种类型学生均值相等的原假设，说明不同类型的学生成绩没有显著性差异。

(4) 事后检验：评价哪些组不同。

尽管接受了原假设，但是各种类型学生成绩的均值之间的差别到底如何，还需要更深入地检验。

一种常见的做法就是检验所有可能的成对的组，通常称"多重比较"。SPSS 提供了两两对比的检验，最为常见的一种检验是 Tukey。Tukey 程序进行单个独立的检验：A 和 B，A 和 C，B 和 C。

SPSS 默认为 Tukey 检验输出了两个不同的表格（表 7-7、表 7-8）——"多重比较""同类子集"。尽管其中任何表格都可以用于解释配对比较的结果，但是通常使用后面的表格来描述结果。

表格"多重比较"（表 7-7）中要注意的是每一个配对比较出现了两次。每次配对比较的结果没有差别。表格"多重比较"总会产生这种冗余，因此在解释结果时，对每一配对比较只报告一次即可。

表 7-7 多重比较

(I) 学生类型	(J) 学生类型	均值差 (I-J)	标准误差	显著性	95% 置信区间	
					下限	上限
高中	大学	-3.2	2.965 98	0.535	-10.553 9	4.153 9
	研究生	-5	2.965 98	0.229	-12.353 9	2.353 9
大学	高中	3.2	2.965 98	0.535	-4.153 9	10.553 9
	研究生	-1.8	2.965 98	0.818	-9.153 9	5.553 9
研究生	高中	5	2.965 98	0.229	-2.353 9	12.353 9
	大学	1.8	2.965 98	0.818	-5.553 9	9.153 9

表 7-8 测试成绩

学生类型	N	$alpha = 0.05$ 的子集
		1
高中	10	80
大学	10	83.2
研究生	10	85
显著性		0.229

【例二】[1]　　假定有新加坡、中国、日本、韩国四个国家各 5 名学生参加美国某大学的英语编班测验（placement test），成绩如表 7-9 所示，问其平均成绩有无显著差别。

表 7-9　4 个国家留学生编班测验成绩

	编号	国别			
		新加坡	中国	日本	韩国
学生	1	80	70	68	65
	2	82	74	73	70
	3	85	76	75	72
	4	89	80	76	75
	5	92	84	79	77

1. 问题分析

从表 7-9 可以看出，4 组留学生的平均成绩有一定的差别。但是，一次测验的结果带有一定的偶然性，这些差别到底是偶然因素引起的，还是水平不同引起的，这就需要进行检验。在方差分析中，我们假定 4 组分数来自 4 个正态总体，用"1，2，3，4"分别代表"新加坡、中国、日本、韩国"。总体平均值分别是 $\mu_1, \mu_2, \mu_3, \mu_4$，而且方差是相等的。

零假设 $H_0: \mu_1 = \mu_2 = \mu_3 = \mu_4$，即 4 组成绩来自同一个总体，那么组内差异和组间的差异在一次抽样中应该相差不多。

相反的假设就是 $H_1: \mu_1, \mu_2, \mu_3, \mu_4$ 中至少有一对不相等。

2. 软件操作

步骤 1：建立变量。

（1）打开 SPSS。

（2）单击"变量视图"标签。

（3）在"变量视图"窗口前两行输入"国别"和"成绩"。（图 7-7）

（4）为变量"国别"建立变量值标签。1="新加坡"，2="中国"，3="日本"，4="韩国"。

步骤 2：输入数据。

（1）单击"数据视图"标签。变量"国别""成绩"出现在"数据视图"窗口的前两列。

---

[1] 林连书. 应用语言学实验研究方法 [M]. 广州：中山大学出版社，2001：87.

第七章 方差分析与语料库数据（上）

图 7-7　变量视图中输入变量

（2）为每个学生输入两个变量的数据。"国别"中输入 1，2，3，4，"成绩"中输入每个学生的成绩，如图 7-8 所示。

图 7-8　数据视图中输入数据

步骤 3：分析数据。

（1）从菜单栏中选取"分析"｜"比较均值"｜"单因素 ANOVA"。

打开"单因素 ANOVA"对话框，变量策略和回忆词量出现在对话框的左边。

（2）选择因变量"成绩"，单击上面的箭头按钮，把因变量移动到"因变量列表"框中。

（3）选择自变量"国别"，单击下面的箭头按钮，把自变量移动到"因子"框中。（图7-9）

（4）单击右边的"选项"按钮，弹出"单因素ANOVA：选项"对话框，在"统计量"一栏下勾选"描述性"和"方差同质性检验"。（图7-10）

（5）单击"继续"，返回。

图7-9　选择因变量与因子

图7-10　选择统计量

（6）单击"两两对比"按钮，弹出"单因素ANOVA：两两对比"对话框，在"假定方差齐性"一栏下勾选"Tukey"，单击"继续"。（图7-11）

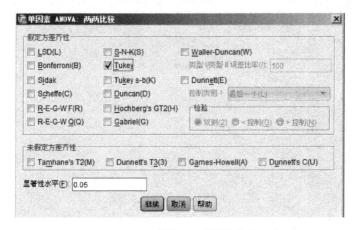

图7-11　选择两两比较的方法

3. 结果解释

表7-10为一般描述性统计表，描述了样本数、均值、标准差等。

表7-11中显示，P值为0.878，大于0.05，说明四组学生的成绩方差无显著性差异。

表 7-10 描述统计

国别	N	均值	标准差	标准误差	均值差的 95% 置信区间		极小值	极大值
					下限	上限		
新加坡	5	85.600 0	4.929 50	2.204 54	79.479 2	91.720 8	80.00	92.00
中国	5	76.800 0	5.403 70	2.416 61	70.090 4	83.509 6	70.00	84.00
日本	5	74.200 0	4.086 56	1.827 57	69.125 9	79.274 1	68.00	79.00
韩国	5	71.800 0	4.658 33	2.083 27	66.015 9	77.584 1	65.00	77.00
总数	20	77.100 0	6.927 44	1.549 02	73.857 9	80.342 1	65.00	92.00

表 7-11 方差齐性检验

Levene 统计量	df_1	df_2	显著性
0.224	3	16	0.878

$P>0.05$ 说明满足了单因素方差检验的方差齐性条件。

表 7-12 为方差表,其中"显著性,即 sig 值或 P 值为 0.002,明显小于 0.05,所以应拒绝原假设。"说明四组学生中至少有一组学生成绩与其他组存在显著性差异。

表 7-12 ANOVA

	平方和	df	均方	F	显著性
组间	544.2	3	181.4	7.896	0.002
组内	367.6	16	22.975		
总数	911.8	19			

总体均值检验中,$P<0.05$,所以四个国家学生成绩的均值相等的原假设被拒绝。

在此之后检验多重比较表,表 7-13 显示了不同国别学生成绩的相互比较。

表 7-13 多重比较

(I) 国别	(J) 国别	均值差(I-J)	标准误差	显著性	均值差的95%置信区间	
					下限	上限
新加坡	中国	8.800 00*	3.031 5	0.046	0.126 8	17.473 2
	日本	11.400 00*	3.031 5	0.008	2.726 8	20.073 2
	韩国	13.800 00*	3.031 5	0.002	5.126 8	22.473 2
中国	新加坡	-8.800 00*	3.031 5	0.046	-17.473 2	-0.126 8
	日本	2.6	3.031 5	0.826	-6.073 2	11.273 2
	韩国	5	3.031 5	0.381	-3.673 2	13.673 2

续表

(I) 国别	(J) 国别	均值差 (I-J)	标准误差	显著性	均值差的95%置信区间	
					下限	上限
日本	新加坡	-11.400 00*	3.031 5	0.008	-20.073 2	-2.726 8
	中国	-2.6	3.031 5	0.826	-11.273 2	6.073 2
	韩国	2.4	3.031 5	0.857	-6.273 2	11.073 2
韩国	新加坡	-13.800 00*	3.031 5	0.002	-22.473 2	-5.126 8
	中国	-5	3.031 5	0.381	-13.673 2	3.673 2
	日本	-2.4	3.031 5	0.857	-11.073 2	6.273 2

*. 均值差的显著性水平为 0.05。

同类子集

表 7-14 显示,"新加坡"学生成绩单独在列 2,"中、日、韩"三国学生在列 1,说明新加坡学生成绩显著高于"中、日、韩"三国学生成绩,而"中、日、韩"三国学生成绩之间无显著性差别。

表 7-14 成绩

国别	N	$\alpha = 0.05$ 的子集	
		1	2
韩国	5	71.800 0	
日本	5	74.200 0	
中国	5	76.800 0	
新加坡	5		85.600 0
显著性		0.381	1.000

在文章中报告时,除了报告三个策略组的均值和标准差,还要报告一维组间方差分析的假设检验的结论、自由度 df、F 值、P 值。

本例的报告可以陈述如下:

四国学生的平均成绩存在显著性差异,$F(3, 16)=7.896$,$P<0.05$。Tukey 事后检验程序表明,新加坡学生的平均成绩 ($M=85.6$,$SD=2.20$) 明显高于中国学生 ($M=76.8$,$SD=2.42$),日本学生 ($M=74.2$,$SD=1.83$),韩国学生 ($M=71.8$,$SD=2.08$) 的平均成绩,而中、日、韩三国学生成绩之间无显著性差异。

第三节　二维组间方差分析

二维组间方差分析应用于两个自变量估计一个连续因变量的情况。在二维组间方差分析中，两个自变量都是包含两个或更多水平的组间因素，这里每个参与者只能接受每个因素的一个水平。下面给出一个二维组间方差分析的例子。

【例三】 研究者想知道不同年代汉语中否定形式的选择有无差别，建立了一个小型语料库。将否定形式分为两种：否定词否定（B1）（"不、没、无"等）与非否定词否定（B2），选择三个不同年代的语料为观测对象：先秦（A1）、唐宋（A2）、明清（A3），每个年代各随机选择字数差不多的6部作品，经过语料库检索之后，将每部作品中出现的两种否定形式进行标准化处理，得到不同年代不同作品中否定形式的分值（表7-15）。想研究的问题是：①两种否定形式有无显著差别？②不同年代的否定形式之间是否存在不同？③哪种否定形式在哪个年代的汉语出现得更为集中？或出现得很少？

表7-15　不同时代不同作品中否定形式的分值

		语料年代		
		先秦（A1）	唐宋（A2）	明清（A3）
否定形式（B）	否定词（B1）	10	10	8
		9	8	7
		9	8	6
		8	7	6
		7	6	5
		5	6	4
	非否定词（B2）	8	10	9
		8	9	8
		6	8	7
		5	8	6
		5	7	5
		4	6	4

1. 问题分析

双因素方差分析包含了两个因素,即两个变量。在例子中,影响否定结果的有两个变量:一个是"年代",用字母 A 表示,有"先秦""唐宋""明清"三组,被称为变量的"水平",分别用 A1、A2、A3 表示。另一个是"否定形式",用字母 B 表示,有"否定词""非否定词"两种,分别用 B1 和 B2 表示,表示变量的两个"水平"。表中列出的分值共有六组,每组又有六个分值(也称六个观察值)。

(1) 研究的目标。

① 检验主效应。

不同"年代"对否定分值的影响有差异吗?

不同"否定形式"对否定分值的影响有差异吗?

② 检验交互效应。

"否定形式"对否定分值的影响依赖于"年代"的不同吗?

(2) 原假设和对立假设。

在二维组间方差分析中将检验三个不同的原假设。其中两个原假设被用来检验每个自变量(主效应检验),另一个原假设被用来检验两个自变量的混合效应(交互效应检验)。假设描述如下。

(3) 假设 1,年代因素检验:三个年代组。

年代因素的原假设指出不同年代在总体成绩上是一样的:

$H_0: \mu_{A1} = \mu_{A2} = \mu_{A3}$

对立假设指出三个年代总体均值至少有一对不相等:

$H_1: \mu_{A1}, \mu_{A2}, \mu_{A3}$ 至少有一对不相等。

(4) 假设 2,否定形式:否定词形式和非否定词形式。

否定形式的原假设指出否定词和非否定词的平均成绩在总体上是一样的:

$H_0: \mu_{否定词} = \mu_{非否定词}$

对立假设指出两个总体均值不相等:

$H_1: \mu_{否定词} \neq \mu_{非否定词}$

(5) 假设 3,否定形式和年代之间的交互效应的检验。

原假设指出这两个自变量没有相互作用,即在总体中,因素 A 中任何两个水平的平均值之差对因素 B 的两个水平都一样,因素 B 的两个水平的平均值之差对因素 A 所有水平都一样,不存在因素 A 的某一水平对因素 B 的某一水平特别有效或特别无效的情况,即

$H_0:$ 没有"否定形式 * 年代"的交互效应

对立假设指出两种有交互效应：

H_1：有"否定形式 * 年代"的交互效应

（6）原假设评价。

二维组间方差分析对上面的三个原假设进行了检验。如果检验产生的结果在原假设正确时看起来不可能（结果发生的可能性小于5%），那么拒绝原假设；如果检验产生的结果在原假设正确时看起来正确（结果发生的可能性大于5%），那么不拒绝原假设。

（7）数据。

表7-16中列出了36个整理后得到的数据。对于"否定词否定"，年代A1的记为1，年代A2的记为2，年代A3的记为3。对于"非否定词否定"，年代A1的记为1，年代A2的记为2，年代A3的记为3。

表7-16　整理后的数据

数据	否定形式	年代	分值	数据	否定形式	年代	分值
1	1	1	10	19	2	1	8
2	1	1	9	20	2	1	8
3	1	1	9	21	2	1	6
4	1	1	8	22	2	1	5
5	1	1	7	23	2	1	5
6	1	1	5	24	2	1	4
7	1	2	10	25	2	2	10
8	1	2	8	26	2	2	9
9	1	2	8	27	2	2	8
10	1	2	7	28	2	2	8
11	1	2	6	29	2	2	7
12	1	2	6	30	2	2	6
13	1	3	8	31	2	3	9
14	1	3	7	32	2	3	8
15	1	3	6	33	2	3	7
16	1	3	6	34	2	3	6
17	1	3	5	35	2	3	5
18	1	3	4	36	2	3	4

2. 软件操作

步骤 1：生成变量。

(1) 打开 SPSS。单击“变量视图”标签。为 SPSS 中生成三个变量，即“否定形式（自变量）”“年代（自变量）”“分值（因变量）”。

(2) 在“变量视图”窗口前三行分别输入变量的名称如图 7-12 所示。

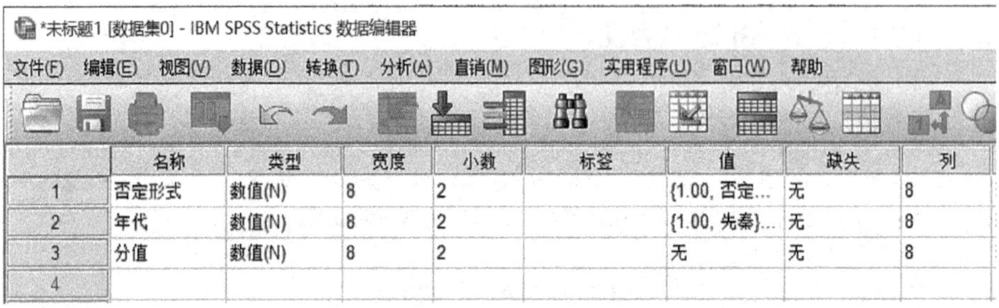

	名称	类型	宽度	小数	标签	值	缺失	列
1	否定形式	数值(N)	8	2		{1.00, 否定...	无	8
2	年代	数值(N)	8	2		{1.00, 先秦}...	无	8
3	分值	数值(N)	8	2		无	无	8
4								

图 7-12 变量视图中输入变量

(3) 为变量“否定形式”“年代”建立变量值标签。对于“否定形式”，1 =“否定词”，2 =“非否定词”；对于“年代”，1 =“先秦”，2 =“唐宋”，3 =“明清”。(图 7-12)

步骤 2：输入数据。

(1) 单击数据视图标签。变量“否定形式”“年代”“分值”出现在视窗的前三列。(图 7-13)

(2) 将表中每个分值的数据输入进去。

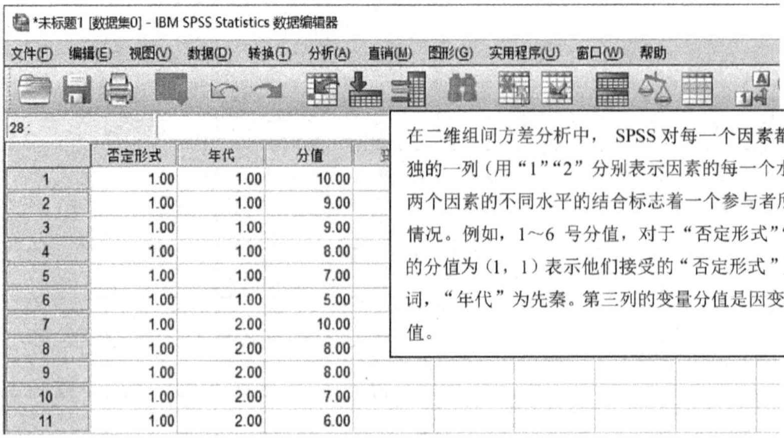

	否定形式	年代	分值
1	1.00	1.00	10.00
2	1.00	1.00	9.00
3	1.00	1.00	9.00
4	1.00	1.00	8.00
5	1.00	1.00	7.00
6	1.00	1.00	5.00
7	1.00	2.00	10.00
8	1.00	2.00	8.00
9	1.00	2.00	8.00
10	1.00	2.00	7.00
11	1.00	2.00	6.00

在二维组间方差分析中，SPSS 对每一个因素都有单独的一列（用“1”“2”分别表示因素的每一个水平）。两个因素的不同水平的结合标志着一个参与者所处的情况。例如，1～6 号分值，对于“否定形式”“年代”的分值为（1，1）表示他们接受的“否定形式”为否定词，“年代”为先秦。第三列的变量分值是因变量的分值。

图 7-13 数据视图中输入数据

步骤3：分析数据。

(1) 从菜单栏中选择"分析"｜"一般线性模型"｜"单变量"。

(2) 打开"单变量"对话框，三个变量出现在对话框的左边。（图7-15）

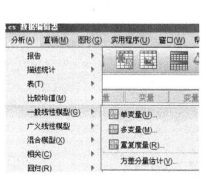

图7-14　单变量菜单位置　　　　图7-15　单变量窗口

(3) 选择因变量"分值"，单击第一个箭头按钮，把变量移到"因变量"框中。选择自变量"否定形式"和"年代"，然后单击第二个箭头按钮，把变量移到"固定因子"框中。（图7-16）

图7-16　确定因变量和固定因子

(4) 单击"选项"按钮，打开对话框。在"因子与因子交互"下选择变量"否定形式""年代""否定形式＊年代"（不要选择OVERALL），然后单击箭头按钮，使它们移到"显示均值"框中。在"输出"一栏中，勾选"描述统计""功效估计""方差齐性检验"。（图7-17）

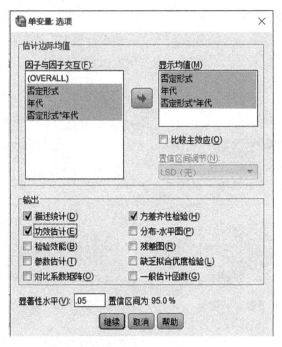

图 7-17　选择各种输出选项

（5）单击"继续"。

（6）单击"绘制"，打开"单变量：轮廓图"对话框。选择"否定形式"，并单击箭头按钮使它移到"水平轴"框中。选择"年代"，并单击中间的箭头按钮，使它移到"单图"框中。（图 7-18）

（7）单击"添加"，交互效应"否定形式＊年代"就显示在"图"对话框中。（图 7-19）

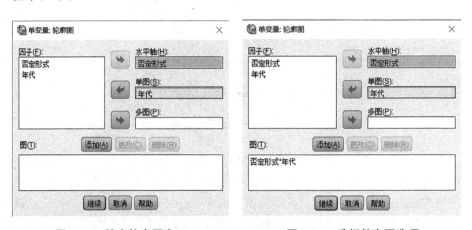

图 7-18　输出轮廓图窗口　　　　　图 7-19　选择轮廓图选项

(8) 单击"继续"。
(9) 单击"确定"。

在讨论 ANOVA 结果之前，将生成一个条形图。条形图是用来替代显示交互效应的轮廓图。下面是二维方差分析中生成条形图的命令。

① 打开菜单，选择"图形"|"旧对话框"|"条形图"。（图 7-20）

图 7-20　条形图菜单位置　　　　图 7-21　选择条形图类型

② 打开"条形图"对话框。
③ 选择"复式条形图"。
④ 在"图表中的数据为"一栏中勾选"个案组摘要"。（图 7-21）
⑤ 单击"定义"按钮。
⑥ 把"否定形式"移到"类别轴"框中。
⑦ 把"年代"移到"定义聚类"框中。
⑧ 在"条的表征"一栏中勾选"其他统计量（例如：均值）"，然后把"分值"移到"变量"框中。（图 7-22）
⑨ 单击"确定"。在 SPSS 中运行条形图程序，结果显示在"查看器"窗口中。

3. 结果解释

二维组间方差分析的输出结果显示在一系列图表中。
（1）主体间因子。
主体间因子表（表 7-17）显示研究的所有因素（自变量）、每个因素的水平数目、变量值标签、变量每个水平的样本量。

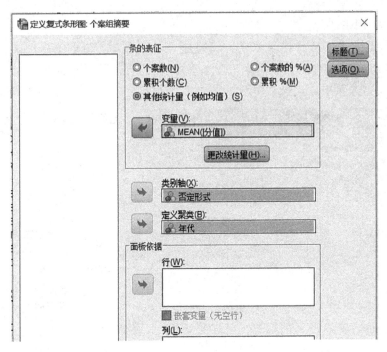

图 7-22 定义复式条形图

表 7-17 主体间因子表

		变量值标签	N
否定形式	1.00	否定词	18
	2.00	非否定词	18
年代	1.00	先秦	12
	2.00	唐宋	12
	3.00	明清	12

(2) 描述性统计量。

描述性统计量表（表 7-18）显示研究中每种情况（和每个因素的每个水平）的均值、标准差和样本量。我们在后面将关注"估计边际均值"表的结果来解释输出结果中的组间均值差。

在写出结果时，我们将使用该表中的标准差。

表 7-18 描述性统计量表

因变量：分值

否定形式	年代	均值	标准差	N
否定词	先秦	8.000 0	1.788 85	6
	唐宋	7.500 0	1.516 58	6
	明清	6.000 0	1.414 21	6
	总计	7.166 7	1.723 54	18
非否定词	先秦	6.000 0	1.673 32	6
	唐宋	8.000 0	1.414 21	6
	明清	6.500 0	1.870 83	6
	总计	6.833 3	1.790 50	18
总计	先秦	7.000 0	1.954 02	12
	唐宋	7.750 0	1.422 23	12
	明清	6.250 0	1.602 55	12
	总计	7.000 0	1.740 28	36

（3）误差方差等同性的 Levene 检验。

误差方差等同性的 Levene 检验表（表 7-19）对我们研究中的六个单元（情况）的方差是否相等提供了检验，这是二维组间方差分析的一个假设。

Levene 检验的原假设和对立假设如下：

H_0：$\sigma_{1,1}^2 = \sigma_{1,2}^2 = \sigma_{2,1}^2 = \sigma_{2,2}^2 = \sigma_{3,1}^2 = \sigma_{3,2}^2$（六个单元的方差总体相等）

H_1：至少有一个方差与其他不等

通过检查输出结果表格中的 P 值（$Sig.$）来评价方差相等假设。若 $P \leqslant 0.05$，拒绝原假设，认为总体方差不等；若 $P > 0.05$，不能拒绝原假设，假设研究中的六个单元的方差相等。

Levene 检验得到的 F 值为 0.306，P 值为 0.906。由于 0.906 远大于 0.05，不能拒绝方差相等的原假设，假设研究中的六个单元的方差相等。

表 7-19 误差方差等同性的 Levene 检验表

F	df_1	df_2	Sig.
0.306	5	30	0.906

注：检验零假设，即在所有组中因变量（成绩）的误差方差均相等。

这是方差齐性检验的 P 值（$Sig.$），方差分析的一个假设。由于 0.906 比 0.05 大得多，不能拒绝原假设，认为六个单元组的方差一致。

(4) 主体间效应的检验。

主体间效应的检验表（表7-20）显示了主要作用和相互作用的结果。在二维方差分析中对每个主要作用和相互作用进行了独立的 F 检验。

双因素方差分析既可对因素 A 各水平间的差别做显著性检验，又可对因素 B 各水平间的差别做显著性检验，这叫作找出因素 A 和因素 B 的主要作用。双因素方差分析也可检验因素 A 的某水平对因素 B 各水平有无显著影响，或因素 B 的某水平对因素 A 各水平有无显著影响，这叫作相互作用。检验的结果有两种可能：一是有显著性，二是没有显著性。如果没有显著性，我们就可以知道各水平间没有显著差别。但是，如果有显著性，还要知道显著性是由什么引起的。

在表中"$Sig.$"列下的"否定形式"的 P 值是 0.542。由于 P 值大于 0.05，接受原假设，可以得知"否定词""非否定词"对否定结构使用的分值的影响是不显著的。

在表中"年代"的 P 值是 0.094。由于 P 值大于 0.05，接受原假设，可知不同年代的作品对否定结构的分值的影响是不显著的。

最后一个感兴趣的检验是对"否定形式 * 年代"的检验，交互检验的 P 值为 0.110，由于其大于 0.05，我们接受原假设，可以得知"否定形式"与"年代"没有显著的交互效应。

表7-20 主体间效应的检验表

因变量：分值

源	III型平方和	df	均方	F	Sig.	偏Eta方
校正模型	27.000ª	5	5.400	2.051	0.100	.255
截距	1 764.000	1	1 764.000	669.873	0.000	.957
否定形式	1.000	1	1.000	.380	0.542	.013
年代	13.500	2	6.750	2.563	0.094	.146
否定形式* 年代	12.500	2	6.250	2.373	0.110	.137
误差	79.000	30	2.633			
总计	1 870.000	36				
校正的总计	106.000	35				

注：a. R方=0.255(调整R方=0.133)

我们感兴趣的三个检验，由于每个P值均大于0.05，所以，这三个检验是不显著的。

5. 估计边际均值

估计边际均值产生一系列表格，分别对应每个因素和交互效应（均值边际表将不随检验是否显著而显示）。均值边际表对显著结果的方向性有好的解释。

由于我们这个例子中三个检验都是不显著的，我们可以从"估计边际均值"下面的几个表（表 7-21 至表 7-23）中看到各种变量的均值，它们都在 6.00 到 8.00 之间。

表 7-21 否定形式

因变量：分值

否定形式	均值	标准误差	95% 置信区间	
			下限	上限
否定词	7.167	0.382	6.386	7.948
非否定词	6.833	0.382	6.052	7.614

表 7-22 年代

因变量：分值

年代	均值	标准误差	95% 置信区间	
			下限	上限
先秦	7.000	0.468	6.043	7.957
唐宋	7.750	0.468	6.793	8.707
明清	6.250	0.468	5.293	7.207

表 7-23 否定形式 * 年代

因变量：分值

否定形式	年代	均值	标准误差	95% 置信区间	
				下限	上限
否定词	先秦	8.000	0.662	6.647	9.353
	唐宋	7.500	0.662	6.147	8.853
	明清	6.000	0.662	4.647	7.353
非否定词	先秦	6.000	0.662	4.647	7.353
	唐宋	8.000	0.662	6.647	9.353
	明清	6.500	0.662	5.147	7.853

下面补充说明一下"效应"问题。

（1）主效应（主要作用）。

A. 如果因素只有两个水平，检验结果有显著性，则平均值大的显著性大于平均值小的。本例中的因素 B（否定形式），否定词形式均值 7.167 大于非否定词形式均值 6.833，但是 P 值 $0.542>0.05$，结果是"不能认为两种否定形式的均值有显著性差别"。

B. 如果因素有 3 个或 3 个以上的水平（如例子中的因素 A），那么，还要弄清哪几对平均值间有显著性差别。要解决这个问题，可以用单因素方差分析中介绍过的 Tukey 检验法。

由于在我们的例子中主要作用没有显著性，所以不再用 Tukey 检验法。

（2）交互效应（相互作用）。

如果有相互作用，可进一步用 Tukey 检验法检验是哪几对平均值间有显著性差别。Tukey 检验法只比较互不交叉的两个小组的平均值。

在我们通过比较所有单元的均值来检查交互效应后，很有必要画个图来显示这些结果。我们将介绍两种不同图像来表示交互效应，一种是轮廓图，另一种是条形图。

6. 轮廓图

轮廓图直观地展示了六种情况的单元均值。从图中可以看出，对"年代"的"唐宋"和"明清"两组来说，"年代"的不同对分值有明显的影响。但是，在"先秦"的参与下，"年代"因素与分值之间就没有明显的关系了。"否定形式"也是这样，对"唐宋"和"明清"来说，非否定词好像要比否定词更好，但是由于有"先秦"的数值，否定了教学法跟成绩有显著性影响。（图 7-23）

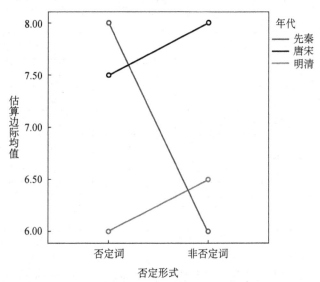

图 7-23　轮廓图

7. 条形图

显示的情况与此相同。在没有"先秦"的情况下,"唐宋""明清"两组的分值都与否定形式有关联性,"非否定词"好于"否定词"形式,但是从"年代"的角度看,它们之间没有显著性关联。(图 7-24)

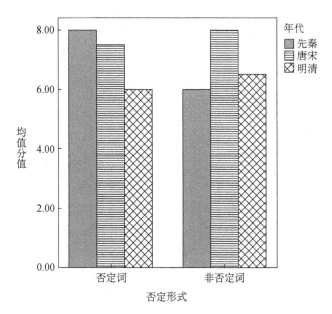

图 7-24　条形图

在文章中报告二维组间方差的结果时,除了报告均值和标准差(如果需要,均值和标准差可以单独列表),还要报告假设检验的结论、自由度(df)、F 值、P 值。如果交互效应显著,通常还需要提供一个条形图或者轮廓图。

本例的报告可以陈述如下:

研究者进行了 2×3 组间方差分析,语料库中的否定结构为因变量,"否定形式"("否定词""非否定词")和"年代"("先秦""唐宋""明清")为自变量。结果显示,"否定形式"的主效应不显著,$F(1, 30) = 0.380$,$P > 0.05$;不同"年代"的主效应不显著,$F(2, 30) = 2.563$,$P > 0.05$;"否定形式"与"年代"的交互效应也不显著,$F(2, 30) = 2.373$,$P > 0.05$。

(其中 2×3 指的是一个 2 水平的因素和一个 3 水平的因素的双因素方差分析。)

第八章

方差分析与语料库数据（下）

第一节 一维组内方差分析

一维组内方差分析适用于一个自变量估计一个连续因变量的情况。这种方差分析有人称作随机区组设计，有人称作一维组内设计，也有人称作单因素组内重复测试。单因素组内重复测试方差分析和简单单因素方差分析的不同是：简单单因素方差分析是将几组实验对象针对某一个因素进行比较；单因素组内重复测试方差分析是将一组实验对象进行重复测试，然后对测试的结果进行比较。

在一维组内方差分析中，自变量是一个包含两个或更多水平的组内因素，而且每个参与者接受自变量的所有水平。下面给出一个一维组内方差分析的例子。

【例一】 为了研究不同阅读方法对学生阅读成绩的影响，某教师选用了A，B，C三篇难度相当的阅读材料让学生进行阅读，每篇材料采用一种阅读方法。设定三篇文章采用a1，a2，a3三种阅读方法。学生阅读一篇文章后，立即测试学生对文章的理解情况，8名学生测试的结果如表8-1所示。问：学生对三篇课文的理解方面有无差异？

1. 问题分析

题目中包含的自变量为三篇文章的"阅读策略（a1，a2，a3）"，因变量是"文章理解得分"。

（1）原假设和对立假设。

原假设指出各篇阅读的平均得分在总体上是一样的：

$H_0: \mu_{a1} = \mu_{a2} = \mu_{a3}$

为了说明原假设是错误的，没有必要指出这三个均值之间是互不相同的，只要说明原假设在某一点是错误的。因此，找到一个阅读策略的均值与其他两个均值不同即可。

H_1：至少有一个篇阅读均值与其他两个均值不同

（2）原假设评价。

一维组内方差分析是对三次总体均值一致的原假设进行检验。如果检验的结果在原假设正确时看起来可能性不大（结果发生的可能性小于5%），那么拒绝原假设；如果检验产生的结果在原假设正确时看起来正确（结果发生的可能性大于5%），那么不拒绝原假设。

表 8-1　学生阅读测试结果数据表

		阅读策略		
		a1	a2	a3
参与学生	学生 1	44	50	55
	学生 2	42	52	58
	学生 3	39	57	52
	学生 4	41	45	49
	学生 5	47	43	57
	学生 6	45	49	56
	学生 7	43	53	58
	学生 8	44	51	54

2. 软件操作

步骤1：生成变量。

（1）打开SPSS。单击"变量视图"标签。在SPSS中生成三个变量，这些变量将被分别命名为"a1""a2""a3"。

（2）在第一个"变量视图"窗口前三行分别输入变量名称"a1""a2""a3"。（图 8-1）

图 8-1　变量视图中输入变量

步骤 2：输入数据。

（1）单击"数据视图"标签。变量"a1""a2""a3"出现在数据视窗的前三列。

（2）为每个参与者输入三个变量的数据。对第一个参与者，为变量"a1""a2""a3"依次输入全部参与者的所有数据。（图 8-2）

	a1	a2	a3
1	44.00	50.00	55.00
2	42.00	52.00	58.00
3	39.00	57.00	52.00
4	41.00	45.00	49.00
5	47.00	43.00	57.00
6	45.00	49.00	56.00
7	43.00	53.00	58.00
8	44.00	51.00	54.00

图 8-2　数据视图中输入数据

步骤 3：分析数据。

（1）从菜单栏中选择"分析"｜"一般线性模型"｜"重复度量"。（图 8-3）

打开"重复度量定义因子"对话框。此对话框为每个组内因素提供一个名称并且输入每个因素的水平数目。（图 8-4）

（2）在"被试内因子名称"框中单击"因子 1"（SPSS 为组内因素建立的缺省值名称），输入名称"策略"。

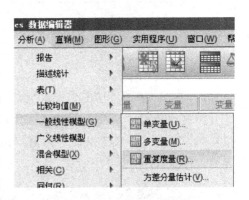

图 8-3　重复度量的下拉菜单

（3）在"级别数"右边的文本框中输入 3，对应于组内因素的三个水平。（图 8-5）

图 8-4　定义因子窗口　　　　图 8-5　确定因子级别数

（4）单击"添加"。

（5）单击"定义"，打开"重复度量"对话框，三个策略变量（"a1""a2""a3"）出现在对话框的左边。（图 8-6）

（6）选择"a1""a2""a3"。单击箭头按钮使它们移到"群体内部变量"框中。

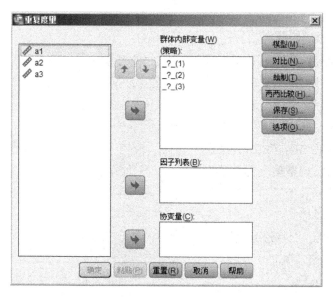

图 8-6　群体内部变量窗口

(7) 单击"选项"。在"因子与因子交互"下选择"策略",并单击箭头按钮使它们移到"显示均值"框中。勾选"比较主效应",系统默认的是 LSD 法对 a 的三个水平进行多重比较。在"输出"一栏中勾选"描述统计"。(图 8-7)

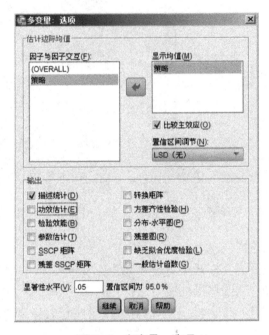

图 8-7 多变量:选项

(8) 单击"继续"。

(9) 回到"重复度量"窗口,选择"绘制"按钮,进入"重复度量:轮廓图"窗口。将"策略"从左边框中移到右边"水平轴"栏中。单击下面的"添加"按钮。"策略"两个字就会出现在下方"图"的会话框中。(图 8-8)

(10) 单击"继续"按钮。

(11) 单击"确定"按钮。

3. 结果解释

分析的结果显示在一系列图表中。

图 8-8 定义轮廓图

(1) 主体内因子。

主体内因子表（表 8-2）显示的是度量参与者的三个策略，即 a1，a2，a3。

表 8-2 主体内因子表

度量：MEASURE_1

策略	因变量
1	a1
2	a2
3	a3

(2) 描述性统计量。

描述性统计量表（表 8-3）显示了三个"策略"中的每一个的均值和标准偏差。得分最低的是"a1"，为 43.125 0 分；其次是"a2"，为 50.000 0 分；"a3"得分最高，为 54.875 0 分。

表 8-3 描述性统计量表

	均值	标准偏差	N
a1	43.125 0	2.474 87	8
a2	50.000 0	4.440 08	8
a3	54.875 0	3.136 76	8

(3) 多变量检验。

既可以使用单变量检验对三个"策略"的平均得分在总体上相等的原假设进行检验；又可以使用多变量检验。多变量检验表提供了使用四种不同的多变量检验方法的检验结果。从表 8-4 可以看出：四种检验方法的 P 值（$Sig.$ 值）均小于 0.01，说明从整体上讲，三种阅读策略对学生课文理解的影响有极显著的差异。

表 8-4 多变量检验表

效应		值	F	假设 df	误差 df	$Sig.$	偏 Eta 方
策略	Pillai 的跟踪	0.962	74.973[a]	2.000	6.000	0.000	0.962
	Wilks 的 Lambda	0.038	74.973[a]	2.000	6.000	0.000	0.962
	Hotelling 的跟踪	24.991	74.973[a]	2.000	6.000	0.000	0.962
	Roy 的最大根	24.991	74.973[a]	2.000	6.000	0.000	0.962

a. 精确统计量。

（4）Mauchly 的球形度检验。

表 8-5　Mauchly 的球形度检验表

度量：MEASURE_1

主体内效应	Mauchly 的 W	近似卡方	df	Sig.	Epsilon[a]		
					Greenhouse-Geisser	Huynh-Feldt	下限
策略	0.419	5.213	2	0.074	0.633	0.708	0.500

检验零假设，即标准正交转换因变量的误差协方差矩阵与一个单位矩阵成比例。
a. 可用于调整显著性平均检验的自由度。在"主体内效应检验"表格中显示修正后的检验。

作为一种方差分析方法，重复测量也要满足方差分析的前提条件，如样本为随机样本、因变量为连续变量、正态分布、方差齐性等。方差分析中要求处理的数据必须是独立的，即每个受试者只被观察一次，且受试者是被随机分配给不同的实验条件，这样 F 检验才具有准确性。然而，重复测量却对受试者在不同的条件下进行了重复的测量，这一做法违背了被试间方差分析需要满足的独立性假设。既然被试内实验设计无法满足独立性要求，就意味着反过来它需要满足另一个假设：不同处理水平之间的非独立性（即不同处理水平之间的依赖程度）必须大体相当，这一假设被称作球形假设（Sphericity assumption）。也就是说，当我们在检验每一组处理水平之间是否存在显著差异之前，首先要求它们之间的差异必须有相等的方差。假定有三个处理水平 A，B 和 C，球形假设要求 A—B 的方差、A—C 的方差和 B—C 的方差大致相等。

SPSS 提供了 Mauchly 检验方法，如果 Mauchly 检验结果的显著性水平大于 0.05，就说明三组的方差大体相等，表明数据接受并满足了球形假设，方差检验就会具有准确性；如果 Mauchly 检验的显著性水平小于 0.05，就说明拒绝了球形假设，后面的 F 检验就不会准确。但重复测量方差方法有几种补救方法可以使 F 值有效，即 Greenhouse-Geisser、Huynh-Feldt 和下限（Lower-bound）。

本例子中 Mauchly 的球形度检验表（表 8-5）提供的 P 值是 0.074，大于 0.05，满足球形假设。如果小于 0.05，则看主体内效应的检验表（表 8-6）中"采用的球形度"的值。

（5）主体内效应的检验。

主体内效应的检验表为我们研究的问题提供了答案，即三个"策略"的得分是否不同。在满足球形假设的条件下，第一种方法是标准一维方差分析。后三种方法是备选方差分析，在球形假设不满足的情况下使用。

方差分析产生一个 F 值，F 值是两个方差的比值，每个方差在输出中表示为均方（MS）：

$$F=\frac{MS_{策略}}{MS\ Error_{(策略)}}$$

把"主体内效应的检验"表中在 Greenhouse-Geisser 行的值代入公式，得到 F 值为：

$$F=\frac{440.645}{19.616}\approx 22.464$$

这与方差分析表中对于 Greenhouse-Geisser 解的 F 值一致（球形假设的 F 值也为 22.464）。

对于"采用的球形度"值，方差检验产生了"策略"的自由度（df = 水平数－1）和误差的自由度［df =（总样本量－1）×（水平数－1）］，自由度分别为 2 和 14。

在"$Sig.$"列中的 Greenhouse-Geisser 的 P 值是 0.001。由于 P 值小于 0.05，则拒绝三者均值相等的原假设（使用球形假设值可以拒绝原假设）。

表 8-6 主体内效应的检验表

度量：MEASURE_1

	源	III 型平方和	df	均方	F	$Sig.$	偏 Eta 方
策略	采用的球形度	557.583	2	278.792	22.464	0.000	0.762
	Greenhouse-Geisser	557.583	1.265	440.645	22.464	0.001	0.762
	Huynh-Feldt	557.583	1.416	393.638	22.464	0.000	0.762
	下限	557.583	1.000	557.583	22.464	0.002	0.762
误差（策略）	采用的球形度	173.750	14	12.411			
	Greenhouse-Geisser	173.750	8.858	19.616			
	Huynh-Feldt	173.750	9.915	17.523			
	下限	173.750	7.000	24.821			

（6）主体内对比的检验和主体间效应的检验。

在一维组内方差分析时不用讨论主体内对比的检验表、主体间效应的检验表（表 8-7、表 8-8）。主体内对比的检验表（组内对比检验）可以对"策略"的变化趋势进行检验。

主体间效应的检验表给出了研究中任一组间因素的结果。因为此研究中没有使用组间因素,所以这个表在此我们不用讨论。

表 8-7 主体内对比的检验表

度量:MEASURE_1

源	策略	III 型平方和	df	均方	F	Sig.	偏 Eta 方
策略	线性	552.250	1	552.250	150.126	0.000	0.955
	二次	5.333	1	5.333	0.252	0.631	0.035
误差 (策略)	线性	25.750	7	3.679			
	二次	148.000	7	21.143			

表 8-8 主体间效应的检验表

度量:MEASURE_1
转换的变量:平均值

源	III 型平方和	df	均方	F	Sig.	偏 Eta 方
截距	58 410.667	1	58 410.667	5 379.930	0.000	0.999
误差	76.000	7	10.857			

(7) 估计边际均值。

估计边际均值表(表 8-9)提供了三种"策略"的"均值""标准误差""95%置信区间"。虽然前面的描述性统计量表也提供了每组的均值,但是两个表之间的区别是:估计边际均值表还提供了每个组的"标准误差""95%置信区间",而描述性统计量表则提供"标准偏差""均值"。

表 8-9 估计边际均值表

度量:MEASURE_1

策略	均值	标准误差	95% 置信区间	
			下限	上限
1	43.125	0.875	41.056	45.194
2	50.000	1.570	46.288	53.712
3	54.875	1.109	52.253	57.497

(8) 成对比较。

成对比较表（表 8-10）给出三种不同阅读方法两两比较的结果。表中"(I) 策略 (J) 策略"列下的 1，2，3 表示三种策略。结果表明：策略 1 与策略 2 有显著差异（$P = 0.018 < 0.05$）；策略 1 与策略 3 有极显著差异（$P = 0.000 < 0.01$）；策略 2 与策略 3 有显著差异（$P = 0.033 < 0.05$）。

表 8-10　成对比较表

度量：MEASURE_1

(I) 策略	(J) 策略	均值差值 (I－J)	标准误差	Sig.[a]	差分的 95% 置信区间[a]	
					下限	上限
1	2	－6.875*	2.232	0.018	－12.152	－1.598
	3	－11.750*	0.959	0.000	－14.018	－9.482
2	1	6.875*	2.232	0.018	1.598	12.152
	3	－4.875*	1.846	0.033	－9.241	－0.509
3	1	11.750*	0.959	0.000	9.482	14.018
	2	4.875*	1.846	0.033	0.509	9.241

基于估算边际均值

*. 均值差值在 0.05 级别上较显著。

a. 对多个比较的调整：最不显著差别（相当于未做调整）。

(9) 均值图。

均值图（图 8-9）是以策略为横坐标、以成绩为纵坐标绘制而成的自变量均值图，直观地显示出：策略 3 优于策略 2，策略 2 优于策略 1。

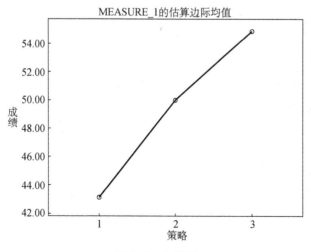

图 8-9　均值图

至此，在文章中可做如下报告：

$F(2, 14) = 22.464$，$P < 0.05$，说明三种阅读策略之间有显著差异。阅读策略 1 与 2 有显著差异（$P = 0.018 < 0.05$）；阅读策略 1 与 3 有极显著差异（$P = 0.000 < 0.01$）；阅读策略 2 与 3 有显著差异（$P = 0.033 < 0.05$）。进一步分析发现，策略 3 优于策略 2，策略 2 优于策略 1。

第二节 组间组内方差分析

组间组内方差分析适用于两个自变量估计一个因变量的情况（$y = x + z$）。其中一个自变量（x）涉及组间因素，另一个自变量（z）涉及组内因素。这种既有组内重复测量，又有组间因素的问题，被称为重复测量与混合实验设计的数据处理。对这类数据进行分析，既可用一维方差分析，也可用多维方差分析。下面是一个组间组内方差分析的例子。

【例二】 假定二语词汇知识将对学习者的二语语义提取效率产生效应。研究者想知道二语词汇知识的发展是如何影响中国英语学习者的二语语义提取的。

在下面的启动式词汇判断作业中，这一效率可以看成提取语义信息的反应时间和正确率。如果学习者具有丰富的二语词汇知识，那么他可能更快、更准确地提取二语语义信息，并能够获得更大的启动效应；反之亦然。启动效应是指一个启动词与另一启动词相比对识别/判断一个目标词所起的促进作用。比如，启动词"黄牛"对目标词"水牛"的识别/判断有促进作用，而对没有语义关系的目标词"吹牛"没有促进作用。

1. 实验方法

受试者共 44 人，包括本科一年级受试者 24 人，本科三年级受试者 10 人，研究生受试者 10 人。根据他们平时的成绩，将他们按照词汇知识的水平分为两组：高分组和低分组。每组 22 人。

实验材料：(a) 40 对有语义关系的由启动词和目标词组成的对子。再分别配上一个与目标词没有语义关系的启动词，这样又构成 (b) 40 对没有语义关系的对子。在正式实验前，先对大家进行训练测试，也由 (c) 40 对语义关系混杂的练习材料组成。训练通过后进入第一阶段，有语义关系的启动词和目标词测试。完成后休息半小时，再进行第二阶段，没有语义关系的词语测试。

规定每道题的完成时间为 60 秒，按照他们完成题目的时间（t）给他们打分（60−t = 成绩）。组间组内方差分析的数据如表 8-11 所示。

表 8-11 组间组内方差分析的数据

参与者	词汇水平	混杂	有关	无关	参与者	词汇水平	混杂	有关	无关
1	1	47	49	40	23	2	37	48	42
2	1	45	44	47	24	2	45	45	42
3	1	50	48	46	25	2	41	48	45
4	1	38	39	38	26	2	35	49	33
5	1	46	48	48	27	2	44	54	41
6	1	37	41	47	28	2	49	49	35
7	1	35	38	42	29	2	52	40	41
8	1	39	39	39	30	2	46	46	42
9	1	35	38	48	31	2	48	50	41
10	1	43	44	48	32	2	41	50	35
11	1	48	43	37	33	2	38	52	41
12	1	41	47	55	34	2	41	42	42
13	1	35	56	42	35	2	42	41	40
14	1	38	54	54	36	2	35	53	41
15	1	54	50	41	37	2	36	38	42
16	1	52	49	37	38	2	52	48	35
17	1	47	47	39	39	2	41	40	38
18	1	49	39	49	40	2	48	37	50
19	1	38	48	48	41	2	49	39	51
20	1	44	53	56	42	2	55	48	49
21	1	46	55	57	43	2	52	46	48
22	1	51	52	39	44	2	47	50	37

2. 研究目标

（1）词汇知识水平（高分组、低分组）跟测试成绩有无关系？

（2）训练成绩、有语义关系、无语义关系的启动词对成绩有显著影响吗？

（3）词汇知识水平（高分组、低分组）跟有无语义关系（混杂、有关、无关）对成绩有明显关系吗？

3. 问题分析

该问题要研究的内容有三条,其中前两条是"词汇水平"的主效应、"语义关系"的主效应;第三条是"词汇水平"与"语义关系"的交互效应。

数据分为:自变量是①词汇水平(高分组和低分组)。②语义关系(混杂、有关和无关)。因变量是③"测试成绩"。

(1) 数据。

在表 8-11 中列出了这次测试的成绩。对于"词汇水平",高分组的记为 1,低分组的记为 2。对于"语义关系",分别记为"混杂""有关""无关"。

此表还可以转成表 8-12 的形式:

表 8-12 交叉表形式

			语义关系		
			混杂	有关	无关
词汇水平	高分组	参与者 1			
		参与者 2			
		参与者 3			
	低分组	参与者 1			
		参与者 2			
		参与者 3			

(2) 原假设和对立假设。

在一维组间组内方差分析中使用三个不同的原假设。两个原假设用来检验每个自变量(主效应检验),一个原假设用来检验两个自变量的混合效应(交互效应检验)。[1]

(3) 假设 1,对词汇水平进行检验:高分组 *vs* 低分组。

词汇水平的原假设指出:高分组和低分组的成绩应该一样:

$$H_0: \mu_{高分组} = \mu_{低分组}$$

对立假设指出高分组和低分组的成绩是不一样的:

$$H_1: \mu_{高分组} \neq \mu_{低分组}$$

---

[1] 在多因素实验研究中,主效应就是在不考察其他变量变化的时候,考察一个变量是否会对因变量的变化发生影响。交互效应,则是反映两个或两个以上自变量相互依赖、相互制约,共同对因变量的变化发生影响。换句话说,如果一个自变量对因变量的影响效应会因另一个自变量的水平不同而有所不同,则我们说这两个变量之间具有交互效应。

(4) 假设 2，对语义关系进行检验：混杂、有关和无关
语义关系的原假设指出混杂、有关和无关的成绩是一样的：

$$H_0: \mu_{混杂} = \mu_{有关} = \mu_{无关}$$

对立假设指出三者之间有差异：

$$H_1: 至少有一个总体均值与其他均值不同$$

(5) 假设 3，词汇水平和语义关系的交互效应检验
原假设指出词汇水平和语义关系之间没有交互效应：

$$H_0: 无词汇水平 \times 语义关系的交互效应$$

对立假设指出两个变量之间有交互效应：

$$H_1: 有词汇水平 \times 语义关系的交互效应$$

组间组内方差分析对上面三个原假设进行了检验。如果检验产生的结果在原假设正确时看起来可能性不大（结果发生的可能性小于 5%），那么拒绝原假设；如果检验产生的结果在原假设正确时看起来正确（结果发生的可能性大于 5%），那么不拒绝原假设。

4. 软件操作

步骤 1：生成变量。
(1) 打开 SPSS。
(2) 单击"变量视图"标签。
在 SPSS 中将生成四个变量，一个是给"词汇水平"组的（高分组、低分组），另一个是三种不同的语义关系，分别被命名为"混杂""有关""无关"。（图 8-10）
(3) 在"变量视图"窗口前四行分别输入变量名称。
(4) 为"词汇水平"建立变量值标签。如 1 = "高分组"，2 = "低分组"。

	名称	类型	宽度	小数	标签	值	
1	词汇水平	数值(N)	8	2		{1.00, 高分...	无
2	混杂	数值(N)	8	2		无	无
3	有关	数值(N)	8	2		无	无
4	无关	数值(N)	8	2		无	无

图 8-10 变量视图中输入变量

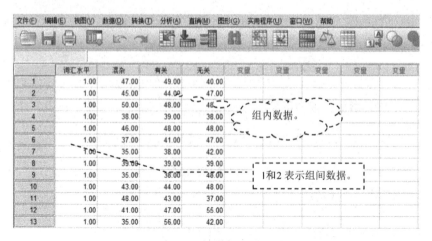

图 8-11　数据视图中输入数据

步骤 2：输入数据。

（1）单击"数据视图"标签。变量"词汇水平""混杂""有关""无关"出现在窗口的前四列。（图 8-11）

（2）为每个参与者输入四个变量的数据。

步骤 3：分析数据。

（1）从菜单栏中选择"分析"｜"一般线性模型"｜"重复度量"，如图 8-12 所示。

打开"重复度量定义因子"对话框（图 8-13）。在这个对话框为每个组内因素提供一个名字并且输入每个因素的水平数目。

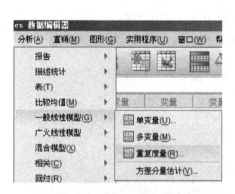

图 8-12　重复度量的下拉菜单

图 8-13　重复度量定义因子窗口

(2) 在"被试内因子名称"框中双击"因子1"("因子1"是 SPSS 中为组内因素建立的缺省值名字),输入名字"语义关系"。

(3) 在"级别数"的右边框中输入3。这是对应于组内因素"语义关系"的三种情况("混杂""有关""无关"),如图 8-14 所示。

 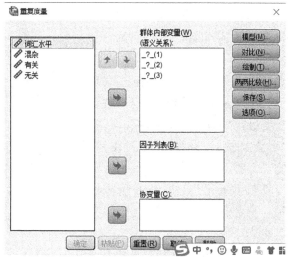

图 8-14 确定因子级别数　　　　图 8-15 群体内部变量窗口

(4) 单击"添加"。

(5) 单击"定义"。打开"重复度量"对话框,"词汇水平"和"语义关系"三种情况出现在对话框的左边。(图 8-15)

(6) 选择组间变量"词汇水平",单击中间的箭头按钮移到"因子列表"框中。

(7) 选择"混杂""有关""无关",单击箭头按钮使它们移到"群体内部变量"框中。(图 8-16)

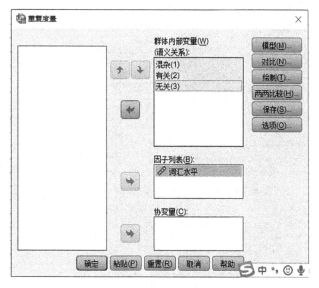

图 8-16 定义变量和因子

（8）单击"选项"。打开"多变量：选项"对话框。在"因子与因子交互"中选择"词汇水平""语义关系""词汇水平＊语义关系"，并单击箭头按钮，使它们移到"显示均值"框中。在"输出"一栏下勾选"描述统计""功效估计"。（图8-17）

（9）单击"继续"按钮。

（10）单击"绘制"。打开"重复度量：轮廓图"对话框。选择"语义关系"，并单击箭头按钮，使它们移到"水平轴"框中。选择"词汇水平"，并单击箭头按钮，使它们移到"单图"框，如图8-18所示。

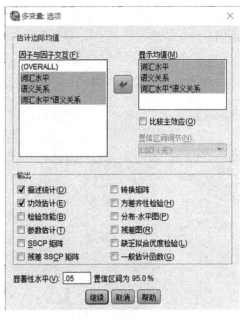

图8-17 多变量：选项

（11）单击"添加"按钮。交互效应"语义关系＊词汇水平"就显示在"图"对话框中。（图8-19）

图8-18 定义轮廓图水平轴

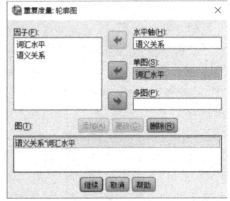

图8-19 定义轮廓图

（12）单击"继续"按钮。

（13）单击"确定"按钮。

5. 结果解释

分析的结果显示在一系列图表中。

(1) 主体内因子。

主体内因子表（表 8-13）列出了语义关系三种情况的名称。

表 8-13 主体内因子表

度量：MEASURE_1

语义关系	因变量
1	混杂
2	有关
3	无关

(2) 主体间因子。

主体间因子表（表 8-14）显示了组间因素"高分组""低分组"的变量值标签和每组的样本数。

表 8-14 主体间因子表

		值标签	N
词汇水平	1.00	高分组	22
	2.00	低分组	22

(3) 描述性统计量。

描述性统计量表（表 8-15）显示了研究中每种情况的"均值""标准偏差""样本量（N）"。

表 8-15 描述性统计量表

	词汇水平	均值	标准偏差	N
混杂	高分组	43.5455	5.96599	22
	低分组	44.2727	6.00937	22
	总计	43.9091	5.92911	44
有关	高分组	46.4091	5.73759	22
	低分组	46.0455	5.06601	22
	总计	46.2273	5.35209	44
无关	高分组	45.3182	6.35750	22
	低分组	41.4091	4.92476	22
	总计	43.3636	5.95757	44

从表中可以看出，在"混杂"情况下，高分组的均值为 43.5455，低分

组的均值为 44.272 7。"语义有关"时,高分组的均值为 46.409 1,低分组的均值为 46.045 5。"语义无关"时,高分组的均值为 45.318 2,低分组的均值为 41.409 1。

(4)多变量检验。

对于"语义关系"和交互项"语义关系 * 词汇水平"的原假设可以使用单变量检验或多变量检验。多变量检验表(表 8-16)对于"语义关系"和"语义关系 * 词汇水平"提供了四种不同的检验方法。

表 8-16 多变量检验表

效应		值	F	假设 df	误差 df	Sig.	偏 Eta 方
语义关系	Pillai 的跟踪	0.141	3.371[a]	2.000	41.000	0.044	0.141
	Wilks 的 Lambda	0.859	3.371[a]	2.000	41.000	0.044	0.141
	Hotelling 的跟踪	0.164	3.371[a]	2.000	41.000	0.044	0.141
	Roy 的最大根	0.164	3.371[a]	2.000	41.000	0.044	0.141
语义关系 * 词汇水平	Pillai 的跟踪	0.085	1.910[a]	2.000	41.000	0.161	0.085
	Wilks 的 Lambda	0.915	1.910[a]	2.000	41.000	0.161	0.085
	Hotelling 的跟踪	0.093	1.910[a]	2.000	41.000	0.161	0.085
	Roy 的最大根	0.093	1.910[a]	2.000	41.000	0.161	0.085

a. 精确统计量

(5)Mauchly 的球形度检验。

Mauchly 的球形度检验表(表 8-17)检验了球形假设。当组内因素有三个或更多水平时,组间组内方差分析需要满足球形假设。SPSS 的"Mauchly 的球形度检验"表提供了对这个假设的检验(这个检验的 P 值为 0.918)。由于 P 值大于 0.05,满足球形假设。

表 8-17 Mauchly 的球形度检验表

度量:MEASURE_1

主体内效应	Mauchly 的 W	近似卡方	df	Sig.	Epsilon[a]		
					Greenhouse-Geisser	Huynh-Feldt	下限
语义关系	0.996	0.172	2	0.918	0.996	1.000	0.500

检验零假设,即标准正交转换因变量的误差协方差矩阵与一个单位矩阵成比例。

a. 可用于调整显著性平均检验的自由度。在"主体内效应检验"表格中显示修正后的检验。

如果球形假设不被满足,则方差分析的 F 检验(在主体内效应的检验表中显示为 Sphencity Assume)不准确,得到的结果将更多地拒绝真实的原假设。在主体内效应的检验表中有三个补救方法:Greenhouse-Geisser, Huynh-Feldt 和下限。

(6)主体内效应检验。

主体内效应检验表(表 8-18)提供了我们所研究问题的答案,即三种情况下测试的得分是否不同以及"语义关系 * 词汇水平"之间是否存在交互效应。正如一维方差分析所说的那样,F 值是两个方差的比值,每个方差在输出中表示为均方(MS):

$$F = \frac{MS\ Effect}{MS\ Error}$$

表 8-18 主体内效应的检验表

度量:MEASURE_1

源		III 型平方和	df	均方	F	$Sig.$	偏 y 方
语义关系	采用的球形度	203.455	2	101.727	3.266	0.043	0.072
	Greenhouse-Geisser	203.455	1.992	102.152	3.266	0.043	0.072
	Huynh-Feldt	203.455	2.000	101.727	3.266	0.043	0.072
	下限	203.455	1.000	203.455	3.266	0.078	0.072
语义关系 * 词汇水平	采用的球形度	129.273	2	64.636	2.075	0.132	0.047
	Greenhouse-Geisser	129.273	1.992	64.906	2.075	0.132	0.047
	Huynh-Feldt	129.273	2.000	64.636	2.075	0.132	0.047
	下限	129.273	1.000	129.273	2.075	0.157	0.047
误差(语义关系)	采用的球形度	2 616.606	84	31.150			
	Greenhouse-Geisser	2 616.606	83.651	31.280			
	Huynh-Feldt	2 616.606	84.000	31.150			
	下限	2 616.606	42.000	62.300			

对于"语义关系",其 F 值为:

$$F_{语义关系} = \frac{MS_{语义}}{MS\ Error_{(语义)}}$$

将图表中在 Greenhouse-Geisser 行的值代入上式,得到 F 值为:

$$F_{语义关系} = \frac{102.152}{31.280} = 3.266$$

这与主体内效应检验表中"语义关系"的 F 值一致(表中"采用的球形度"的 F 值也为 3.266。虽然这四种检验有相同的 F 值,但它们的 df 和 P 值不同)。

关于"采用的球形度"的值。一般用球形假设的自由度来获得 Greenhouse-Geisser 方法的自由度值。表中为"语义关系"和"误差(语义关系)"各产生一个自由度(df),分别是 2 和 84。在表 8-17 中,Epsilon 的统计值为 0.996。这个值再乘以自由度(2,84)将产生 1.992 和 83.651 的自由度,这些就是表中 Greenhouse-Geisser 的自由度。

在"$Sig.$"列中,"语义关系"项目的 Greenhouse-Geisser 的 P 值是 0.043。由于 P 值小于 0.05,拒绝三种语义关系均值相等的原假设。具体"混杂""有关""无关"哪一项成绩更高,从下面的"估算边际均值"系列表中可以看出。

在"语义关系 * 词汇水平"项目中,Greenhouse-Geisser 的 F 值是 2.075,其 P 值为 0.132。由于 P 值大于 0.05,接受原假设,也就是说没有显著的"语义关系 * 词汇水平"的交互效应。

如果因素之间存在交互作用,还应该继续分析简单效应。简单效应是什么呢?简单效应就是指一个因素在另一个因素不同水平上的效应,当一个因素在另一个因素的不同水平上产生不同效应的时候,就出现了交互作用(interaction effect)。

(7)主体内对比的检验。

主体内对比的检验表(表 8-19)能够对组内主效应和交互效应进行进一步检验。组间组内方差分析中不考虑此表。

表 8-19 主体内对比的检验表

度量:MEASURE_1

源	语义关系	III 型平方和	df	均方	F	$Sig.$	偏 Eta 方
语义关系	线性	6.545	1	6.545	0.198	0.659	0.005
	二次	196.909	1	196.909	6.744	0.013	0.138
语义关系 * 词汇水平	线性	118.227	1	118.227	3.572	0.066	0.078
	二次	11.045	1	11.045	0.378	0.542	0.009

续表

源	语义关系	III 型平方和	df	均方	F	$Sig.$	偏 Eta 方
误差 (语义关系)	线性	1 390.227	42	33.101			
	二次	1 226.379	42	29.199			

(8) 主体间效应的检验。

主体间效应的检验表（表 8-20）显示组间因素"词汇水平"检验的结果。其 F 值为 1.310，相应的 P 值为 0.259。因为 P 值大于 0.05，接受高分组和低分组的平均成绩相等的原假设。

表 8-20　主体间效应的检验表

度量：MEASURE_1
转换的变量：平均值

源	III 型平方和	df	均方	F	$Sig.$	偏 Eta 方
截距	261 393.000	1	261 393.000	7 430.080	0.000	0.994
词汇水平	46.091	1	46.091	1.310	0.259	0.030
误差	1 477.576	42	35.180			

(9) 估算边际均值。

估算边际均值系列表给出了每个因素的所有水平和交互效应的均值。词汇水平表（表 8-21）列出了高分组和低分组两组的均值。由于"词汇水平"不显著，就不需要再比较均值的大小。

语义关系表（表 8-22）给出了"语义关系"的所有水平的均值。前面已经看出三个水平均值不等，这个表进一步让我们看出哪一个水平明显不同。可以看出，"语义关系 2"均值 46.227 要高于其他两项，即启动词跟目标词"有语义关系"时，得分最高。

词汇水平 * 语义关系表（表 8-23）给出了研究中的六种情况的均值。我们将把注意力放在轮廓图上，轮廓图用图形显示了这六种情况的均值。

表 8-21　词汇水平表

度量：MEASURE_1

词汇水平	均值	标准误差	95% 置信区间	
			下限	上限
高分组	45.091	0.730	43.618	46.564
低分组	43.909	0.730	42.436	45.382

表 8-22 语义关系表

度量:MEASURE_1

语义关系	均值	标准误差	95% 置信区间	
			下限	上限
1	43.909	0.903	42.087	45.731
2	46.227	0.816	44.581	47.874
3	43.364	0.857	41.634	45.094

表 8-23 词汇水平 * 语义关系表

度量:MEASURE_1

词汇水平	语义关系	均值	标准误差	95% 置信区间	
				下限	上限
高分组	1	43.545	1.277	40.969	46.122
	2	46.409	1.154	44.080	48.738
	3	45.318	1.212	42.872	47.765
低分组	1	44.273	1.277	41.696	46.849
	2	46.045	1.154	43.717	48.374
	3	41.409	1.212	38.962	43.856

(10) 概要文件图(轮廓图)。

概要文件图(轮廓图)显示了研究中的 6 种情况的均值。"语义关系"在横轴,"词汇水平"的各个水平表示为不同的直线(在轮廓图中,1,2,3 分别对应着启动词和目标词语义上"混杂""有关""无关")。对于高分组,"混杂"时的分值最低(43.545),启动词跟目标词语义"有关"时分值最高(46.409),启动词跟目标词语义"无关"时,成绩居中。整体呈现出"低—高—低"的走势。对于低分组,三种情况下的均值也呈现出

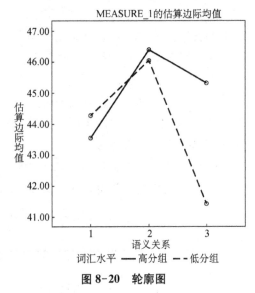

图 8-20 轮廓图

"低—高—低"的走势。高分组跟低分组的走势一致,说明没有显著的"词汇水平 * 语义关系"交互效应。(图 8-20)

在文章中报告组间组内方差分析的结果时,除了报告组间组内方差分析均值和标准误差(如果需要,均值和标准误差可以单独成一张表),还要报告假设检验的结论、自由度(df)、F 值、P 值、交互效应情况等。

本例的报告可以陈述如下:

研究者对词汇知识、对语义提取的影响情况进行了 2×3 的组间组内方差分析。以词汇知识(高分组、低分组)作为组间因素,以启动词跟目标词的语义关系(混杂、有关和无关)为组内因素,结果显示:词汇知识没有显著主效应,$F(1, 42)=1.310$,$P>0.05$;而语义关系存在一个显著主效应,启动词跟目标词的语义有关时,测试成绩最高。Greenhouse-Geisser 校正后,$F(2, 83.651)=3.266$,$P<0.05$。没有显著的语义关系*词汇水平交互效应,Greenhouse-Geisser 校正后,$F(2, 83.651)=2.075$,$P<0.05$。

第三节 方差分析在语料库分析中的应用举例

利用方差分析对语料库的数据进行分析的研究很多,这里我们介绍两个这方面研究的例子。

一、跟副词"也"有关的偏误分析

王建勤主编的《汉语作为第二语言的学习者语言系统研究》[1]中,介绍了陈小荷 1996 年第 2 期《世界汉语教学》上发表的《跟副词"也"有关的偏误分析》的研究情况。

作者使用北京语言学院 CCLI 中经抽样和词性标注的核心语料,约有 100 万字,533 872 词次。该语料库的每一篇语料都录有较详细的语篇属性,便于我们对所研究的语言问题做背景分析。由于已标注词性,因此不仅容易检索副词"也",而且可以粗选出可能有偏误的句子。

作者从语料中检索出副词"也"3 367 例,拿这个数除以总词次,就得到"也"的使用率。在 CCLI 中,"也"的使用率为 0.630 68%,而在《现代汉语频率词典》[2]中,"也"的使用率为 0.532 48%,在 CCLI 中"也"的使用率明显偏高,这暗示可能有较多的误代和滥用。

作者从 3 367 例中发现跟副词"也"有关的偏误 328 例,将它们分为四

---

[1] 王建勤. 汉语作为第二语言的学习者语言系统研究 [M]. 北京:商务印书馆,2006:137-139.
[2] 北京语言学院语言教学研究所. 现代汉语频率词典 [M]. 北京:北京语言学院出版社,1986.

种类型：

　　甲类："也"在主语前；

　　乙类："也"跟其他状语位置不对；

　　丙类：作为周遍性主语的偏正结构被"也"分开；

　　丁类："也"的误代和滥用。

用"也"的误例个数与"也"的用例个数之比作为偏误率，则总计偏误率为328/3 367≈9.74%；在全部误例当中，四类偏误所占比例如下：

　　甲类：37 例 11.28%；

　　乙类：30 例 9.15%；

　　丙类：26 例 7.93%；

　　丁类：235 例 71.65%。

作者详细考察了前三类偏误出现的环境，分析了偏误产生的原因。

接下来作者选择第一语言（母语背景）、学时等级（所在年级）和语料类型（作文考卷、作文练习等）三方面对偏误做了背景分析。

以学时等级为例，作者想考察学时等级跟副词"也"的使用率和偏误率到底是什么关系，使用了统计学上的方差分析来进行比较严格的检验。为了排除母语背景和语料类型的影响，作者选择至少用了一次副词"也"的日语背景的作文练习语料，除去学时等级为9的一篇，共计245篇，86 545 词次，735 个"也"，96 个偏误。作者先统计每篇的词次、"也"的个数、偏误个数，并计算出每篇的使用率和偏误率；然后按学时等级将语篇分成 8 组，每组篇数、平均使用率、平均偏误率如表 8-24 所示。

表 8-24　8 组语料的相关数据

组号	每组篇数	平均使用率	平均偏误率
1	29	0.783%	3.448%
2	24	1.157%	20.451%
3	34	0.726%	22.059%
4	28	0.921%	13.847%
5	74	1.068%	12.351%
6	22	1.100%	8.378%
7	20	0.77%	13.185%
8	14	0.734%	12.081%

总的平均使用率和总的平均偏误率分别为 0.936% 和 13.250%。

对"也"的使用率进行单因子（学时等级）不等重复试验的方差分析。结果显示，$F_0=2.0433$，查 F 分布表，$F_{0.05}(7.237)=2.01<F_0$，故应认为学时等级对副词"也"的使用率有显著影响。

用同样的方法对"也"的偏误率进行单因子（学时等级）不等重复试验的方差分析，结果为 $F_0=1.445<F_{0.05}(7.237)$，故应认为学时等级对副词"也"的偏误率没有显著影响。[1]

这是一篇比较典型的以定量分析为主的语言学论文。文中分析方法和各种数据交代得十分清楚。

二、任务类型对二语学习者书面语产出的影响

易保树讨论了任务的内在属性（即任务的类型）是否影响二语学习者的书面语产出的流利度、准确度和复杂度，同时考察三者之间是否出现 Skehan 所说的"竞争效应"现象。[2]

作者总结了相关研究存在的问题：第一，大多数研究基于大样本的定量分析来测试学习者语言产出的流利度、复杂度和准确度的具体表现；第二，研究主要集中在语言实验室里完成，基于的语料也并不是学习者自然语料；第三，缺乏考察同一学习者在完成不同任务时的语言产出表现。

因此，作者基于学习者的书面语语料库提供的自然语料，研究同一学习者在完成叙述任务、分类任务、写信任务、辩论任务中语言产出的具体表现。从定量角度来考察不同任务类型对学习者语言产出的影响，主要回答下面三个问题：

（1）不同任务类型对学习者语言产出的句法复杂度、流利度、准确度、词汇复杂度的影响如何？

（2）在完成同一任务中，不同学习者在语言产出的句法复杂度、流利度、准确度、词汇复杂度上有无差异？

（3）在完成同一任务中，学习者语言产出中是否存在 Skehan 所说的

---

[1] 王建勤. 汉语作为第二语言的学习者语言系统研究 [M]. 北京：商务印书馆，2006：151.
[2] 易保树. 认知与外语教学：来自二语产出研究的启示 [M]. 上海：世界图书出版公司，2015：19-35.
"语言产出"也叫"语言输出"，是语言习得的理论之一。该理论认为：通过产出语言，无论是口头的还是书面的，语言习得可以发生。（参见：高永奇. 第二语言习得 [M]. 苏州：苏州大学出版社，2004：123-124.）关于 Skehan 的竞争效应，见：Skehan P. & Foster P. *Cognition and tasks* [A]. In Robinson P. (ed) *Cognition and Second Language Instruction* [C] Cambridge: Cambridge University Press, 2001: 183-205.

"竞争效应"现象?

作者的具体研究如下:

(一) 研究设计

1. 研究对象

该研究基于自建的书面语语料库,语料主要来自某一重点大学英语专业学生 2007—2010 四个年级的书面语作文。语料库共涉及叙述、描述、比较、分类、下定义、书信等不同任务和体裁,共计 60 万词左右。此次研究随机抽取 8 名学习者在完成叙述、分类、辩论和写信四种不同任务时的书面语作文。

具体数据如表 8-23 所示:

表 8-23 任务抽样信息分布表

任务类型	任务完成时间				
	2007 年	2008 年	2009 年	2010 年	数量
叙述	0	0	8	0	8
分类	0	0	8	0	8
辩论	0	0	8	0	8
写信	0	8	0	0	8
总计	0	8	24	0	32

8 名被抽取的学习者在英语学习水平上没有显著性差异,因为通过方差分析发现学习者的语法能力($F=0.542$,$P=0.794>0.05$)和词汇能力($F=0.978$,$P=0.469>0.05$)没有显著性差异。

2. 四种任务

实验主要考察了同一学习者完成的四种不同任务。

分类任务:对某一事物和现象进行分类描写,如对爱情、学生、篮球进攻打法等。

叙述任务:叙述一个虚构或者真实的故事,叙述发生过的一件事情。

写信任务:因为你的过错,导致了某种结果,你给你的朋友写一封道歉信。

辩论任务:就某一个观点展开辩论,并把观点写下来。

3. 变量确定

自变量:自变量有四个,分别为叙述任务、分类任务、写信任务和辩论任务。主要分析它们对学习者语言产出的句法复杂度、准确度和词汇复杂度的影响。

因变量：句法复杂度、流利度、准确度、词汇复杂度。

句法复杂度的测量：关于复杂度的测量，常从句子结构复杂度和词汇复杂度两个方面来测量。在该项研究中，句法复杂度主要测量从属分句和句子总数比（DCC），由 Antword profiler 软件来计算完成。

流利度的测量：T 单位长度和单位音节数，由 Readability Formula 测量软件来计算完成。

词汇复杂度的测量：词汇复杂度测量主要测量词类和词数之比（TTR），由 Antword profiler 测量软件来计算。

准确度的测量：准确度的测量主要计算所有的语法错误，由测量和评价软件 Grammarly 以百分率计算。

（二）研究结果和分析

1. 研究结果

统计的结果主要包括学习者在完成不同任务类型时，语言产出的准确度、句法复杂度、流利度和词汇复杂度的数据；不同学习者在完成不同任务时，语言产出的准确度、句法复杂度、词汇复杂度和流利度的数据；语言产出的准确度、句法复杂度、词汇复杂度和流利度之间的相关关系数据。

不同任务类型中学习者的语言产出的准确度、句法复杂度、流利度和词汇复杂度统计结果如下：

通过单因素方差分析，可以比较不同任务类型中学习者语言产出的准确度的差异。表 8-24 显示，写信任务的准确度明显小于辩论任务、叙述任务的准确度，P 值分别为 0.018，0.006，均小于 0.05。在所有任务中，写信任务的准确度最低。而辩论任务、叙述任务和分类任务之间，准确度没有显著性差异，因为 P 值分别为 0.452，0.235，0.655，均大于 0.05。

表 8-24 准确度在不同任务类型中的对比表

因变量	自变量任务类型	自变量任务类型	均值差	标准误差	P 值
准确度	写信	辩论	-0.111 25	0.044 25	0.018
	写信	分类	-0.077 50	0.044 25	0.091
	写信	叙述	-0.131 25	0.044 25	0.006
	辩论	分类	0.033 75	0.044 25	0.452
	分类	叙述	-0.053 75	0.044 25	0.235
	叙述	辩论	0.020 00	0.044 25	0.655

该研究中，句法复杂度主要测量分句数和句子总数的比，如表 8-25 所示，如果只看句法复杂度的均值，辩论任务中的句法复杂度略高一点，分类任务略低一点。在表 8-25 中通过单因素方差分析发现，写信、分类、辩论和叙述四种任务在句子复杂度上没有显著性差异，因为 P 值分别为 0.507, 0.459, 0.744, 0.166, 0.735, 0.289，均大于 0.05。

表 8-25　句法复杂度在不同任务类型中的多重对比表

因变量	自变量任务类型	自变量任务类型	均值差	标准误差	P 值
句法复杂度	写信	辩论	-0.082 04	0.122 19	0.507
	写信	分类	0.091 73	0.122 19	0.459
	写信	叙述	-0.040 24	0.122 19	0.744
	辩论	分类	0.173 77	0.122 19	0.166
	辩论	叙述	0.041 80	0.122 19	0.735
	分类	叙述	-0.131 97	0.122 19	0.289

在研究书面语产出时，流利度可以表示为 T 单位长度和单位音节数。学习者书面语产出的流利度在不同任务类型中的多重对比如表 8-26 所示，从表中可以看出，写信流利度明显低于辩论和分类任务，而叙述任务的流利度也和辩论、分类任务有差异。因为方差分析中，在 T 单位长度上，写信任务

表 8-26　流利度在不同任务类型中的多重对比表

因变量	自变量任务类型	自变量任务类型	均值差	标准误差	P 值
流利度	T 单位长度	写信	辩论	-5.064 40	1.320 71	0.001
		写信	分类	-4.431 78	1.320 71	0.002
		写信	叙述	-3.419 02	1.320 71	0.015
		辩论	分类	0.632 62	1.320 71	0.636
		辩论	叙述	1.645 38	1.320 71	0.223
		分类	叙述	1.012 75	1.320 71	0.450
	单位音节数	写信	辩论	-0.683 54	0.140 35	0.000
		写信	分类	-0.666 84	0.140 35	0.000
		写信	叙述	-0.108 21	0.140 35	0.447
		辩论	分类	0.016 70	0.140 35	0.906
		辩论	叙述	0.575 32	0.140 35	0.000
		分类	叙述	0.558 63	0.140 35	0.000

和其他任务比较检验的 P 值分别为 0.001，0.002，0.015，均小于 0.05。在单位音节数上，写信任务和辩论、分类任务比较检验的 P 值分别为 0.000，0.000，远小于 0.05；叙述任务和辩论、分类任务比较检验的 P 值分别为 0.000，0.000，也远小于 0.05。但是写信任务和叙述任务之间在单位音节数上没有显著性差异，比较检验 P 值为 0.447，大于 0.05。而在 T 单位长度方面，P 值为 0.015，小于 0.05，说明两者之间有差异。分类任务和辩论任务之间在流利度上没有显著性差异。从均值差上看，辩论任务的流利度在所有任务中最高，而写信任务的流利度最低，叙述任务次之。

词汇复杂度主要测量词类和总词数之比。从表 8-27 中可以看出，写信任务的词汇复杂度高于分类任务和叙述任务，单因素方差分析，比较检验的 P 值分别为 0.009 和 0.003，均小于 0.05；叙述任务、分类任务和辩论任务之间没有显著性差异，因为比较检验的 P 值分别为 0.429，0.217，0.649，均大于 0.05；而写信和叙述任务之间有差异，但是不显著。从均值差上看，写信任务的词汇复杂度最高，辩论任务次之。

表 8-27　词汇复杂度在不同任务类型中多重对比表

因变量	自变量任务类型	自变量任务类型	均值差	标准误差	P 值
词汇复杂度	写信	辩论	0.075 12	0.037 30	0.054
	写信	分类	0.105 06	0.037 30	0.009
	写信	叙述	0.122 21	0.037 30	0.003
	辩论	分类	0.029 94	0.037 30	0.429
	辩论	叙述	0.047 09	0.037 30	0.217
	分类	叙述	0.017 15	0.037 0	0.649

2. 不同学习者语言产出：复杂度、流利度和准确度差异性的非参数检验结果

由于抽样的样本量比较少，难以确定总体的分布，所以采用非参数检验的方法（nonparametric test），Kruskal Wallis H 检验结果如表 8-28 所示。

表 8-28　Kruskal Wallis H 检验结果表

	准确度	词汇复杂度	句法复杂度	单位音节数	T 单位长度
卡方统计量	4.007	9.240	8.216	6.676	9.222
df	7	7	7	7	7
近似相伴概率的 P 值	0.779	0.236	0.314	0.463	0.237

卡方统计量分别为 4.007，9.240，8.216，6.676，9.222，近似相伴概率 P 值分别为 0.779，0.236，0.314，0.463，0.237，均大于 0.05，所以在完成同一任务中，不同学习者在准确度、流利度、句法复杂度和词汇复杂度上均没有显著性差异。

3. 复杂度、流利度和准确度之间相关性统计结果

复杂度、流利度和准确度之间关系如何，它们之间是否存在"竞争关系"，主要看它们是否存在负相关关系。

从表 8-29 中可以看出，准确度和词汇复杂度之间出现了负相关性。相关系数为 -0.356，P 值为 0.046，P 小于 0.05，这表明准确度和词汇复杂度之间存在竞争关系。此外，词汇复杂度和流利度中的 T 单位长度也存在一定的负相关性。相关系数为 -0.352，P 值为 0.048，P 小于 0.05。而流利度和句法复杂度之间却存在正相关性，相关系数达到 0.528，P = 0.002 小于 0.05。

表 8-29 复杂度、流利度和准确度相关性统计表

		T 单位长度	音节数	准确度	词汇复杂度	句法复杂度
T 单位长度	Pearson Correlation	1	0.494	0.159	-0.352	0.528
	Sig. (2-tailed)		0.004	0.385	0.048	0.002
单位 音节数	Pearson Correlation	0.494	1	0.293	-0.042	0.053
	Sig. (2-tailed)	0.004		0.103	0.821	0.772
准确度	Pearson Correlation	0.159	0.293	1	-0.356	-0.082
	Sig. (2-tailed)	0.385	0.103		0.046	0.657
词汇复杂度	Pearson Correlation	-0.352	-0.042	-0.356	1	0.180
	Sig. (2-tailed)	0.048	0.821	0.046		0.324
句法复杂度	Pearson Correlation	0.528	0.053	-0.082	0.180	1
	Sig. (2-tailed)	0.002	0.772	0.657	0.324	

（三）分析和讨论

（1）不同任务类型对学习者语言产出的句法复杂度、流利度、准确度、词汇复杂度的影响如何？

结合表 8-24、表 8-25、表 8-26、表 8-27，可以看出学习者在写信任务中的准确度较低，明显低于叙述和辩论任务（P 值为 0.018，0.006，均小于 0.05），也略低于分类任务。而叙述任务、辩论任务和分类任务之间没有差异，因为 P 值分别为 0.452，0.235，0.655，均大于 0.05。而写信任务的词

汇复杂度却明显高于叙述任务和分类任务（P 值分别为 0.009，0.003，均小于 0.05）。句法复杂度在四种任务中没有明显的差异。

（2）在完成同一任务中，不同学习者之间语言产出的复杂度、流利度和准确度有无差异？

表 8-28 主要显示了学习者在复杂度、流利度和准确度上有无差异。卡方统计量分别为 4.007，9.240，8.216，6.676，9.222，近似相伴概率 P 值分别为 0.779，0.236，0.314，0.463，0.237，均大于 0.05，所以可以认为在完成同一任务中，不同学习者在准确度、流利度、句法复杂度和词汇复杂度上均没有显著性差异。

（3）同一学习者或者不同学习者语言产出中，是否存在 Skehan 所说的"竞争效应"现象？

Skehan，Foster 对"竞争效应"做了这样解释：由于人的工作记忆容量、注意容量是有限的，流利度、准确度和复杂度都需要一定的注意容量分配。如果只关注其中一个，另外两个可能会受到损害，这是第一层次上的竞争。此外，语言产出的准确度和复杂度也存在竞争，这是第二层次上的竞争。

从表 8-24、表 8-25、表 8-26、表 8-27 中，可以看出句法复杂度在不同任务类型中，学习之间没有显著性差异。所以下面将重点观测准确度和词汇复杂度之间的关系。

表 8-29 显示任务产出的准确度和词汇复杂度之间是负相关关系，相关系数为 -0.356，P 值为 0.046，小于 0.05；准确度和句法复杂度也呈现微弱的负相关，相关系数为 -0.082。任务流利度的 T 单位长度和词汇复杂度之间也呈现负相关关系，相关系数为 -0.352，P 值为 0.048，小于 0.05。这一结果表明 Skehan 所说的"竞争效应"现象存在于本次研究的不同任务完成过程中。

（四）结论

通过上述的统计和分析，此次实证研究可以得出以下结论：

（1）任务类型（写信、叙述、辩论和分类）会影响学习者语言产出的准确度、复杂度和流利度。学习者在写信任务中的准确度较低，明显低于叙述和辩论任务，也略低于分类任务。叙述任务、辩论任务和分类任务之间没有差异，而写信任务的词汇复杂度却明显高于叙述任务和分类任务。句法复杂度在四种任务中没有明显的差异，没有随着任务复杂度的变化而变化，但是词汇复杂度却明显有差异，写信任务的词汇复杂度最高。学习者语言产出的流利度随着任务的不同而有所不同，写信任务的流利度明显要低于其他任务的流利度，叙述任务的流利度也略低于分类任务和辩论任务的流利度。这表明在同一任务中，语言产出的复杂度和准确度之间至少在写信这一任务中，是不能同时提高的。

（2）在完成同一任务中，相同英语写作水平的学习者在准确度、流利度、句法复杂度和词汇复杂度上均没有显著性差异。

（3）在写信、辩论、分类和叙述四种任务中，不同学习者的语言产出的准确度和词汇复杂度呈现一种"竞争效应"，即词汇复杂度高，准确度就低。本次研究结果发现词汇复杂度和准确度在四种任务中，尤其是写信任务中出现了此消彼长的现象。这表明 Skehan 所说的"竞争效应"现象存在于不同的任务完成过程中，证实了 Skehan 所说的"竞争效应"现象的存在。

当然，此次研究也有一定的不足：调查的样本量比较小；虽然控制了学习者的英语水平的差异，但是没有去测量学习者在学习能力、工作记忆容量上的差异。

以上是易保树就任务类型对二语学习者书面语产出的影响所进行的研究的主要内容，从研究设计，到结果和分析，再到讨论、结论，是典型的定量分析。该研究的研究对象明确，数据和结论都能完整呈现，条理清晰，并对其研究进行了恰当的评价，可以说是目前实证研究的基本模式，也为我们提供了如何利用语料库进行类似问题研究的新的借鉴。

第九章

聚类分析与语料聚类

第一节 聚类分析的基础

一、聚类分析的基本含义

聚类分析是直接比较各事物之间的性质，将性质相近的归为一类，将性质差别较大的归入不同类的分析方法。对事物分门别类进行研究，有利于我们做出正确的判断。事物间的定量差异是聚类分析的数学基础，定性差异则是聚类分析结果的一种体现，所以聚类分析是定量与定性研究的结合。在日常生活中，我们不自觉地用定性方法将人分为"好人""坏人"。在社会语言学里，可以将说话的群体区分为不同类型。在语料库中，也可以将不同语料分为不同种类。聚类分析是对情况未知、根据数据结构进行的分类。

要使用统计学方法对事物或事物属性进行分类，必须要有一系列反映这些事物特征的变量值。因此，聚类分析需要的基本数据是多方面的数据资料，是一个变量组合，称为"指标体系"。也就是说，进行聚类分析，先要建立由某些事物属性构成的指标体系。每个指标必须能刻画事物属性的某个独特侧面，所有指标组合起来形成一个完备的指标体系。理论上说，完备的指标体系要求入选的指标要充分，能够充分辨别事物之间的差异。如果所选指标不完备，则容易导致分类偏差。

但实际上，因为分类往往是根据事物某些方面的特征进行的，没有办法做到面面俱到，只要能够根据某些方面将事物区别开来，便于观察分析即可。

二、多维度空间中距离的测量

在几何空间中，如果若干坐标点之间的距离很小，它们就会聚集在一起。如果出现几个坐标点的"聚集",我们就会把这些聚集在一起的坐标点看成相对不同的几类。空间维度越低,距离的计算越容易,也更容易理解,如图 9-1 所示是二维、三维空间的聚集点。

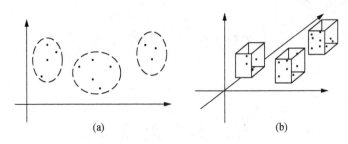

图 9-1　二维、三维空间的聚集点

显然,在二维空间中点与点的聚合要按照其平面距离的远近来计算,三维空间的距离要按照三维空间中的距离来计算。图 9-2 标出了一维、二维和三维坐标系中点距离的计算。

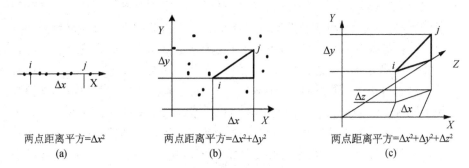

图 9-2　不同维度数坐标系中点距离的计算

如果用 d 表示两点间的距离,那么如图 9-2 中(a)、(b)、(c)所示,要计算点 i 和点 j 间的距离,在一维、二维、三维坐标体系中分别是

一维坐标中两点距离:$d_{ij}=\sqrt{\Delta x^2}=\sqrt{(x_i-x_j)^2}$

二维坐标系中两点距离:$d_{ij}=\sqrt{\Delta x^2+\Delta y^2}=\sqrt{(x_i-x_j)^2+(y_i-y_j)^2}$

三维坐标系中两点距离:

$$d_{ij}=\sqrt{\Delta x^2+\Delta y^2+\Delta z^2}=\sqrt{(x_i-x_j)^2+(y_i-y_j)^2+(z_i-z_j)^2}$$

上述的示例表示的几何空间距离的计算方法。此算法来自古希腊著名数学家欧几里得的几何学,所以也叫作欧氏距离。

在聚类分析中,距离还指距离相关(distance correlation),是从相似性和不相似性的角度来说的。计算这些观测指标之间的相似性，也就是计算其相关系数，称为相似性系数。因此，广义的距离包括一般的距离和相似性系数两种类型。

所以聚类分析中的距离测量，包括两种类型：距离、相似性系数。

在聚类分析中，描写被分类事物间关系亲疏程度的各种指标，无论是距离还是相似性系数，都必须是定义合理、计算简便的，能够突出事物间的主要差异性。选择指标时还要与聚类分析的目的相适应。测度指标不同，反映事物间的差异性也不同，聚类分析的结果也不会是完全相同的。所以应该慎重选择距离或相似性系数指标，使分类尽量合理或符合实际。

三、测量指标的量纲调整

在进行聚类分析时，如果指标体系是一些性质不同的变量，那么其测量系统或测量单位可能都不一样，会出现不同数量级的数据。这种情况叫作数据的量纲不一致。数据的量纲不一致会导致各变量在计算距离时所起作用不一样，从而出现分类偏差。例如，在一项实验中，记录下被试的两个数据：正确率和反应时间。正确率以百分数来表示，测量结果的分布范围在55%~97%；反应时间以毫秒单位计，测量结果的分布范围在276 ms~485 ms。如果我们用欧氏距离来计算两个个案间的亲疏程度，其距离表示成如下的形式：$d=\sqrt{(p_i-p_j)^2+(t_i-t_j)^2}$。其中，$(p_i-p_j)^2$的数量级是在小于1.00的范围内的小数；$(t_i-t_j)^2$的数量级可能会达到以万计。这两项相加时，前一项几乎不起作用，可以忽略不计；该距离的计算实际上只是由反应时间一项决定的。

为了综合地考虑两项测试结果来计算距离，就需要将两项指标的量纲调整到基本一致。常用的方法有以下几种。

（一）数据的中心化变换

如果数据量纲的不一致是由各自的分布中心大小差异造成的，则可对各组数据作中心化变换，即将数据转换为其离差值，因为所有变量的离差值的分布中心均为0。中心化的计算公式是：

$$x'_{ik}=x_{ik}-\bar{x}_k$$

（二）数据的标准化变换

如果数据量纲的不一致是由各自的方差有显著性差异导致的，则可对数据作标准化处理，即转化为标准 z 分数。转换公式是：

$$x'_{ik}=\frac{x_{ik}-\bar{x}_k}{S_k}$$

（三）极差正规化变换

极差正规化变换是将各组数据均变换为以原数据最小数为 0 点、以原数据全距为单位的一组小数值。也就是说，经过极差正规化转换后，分数的范围为 0～1。原来最小的数转换为 0，原来最大的数转换为 1。转换的计算公式如下：

$$x'_{ik}=\frac{x_{ik}-\min_i\{x_{ik}\}}{\max_i\{x_{ik}\}-\min_i\{x_{ik}\}}$$

（四）数据的对数变换

呈现出指数函数特征的数据不能直接与其他数据一起参与聚类分析，必须先要对其进行对数变换，变换的公式如下：

$$x'_{ik}=\log_a x_{ik}$$

原来具有指数函数特征的数据经过对数变换后就会呈现出线性特征，可以参与聚类分析。但在转换之前，要注意判断数据特征。如果不是对数特征而对其进行了对数变换，不仅不能达到调整数据的目的，反而会带来新的错误。

由于聚类对象、测量的指标体系、数据性质的不同，聚类分析所采取的操作手段也会不同。实际计算过程，尤其是距离及相似性系数计算方法的选择，很不相同。聚类分析通常分为层次聚类分析（Hierarchical Cluster Analysis）和快速聚类分析（K-Means Cluster Analysis）两大类，其中层次聚类分析又可划分为针对个案的 Q 型聚类分析和针对观测指标（变量）的 R 型聚类分析。

第二节 聚类分析的步骤

一、层次聚类分析

层次聚类分析是根据一个完备的指标体系，对观测的个案或观测指标进行聚类。距离及其计算方法是聚类分析的基础,也是聚类分析的前期阶段。它不仅要计算单个个案间或变量间的距离,而且要计算小类与个案或单个变量、小类与小类之间的距离。在比较这些距离之后,先把距离最小的两个聚合为一个小类,然后计算这个新类与其他各类之间的距离,再把其中距离最小的聚为一类,如此不断地进行下去,直到所有个体或所有变量聚为一个大类为止。(图9-3)

下面,我们以 Q 型聚类分析为例来说明层次聚类分析的一般过程。

步骤 1:获取完备的指标体系及其数据。

根据分类的目的,选择恰当的一系列观测变量构成一个完备的指标体系。如图 9-4 所示的数据矩阵中:样本容量为 n,指标体系有 m 个变量。

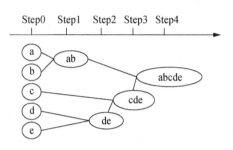

图 9-3　层次聚类分析步骤示意图

样本号	指标 1	指标 2	⋯	指标 m
1	x_{11}	x_{21}	⋯	x_{m1}
2	x_{12}	x_{22}	⋯	x_{m2}
⋯	⋯	⋯	⋯	⋯
n	x_{1n}	x_{2n}	⋯	x_{mn}

图 9-4　样本观测数据的矩阵图

步骤 2:计算距离与逐步凝聚。

根据变量的数据性质与类型,选用恰当的距离计算方法,计算个案之间、小类之间的距离,依照距离最近原则逐步聚类。距离计算之前要对数据进行整理,尽量做到数据的量纲一致。常用的个案间距离的计算方法及其选用条件如下:

(1)如果作为聚类分析基础的变量均为连续变化的,可以选用欧氏距离或欧氏距离平方、绝对值距离、切比雪夫距离等,尤以欧氏距离使用最多。

(2)如果变量中有顺序变量、等级变量,则宜选用 χ^2 分析等其他方法。

(3)如果变量中有二分变量,多以 0、1 两种变量值记录结果的变量,这时可使用二元欧氏距离平方。在使用 SPSS 进行聚类分析时,可根据需要设置这些方法。

个案与小类、小类与小类之间距离的计算方法主要有以下几种:

(1) 最短距离法（Nearest Neighbor）。以某一个案与小类中各个案之间距离中的最小值作为该个案与这一小类之间的距离。

(2) 最长距离法（Furthest Neighbor）。以某一个案与小类中各个案之间距离中的最大值作为该个案与这一小类之间的距离。

(3) 类平均法（Between-groups Linkage）。将两个小类之间的所有个案间的距离计算出来，再计算这些距离的平均值。这是 SPSS 默认的距离的计算方法。

(4) 重心法（Centroid Clustering）。先确定两个小类各自的重心坐标，然后计算这两个重心之间的距离作为两个小类之间的距离。

计算出小类之间的距离后，一般也是采用最近距离法进行小类聚合。层层推进，完成聚类分析，也正好形成一个有层次的类属关系。正因为如此，这一过程叫作层次聚类分析。

步骤 3：绘制凝聚状态表、树形图和冰柱图。

聚类过程实际上是距离计算的过程，如果以表格的形式展示这一过程，就叫作凝聚状态表（Agglomeration Schedule）；如果将这一过程以图形的形式展示，则可以使用树形图（图 9-5）和冰柱图。

步骤 4：确定类别数和个体的类属关系。

形成了聚类的谱系图之后，研究者还要确定最后的类别数。确定类别数往往要结合专业知识，常用的有两种方法：一是先根据某些要求或相关的信息，再确定分类的类别

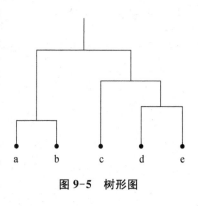

图 9-5 树形图

数，然后确定每一个案所属类别；二是在谱系图上确定一个距离的节点位，将谱系图分为左右两部分，左边所有的类合并都被认可，而在节点位处有几个类别，就将个案分为几类。但不管采用什么方法确定类别数，最终的类别数应该符合以下条件：首先，类间差异与类内差异相比，类间差异要显著；其次，所分出的各类都具有实际的意义，比较容易概括类中个体的特点；最后，若采用不同的聚类分析方法，所得结果应比较接近。不管采用哪种方法，所分各类之间的差异应该比较明显，而类内个案之间应该较为相似。

二、快速聚类分析

快速聚类分析又称 K-均值聚类分析，是当分析样本数量太大时（200 以

上),对样本进行便捷的聚类。该方法得到的结果比较简单易懂,所以应用也比较广泛。应该注意的是:快速聚类分析只适用于对个案的聚类,而不适用于对变量的聚类。

(一)快速聚类分析的基本步骤

跟层次聚类分析一样,快速聚类分析中的距离计算也要根据变量或变量值的性质选择相应的算法。比如,连续变化的变量多用欧氏距离或欧氏距离平方;如果指标体系中包含顺序变量、等级变量、称名变量,则可以使用卡方算法;如果指标体系是二项记分变量(只以0,1为变量值),则使用二元欧氏距离平方。快速聚类分析的逻辑顺序如下:

步骤1:规定类别数和初始的类中心点坐标。

在进行大样本的调查研究过程中,研究者对研究对象有一定程度的了解,也会有一些研究假设,包括对被试分类数的假设。为了节省计算过程,研究者可以结合相关资料的分析,规定聚类数。然后,给出各个假设类别的中心点坐标。在SPSS过程中,可由计算机自动根据观测值设定初始的类中心点坐标。

比如,我们要根据一个包含5个观测变量的指标体系对200个样本进行快速聚类。先设定一个分类数4,即准备按四类将200名被试分组。当然期望四组之间的差别会比较明显。那就需要根据样本中观测值的分布情况,先假定四类的中心点坐标。

$$X_1 = \begin{Bmatrix} x_{11} \\ x_{12} \\ x_{13} \\ x_{14} \end{Bmatrix}, \quad X_2 = \begin{Bmatrix} x_{21} \\ x_{22} \\ x_{23} \\ x_{24} \end{Bmatrix}, \quad X_3 = \begin{Bmatrix} x_{31} \\ x_{32} \\ x_{33} \\ x_{34} \end{Bmatrix}, \quad X_4 = \begin{Bmatrix} x_{41} \\ x_{42} \\ x_{43} \\ x_{44} \end{Bmatrix}$$

步骤2:计算各个样本到所有类中心点的距离。

有了若干个类中心点坐标之后,就可以选用恰当的距离算法,计算每一个样本到所有类中心点的距离。就我们假定的例子来说,有200个样本(每个样本也有四项观测值为其坐标)、4个中心点坐标,就需要分别计算200个样本各自到4个中心点的距离,即要算出800个距离。

步骤3:完成第一次归类过程(也叫第一次迭代过程)。

根据距离最近原则,每一个样本都进入初始中心点离它最近的那个类,完成第一次分类,形成k个新类,这就叫作完成第一次迭代。就我们所举例子来说,200个样本中的每一个样本与4个初始中心点的距离都计算出来之后，看其到哪个中心点距离最小，这个样本就被暂时归入这一类，最后200个样本被暂时归入4类。

步骤4：重新计算所形成的各个新类的中心点坐标。

第一次迭代完成后，所有样本都暂时被归入某一类，因此某一类也都包含了若干个样本。因为各类中的样本的坐标都是确定的，所以现在就可以根据其中各个样本的观测值即坐标重新计算类中心点坐标，形成 k 个新的中心点坐标。如果这个中心点坐标正好与初始的中心点坐标重合，则说明各个样本进入的类别合适，即可结束聚类过程；如果新的中心点与初始的中心点不重合，发生了移位，那就意味着第一次迭代需要调整。有些样本可能需要重新归类，需要继续计算和迭代。

步骤5：再一次计算各样本到所有中心点的距离，并完成第二次迭代。

有了 k 个新的中心点坐标之后，再重新计算各个样本到所有新的中心点的距离，然后根据距离最小原则，重新归类，完成第二次迭代，即得到新的分类结果。

上述过程可重复进行，直到某一次迭代过程中，形成的新类不再需要调整为止。这时就可以得到聚类的最后结果。

（二）快速聚类分析的结果及其检验

快速聚类分析过程完成后，还需要确认聚类分析的结果是否合适。一个衡量的标准就是从定性和定量两个方面，各类之间的样本应该差异明显、各类之内的样本应该较为相似。所以，除了可借助于专业知识对各类中的样本进行定性分析，以鉴别异同外，还可以用方差分析进行检验。

方差分析的过程是：在接受分类结果的前提下，分类变量就成了一个分组变量，它将样本划分成了 k 个独立组，以分类变量为自变量，就可以对所有的观测变量进行单因素的方差分析。如果所有的或绝大部分的观测变量都存在显著性差异，说明分类有效，结果可以接受；如果观测变量中的多数差异不显著，可能意味着初始规定的分类数可能不合适，可以尝试其他的分类数，重新开始聚类过程。

另外，各类中所拥有的个案数是否较为均衡，也是衡量聚类结果优差的一个标准。

在确认了分类结果之后，一般要呈现下列信息或聚类结果：

（1）初始的类中心点坐标。

（2）迭代过程，即进行几次迭代，以及每次迭代的坐标调整距离和各个类中心点之间的距离。

(3) 样本归属情况，即每一个样本被划分到哪一类、各个样本到所在类中心点的距离、各类中的样本数量各是多少等。

(4) 方差分析结果，即以分类变量为自变量，以聚类所依据的指标体系中的所有观测变量为因变量进行方差分析，给出方差分析表，以说明各类间的定量差异性。

第三节 聚类分析的 SPSS 过程

聚类分析过程往往有很大的计算量，现在一般都是通过计算机软件来完成的，特别是 SPSS 软件系统能够很快捷地完成较大数据样本的聚类分析过程。

一、层次聚类分析的 SPSS 过程

层次聚类分析包括了 Q 型（针对样本进行分类）的聚类分析和 R 型（针对变量进行分类）的聚类分析，我们结合具体实例，以 R 型聚类来说明层次聚类分析的 SPSS 过程。

【例一】 研究者统计了 20 部明清小说中语气词的使用情况（表 9-1）。我们把这 20 部小说编号为 "小说一" "小说二" …… "小说二十"。语气词有如下 13 个（组）：

(a) 无（也无）、(b) 咱（则个）、(c) 休（些）、(d) 者（着）、(e) 吗（么）、(f) 吧（罢）、(g) 啵（波）、(h) 呀（耶、哑）、(i) 哪（那、呐）、(j) 啊（呵、阿、哇）、(k) 呢（哩、唎）、(l) 啰（罗）、(m) 了（啦）

表 9-1 20 部明清小说中语气词的使用情况

	(a) 无	(b) 咱	(c) 休	(d) 者	(e) 吗	(f) 吧	(g) 啵	(h) 呀	(i) 哪	(j) 啊	(k) 呢	(l) 啰	(m) 了
小说一	5.73	5.75	6.55	6.44	2.72	5.7	4.06	7.87	4.27	4.61	9.8	5.51	2.92
小说二	4.13	4.13	5.44	6.33	3.27	6.11	3.51	7.36	4.63	5.17	5.94	3.31	2.6
小说三	2.83	2.88	2.8	2.94	1.14	4.31	2.38	4.38	2.08	3.08	4.59	1.68	1.54
小说四	3.02	3.03	2.5	2.68	1.83	4.23	2.19	3.73	2.23	3.22	3.37	1.63	1.36
小说五	2.84	3.16	3.3	3.57	1.5	3.73	2.57	4.46	2.33	3.46	3.29	2.17	1.82

续表

	(a)无	(b)咱	(c)休	(d)者	(e)吗	(f)吧	(g)啵	(h)呀	(i)哪	(j)啊	(k)呢	(l)啰	(m)了
小说六	2.98	3.16	3.37	3.53	0.88	3.67	2.85	3.67	2.49	3.3	5.52	2.62	1.83
小说七	2.6	2.74	2.62	2.79	1.37	3.18	2.7	2.96	1.95	2.67	3.15	2.01	1.47
小说八	2.54	2.88	2.83	3.15	1.13	3.35	2.47	3.33	2.16	2.85	3.9	2.23	2.06
小说九	6.2	6.21	6.84	7.47	4.59	6.61	4.82	8.63	6.91	5.7	10.54	6.03	3.8
小说十	3.14	3.17	4.21	5.94	1.82	4.03	2.74	6.04	2.74	3.52	5.68	2.96	2.26
小说十一	3.17	3.17	5.78	6.51	3.43	2.73	2.53	7.2	2.72	4.47	7.87	3.65	2.34
小说十二	9	3.05	2.78	3.3	1.41	4.87	2.52	3.59	2.45	2.58	3.34	2.37	1.73
小说十三	2.65	2.66	3.56	4.04	1.95	2.61	2.24	4.29	2.66	3.64	5.44	2.83	1.87
小说十四	2.4	2.48	2.51	2.67	1.52	2.48	2.16	3.17	2.07	3.36	2.78	2.13	1.6
小说十五	2.79	2.79	3.38	3.38	2.2	4.04	2.37	3.88	2.34	3.53	4.56	2.16	1.98
小说十六	2.69	2.71	2.81	2.8	1.6	4.15	2.35	3.36	2.19	2.91	3.44	1.98	1.87
小说十七	2.65	2.7	2.69	3.21	1.63	2.81	2.53	3.25	2.31	2.79	3.29	2.09	1.77
小说十八	2.6	2.62	2.92	2.91	1.59	2.28	2.49	3.2	2.16	2.99	3.71	2.56	1.75
小说十九	3.36	3.38	4.11	5.04	1.45	4.14	2.7	5.48	2.58	4.62	6.23	3.4	2.24
小说二十	1.06	3.5	0.9	2.24	3.46	4.01	1.15	3.6	2.41	3.24	5.21	1.65	2.45

研究者将这些语气词的频率除以文本的总字数,得到每个词语在不同小说中出现的频率。因为频率数字太小,研究者统一将这些频率数再乘以 10 000,得到每个词语出现的频率表。

问题分析:

该问题要讨论的如下列矩阵。

样本号	词语 a	词语 b	……	词语 m
小说 1	x_{a1}	x_{b1}	…	x_{m1}
小说 2	x_{a2}	x_{b2}	…	x_{m2}
……	…	…		…
小说 20	x_{a20}	x_{b20}	…	x_{m20}

样本（小说）容量为 20，指标体系（词语）有 13 个变量。研究者希望通过对 20 个样本中不同指标(词语)的使用频率，来对小说进行分类。

1. 软件操作

步骤 1：生成变量。

（1）打开 SPSS。

（2）单击"变量视图"标签。

在变量视窗中，我们要建立 21 个变量（1 个语气词种类加 20 个"小说"）。

（3）在"变量视图"窗口前 21 行分别输入变量名称。对"语气词类别"进行赋值。让 1 = "无"、2 = "咱"……13 = "了"。（图 9-6）

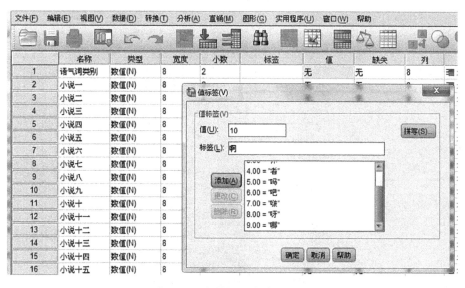

图 9-6　变量视图中输入变量

步骤 2：输入数据。

（1）单击"数据视图"标签，"语气词类别"及 20 个"小说"变量出现在"数据视图"窗口。

（2）参照图 9-7，将数据输入。

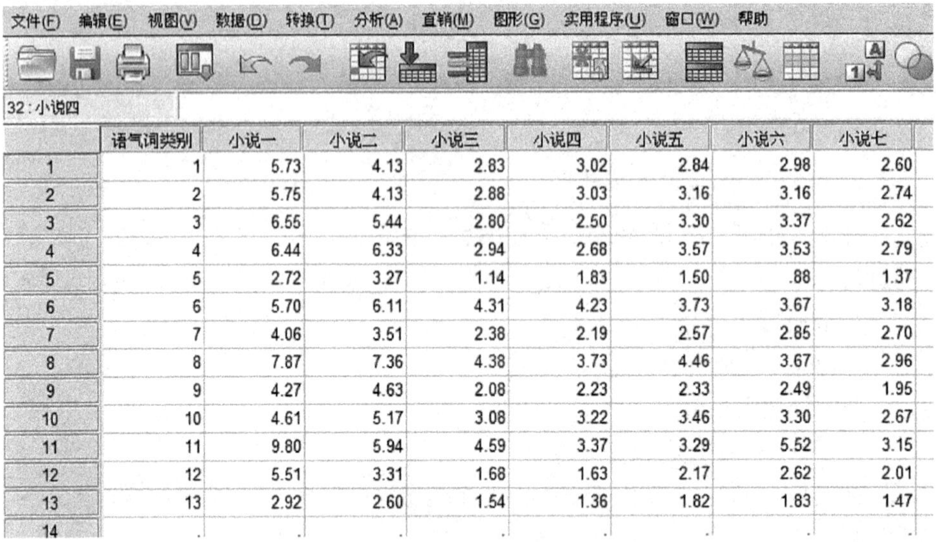

	语气词类别	小说一	小说二	小说三	小说四	小说五	小说六	小说七
1	1	5.73	4.13	2.83	3.02	2.84	2.98	2.60
2	2	5.75	4.13	2.88	3.03	3.16	3.16	2.74
3	3	6.55	5.44	2.80	2.50	3.30	3.37	2.62
4	4	6.44	6.33	2.94	2.68	3.57	3.53	2.79
5	5	2.72	3.27	1.14	1.83	1.50	.88	1.37
6	6	5.70	6.11	4.31	4.23	3.73	3.67	3.18
7	7	4.06	3.51	2.38	2.19	2.57	2.85	2.70
8	8	7.87	7.36	4.38	3.73	4.46	3.67	2.96
9	9	4.27	4.63	2.08	2.23	2.33	2.49	1.95
10	10	4.61	5.17	3.08	3.22	3.46	3.30	2.67
11	11	9.80	5.94	4.59	3.37	3.29	5.52	3.15
12	12	5.51	3.31	1.68	1.63	2.17	2.62	2.01
13	13	2.92	2.60	1.54	1.36	1.82	1.83	1.47
14	.	.	.	.	.	.	.	.

图 9-7　数据视图中输入数据

步骤 3：分析数据。

(1) 从菜单栏中选择“分析” | “分类” | “系统聚类”。(图 9-8)

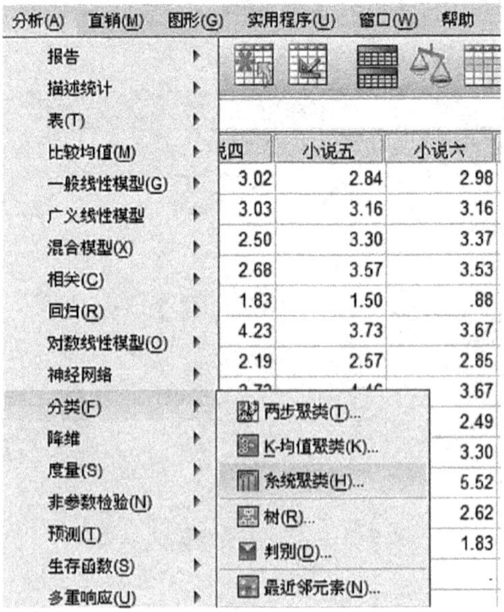

图 9-8　系统聚类下拉菜单

(2) 单击进入“系统聚类”主对话框。

将代表 20 项小说的变量全部选入该框右上部“变量”栏内，“语气词类别"依然留在源变量栏内。

主对话框中部是"分群"一栏,用于选择是进行观测值聚类还是变量聚类,系统默认"个案"。我们是要对变量进行聚类,所以我们在这里需要的是后者"变量",单击它。在这下方"输出"一栏内,有两个选项:"统计量"与"图",保留它们。(图 9-9)

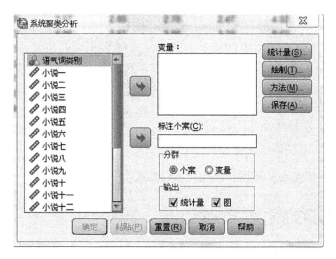

图 9-9　系统聚类分析输出选项

(3) 单击主对话框右上部"统计量"按钮,如图 9-10 所示,跳出"系统聚类分析:统计量"子对话框(图 9-11)。

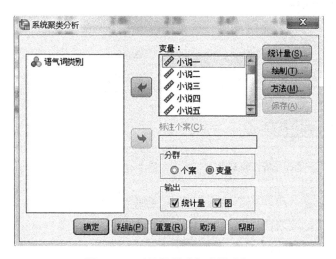

图 9-10　系统聚类分析变量选择

该框上部是"合并进程表"选项,选择此项,系统会给出每一步骤的过程中合并的具体模式及相应类之间的距离,其实也就是整个聚类过程的综合记录。这也是系统的默认选项,保留它。

第二项是"相似性矩阵"选项。如果选择它,系统会列出观测值或变量之间的距离/邻近性矩阵,限于篇幅,我们就不选了。

下面是"聚类成员"一栏。可在其中选择是否给出各观测值/变量的聚类结果。系统默认的是"无"。如选择"单一方案"选项,就要在其后的"聚类数"栏内输入所指定的聚类类数 a,这样系统会列出聚成 a 类时各聚类成员的状态。如选择"方案范围"选项,其下的两个输入框变白,在其中输入一个大于 1 的整数 a 和 b,而且第一个数 a 比第二个数 b 小。这样,就可以输出包括从 a 类到 b 类的聚类结果。结果中还包括了各成员的所属类。我们保留了系统默认选项,如图 9-11 所示。

(4) 单击"继续"按钮。

(5) 单击"绘制"按钮。跳出"系统聚类分析:图"对话框(图 9-12)。

图 9-11　系统聚类分析:统计量对话框　　图 9-12　系统聚类分析:图对话框

该框上部是"树状图"选项,选择该项系统会输出分类结果的树状图。当要分类的变量或观测值数目较多时,这一图形更容易鉴别。

该框其余部分就是"冰柱"一栏。该栏内的选项进一步选择图形的细节。勾选"所有聚类"选项,冰柱图会列出聚类过程中每一步的信息,可看出整个并类过程。"聚类的指定全距"选项用来选定聚类数范围内的部分类数范围,可以由使用者自己选定。"无"选项就是不要输出冰柱图。该子对话框下部的"方向"一栏,提供了两个制图方向。我们就选择默认的"垂直",如图 9-12 所示。

(6) 单击"继续"按钮。

(7) 再次返回主对话框,单击主对话框"方法"按钮,进入"系统聚类分析:方法"对话框(图 9-13)。

图 9-13 系统聚类分析:方法对话框

该框上部是"聚类方法",下拉列表,该列表提供了 7 种在聚类过程中测量类间距的方法:

① "组间联接",可使得不同类的观测值两两之间的距离达到最小。

② "组内联接",可使得合并后的类中所有观测值之间的距离达到最小。

③ "最近邻元素",以两个类中最邻近的两个观测值的距离作为类间距离进行聚类。

④ "最远邻元素",以两个类最远的两个观测值的距离作为类间距离进行聚类。

⑤ "重心聚类法",以两个类重心之间(观测值的平均值之间)的距离作为类间距离进行聚类。

⑥ "中位数聚类法",以两个类距离的中心作为类间距离进行聚类。

⑦"Ward（沃德法）"，使用沃德最小方差法计算出的方差作为类间距进行聚类。我们选择"最近邻元素"较为适宜。

该子对话框中部是"度量标准"一栏。该栏内有三个选项，都带有下拉列表。下面依次介绍。

第一项是"区间"选项，单击栏后的向下箭头，就可以显示其七个测量公式。我们选择系统的默认的"平方Euclidean距离"。这种方法计算出两个变差值的平方和作为距离，在测量较大的数值与距离时更为可靠。

第二项是"计数"选项。该选项的下拉列表显示两个选择公式。

①"卡方度量"。

②"Phi方度量"。这两个选择公式分别表示用卡方值或Phi值的平方测量距离。在这一实例中，我们不使用它。

第三项是"二分类"选项。该选项下拉列表内的公式多达27个，其实很多公式都相差不大，计算出的数据也大同小异。如果要计算二分类变量距离时，只要在第1项"Euclidean距离"与第2项"平方Euclidean距离"中根据需要选择一项就行了。

该子对话框左下部是"转换值"一栏。该栏内有"标准化"选项下拉列表，其中列出了7种对所考查的观测值或变量进行标准化的方法：

①"无"。当数据不存在非标准化因素时，就无须对它们进行标准化处理。这一选项是系统的默认选项。

②"Z得分"。把数值标准化成一个均值为0，标准差为1的Z分值。这是最常用的数据标准化处理方法。

③"全距从-1到1"。就是把被标准化的每个变量值除以每个变量的极差。

④"全距从0到1"。把每个标准化的项减去最小值，再除以极差。

⑤"1的最大量"。把每个被标准化的项的每个变量值除以每个变量的最大值。

⑥"均值为1"。把被标准化的项的每个变量值除以每个变量的平均值。

⑦"标准差为1"。把被标准化的变量值或观测值除以该项的标准差。

我们在这里就选择最后一项。"标准差为1"这一方法在变量数目较多或数值差异较大时，对较小的差异（距离）较为敏感。该围栏内还有两个选项，"按照变量"与"按照个案"。我们这里是按照变量。

在该子对话框右下角是"转换度量"一栏。其中包括三种对计算出的距离进行转换的方法。

①"绝对值"。就是先取绝对值再进行变换。

②"更改符号"。转换后改换正负号。

③"重新标度到 0-1 全距"。先将取值范围定在0~1再进行转换。(图 9-14)

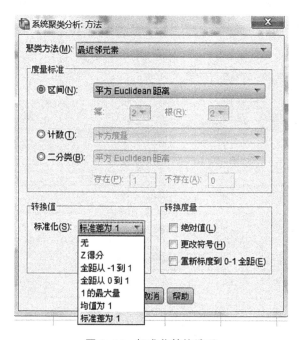

图 9-14 标准化转换选项

(8) 单击"继续"按钮。

(9) 返回主对话框。单击"确定"。

步骤 4：解释结果。

在表 9-2 中，"案例处理摘要"，就是对缺失值的报告。本案例中缺失报告了1个。

表 9-2 案例处理摘要

案例						
有效		缺失		合计		
N	百分率	N	百分率	N	百分率
13	92.9%	1	7.1%	14	100.0%

平方 Euclidean 距离已使用。

聚类表（表9-3）左边的"阶"列出了19个步骤阶段。第二列"群集组合"给出了凝聚过程中被合并的两个群集的序号。最右列"下一阶"给出了合并的新类的步骤序号。

表 9-3 聚类表

阶	群集组合		系数	首次出现阶群集		下一阶
	群集 1	群集 2		群集 1	群集 2	
1	10	19	1.727	0	0	2
2	6	10	2.070	0	1	3
3	1	6	2.084	0	2	4
4	1	13	2.343	3	0	8
5	15	16	2.411	0	0	7
6	2	5	2.549	0	0	11
7	8	15	2.745	0	5	10
8	1	3	3.567	4	0	15
9	14	18	3.816	0	0	14
10	7	8	3.889	0	7	11
11	2	7	4.164	6	10	12
12	2	9	4.692	11	0	13
13	2	4	4.732	12	0	16
14	14	17	4.996	9	0	16
15	1	11	5.067	8	0	17
16	2	14	6.348	13	14	17
17	1	2	6.774	15	16	18
18	1	20	14.461	17	0	19
19	1	12	23.914	18	0	0

图 9-15 是案例的冰柱图，显示了 20 部小说的分类归属情况。图 9-16 是使用单联结的树状图重新调整距离聚类合作。在树状图中横向距离表示差异的大小。可以清楚地看出，20 部小说可以分为五类，小说十二、小说二十各为一类，其余 18 部小说可以分为三大类。

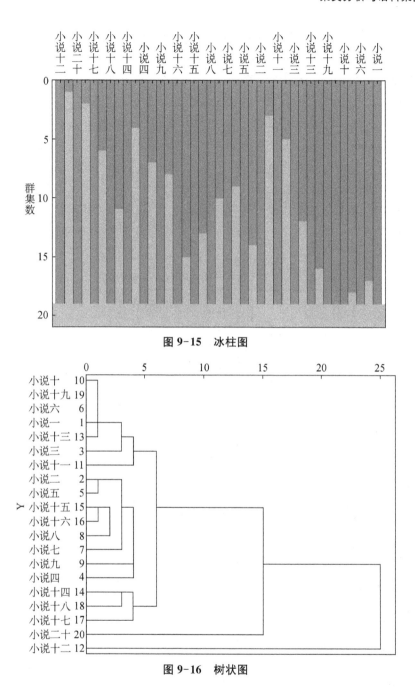

图 9-15 冰柱图

图 9-16 树状图

二、快速聚类分析的 SPSS 过程

快速聚类分析是当个案数较多时对个案进行的聚类。我们依据前文所述

的基本过程，通过实例分析来说明快速聚类分析的 SPSS 过程。

【例二】 假如要对不同时代不同文体的语料进行分类，研究者统计了自己搜集的 13 个历史时代的语料文献——A. 春秋及战之前（前 770—前 476 及之前）、B. 战国时代（前 475—前 221）、C. 秦西汉（前 221—25）、D. 东汉（25—220）、E. 三国两晋（220—420）、F. 南北朝（420—589）、G. 隋唐（581—907）、H. 唐末北宋（907—1127）、I. 南宋元朝（1127—1368）、J. 明朝（1368—1644）、K. 清朝（1616—1911）、L. 民国（1912—1949）、M. 中华人民共和国（1949 至今），按照文体类别，包括诗词曲赋、史书、经书、杂记随笔、政论、神话寓言、农工技术、天文历法、公牍碑志、宗教其他，等等。数据如表 9-4 所示（单位：万字）。请将这些语料分为三类。

表 9-4　不同时代不同文体的语料情况统计

时代	诗词曲赋	史书	经书	杂记随笔	政论	神话寓言	农工技术	天文历法	公牍碑志	宗教其他
A	4.20	2.01	1.20	0.26	0.72	1.20	0	0.20	0.21	0.35
B	1.80	1.60	1.34	1.80	2.42	3.36	1.08	1.02	0.31	0.54
C	3.20	10.20	5.68	5.36	4.32	4.78	3.24	2.76	1.30	2.45
D	6.80	32.00	12.31	5.84	3.44	2.44	4.12	3.47	1.24	6.46
E	5.40	35.00	8.41	3.72	5.20	1.28	2.64	3.36	3.56	9.23
F	3.20	25.60	2.12	4.96	4.96	5.20	4.60	2.40	5.61	8.20
G	34.60	45.00	34.22	15.28	17.20	5.12	12.56	5.44	22.11	18.56
H	29.20	45.40	36.24	25.36	25.14	7.06	17.28	11.72	10.34	21.87
I	14.80	32.30	13.64	10.24	18.08	3.90	11.20	5.80	13.41	13.54
J	31.40	34.00	22.54	27.92	19.12	2.52	14.16	8.12	11.34	22.45
K	32.10	51.20	34.52	30.42	43.21	4.20	12.60	10.40	22.31	24.15
L	21.40	38.40	11.45	40.96	44.96	5.17	24.56	14.45	21.14	30.11
M	36.90	66.88	35.45	55.84	70.48	16.74	77.12	7.88	31.05	37.87

本例中，如图 9-17 所示将 13 个时代的语料文献作为样本看待，按照各类文献的字数进行分类，共有 10 个变量。采用快速聚类分析，其 SPSS 过程主要包括以下步骤：

步骤 1：数据文件的建立。

建立的 SPSS 数据文件由 13 行、11 列组成，其中 13 行对应于 13 个不同时代的个案，有 10 列对应于表中的 10 项调查数据，另外还有一列是作为个案标识变量，如图 9-18 所示。

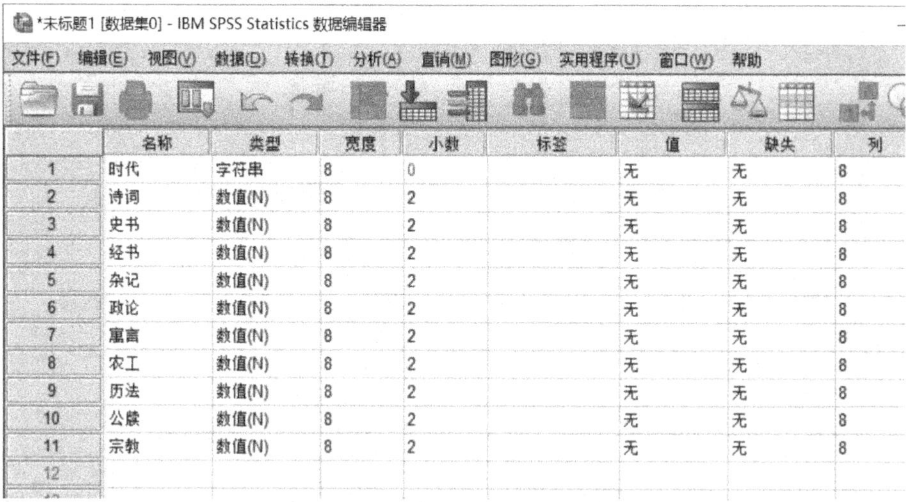

图 9-17　变量视图中输入变量

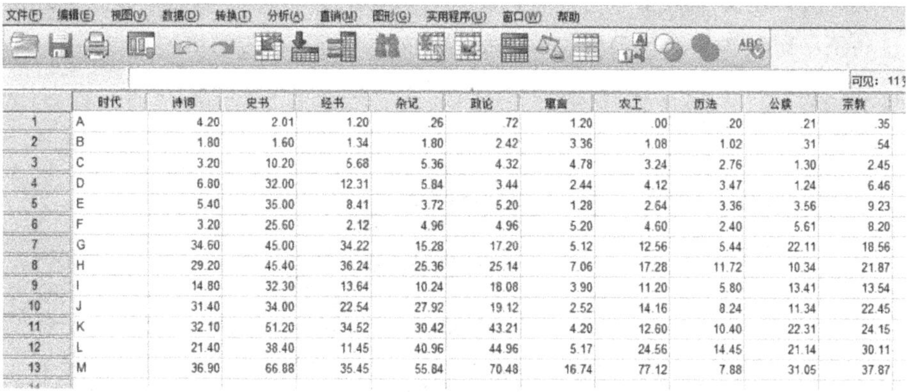

	时代	诗词	史书	经书	杂记	政论	寓言	农工	历法	公牍	宗教
1	A	4.20	2.01	1.20	.26	.72	1.20	.00	.20	.21	.35
2	B	1.80	1.60	1.34	1.80	2.42	3.36	1.08	1.02	.31	.54
3	C	3.20	10.20	5.68	5.36	4.32	4.78	3.24	2.76	1.30	2.45
4	D	6.80	32.00	12.31	5.84	3.44	2.44	4.12	3.47	1.24	6.46
5	E	5.40	35.00	8.41	3.72	6.20	1.28	2.64	3.36	3.56	9.23
6	F	3.20	25.60	2.12	4.96	4.96	5.20	4.60	2.40	5.61	8.20
7	G	34.60	45.00	34.22	15.28	17.20	5.12	12.56	5.44	22.11	18.56
8	H	29.20	45.40	36.24	25.36	25.14	7.06	17.28	11.72	10.34	21.87
9	I	14.80	32.30	13.64	10.24	18.08	3.90	11.20	5.58	13.41	13.54
10	J	31.40	34.00	22.54	27.92	19.12	2.52	14.16	8.24	11.34	22.45
11	K	32.10	51.20	34.52	30.42	43.21	4.20	12.60	10.40	22.31	24.15
12	L	21.40	38.40	11.45	40.96	44.96	5.17	24.56	14.25	21.14	30.11
13	M	36.90	66.88	35.45	55.84	70.48	16.74	77.12	7.88	31.05	37.87

图 9-18　数据视图中输入数据

步骤 2：打开主对话框并完成相应的设置。

单击"分析"菜单，选择"分类"中的"K-均值聚类"命令，如图 9-19 所示。打开"K-均值聚类分析"的主对话框，如图 9-20 所示。

在"K-均值聚类分析"对话框中，从左边的变量列表中选择 10 个对应的指标体系的 10 个变量名，将它们置入右侧"变量"下的方框中；选择

"时代"变量,将它添加到"个案标记依据"下面的小方框中。

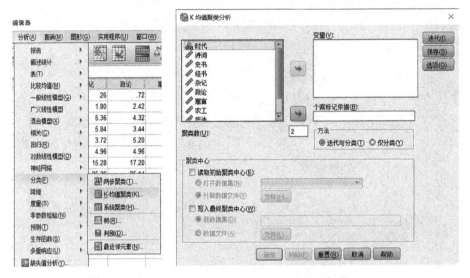

图 9-19　选择分类依据　　　　图 9-20　K-均值快速聚类窗口

因为要做快速聚类分析,所以对话框上"聚类数"之后填入要分类的数目。本例中填"3"。在"方法"围栏下,勾选"迭代与分类"(SPSS 默认),系统在进行聚类过程中,可以根据距离计算信息,自动对初始中心点坐标进行调整,做多次"迭代与分类"以获取更为满意的结果。(图 9-21)

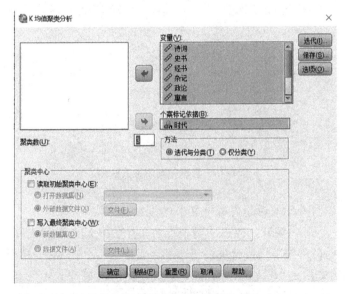

图 9-21　选择聚类数与聚类方法

单击右上方保存按钮，跳出"K-Means群集…"对话框，如图9-22所示。该对话框可以指定将SPSS快速聚类分析的结果以变量的形式保存到SPSS的数据编辑窗口中。勾选"聚类成员""与聚类中心的距离"两个项目，可以分别将所有样本所属类别号、距所属类中心点的欧氏距离保存到数据文件中。

图9-22　K-Means群聚：…对话框

单击"继续"。

步骤3：设置输出方差分析表和相应的个案信息。

单击主对话右上方的"选项"按钮，打开"K-均值聚类分析：选项"对话框。如图9-23所示，该对话框可以选择输出其他一些聚类分析的结果，包括对聚类分析效果其检验作用的方差分析表，还可以设定对缺失数据的处理方式。勾选对话框上的"初始聚类中心"，系统输出初始的类中心点坐标；勾选"ANOVA表"，输出各观测变量以分类变量为自变量的方差分析结果，如果显示出观测变量均有显著性差异，说明聚类分析的结果较为有效；勾选"每个个案的聚类信息"，系统则会输出样本的分类信息和它们距离所属类中心点的距离。某个案如果离其所在类的中心点越近，则说明该个案越能反映所在类的特征。

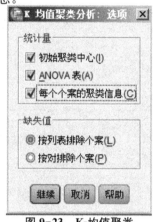

图9-23　K-均值聚类分析：选项对话框

勾选三项设置后，单击"继续"按钮，返回主对话框。

完成上述设置后，单击主对话框上的"确定"按钮，SPSS自动完成快速聚类分析过程。

三、快速聚类分析的结果及其解释

结合本节所举实例，来说明快速聚类分析的主要结果。

（一）初始聚类中心

快速聚类分析输出结果中的第一部分，主要是SPSS系统自动指定的类中心点坐标。由于需要快速聚类形成三类，因此指定了三个初始的类中心点，其坐标分别对应于表9-5中的1、2、3列。

表 9-5　初始聚类中心

	聚类		
	1	2	3
诗词	32.10	1.80	36.90
史书	51.20	1.60	66.88
经书	34.52	1.34	35.45
杂记	30.42	1.80	55.84
政论	43.21	2.42	70.48
寓言	4.20	3.36	16.74
农工	12.60	1.08	77.12
历法	10.40	1.02	7.88
公牍	22.31	0.31	31.05
宗教	24.15	0.54	37.87

(二) 迭代次数及其调整距离

本例中，聚类分析过程中总共进行了两次迭代。其中第一次迭代后形成的新类的中心点坐标与初始中心点相比，有了一定的移动，如第一次迭代后第一类的中心点离初始的第一类中心点之间的距离是 18.482。第二次迭代后，新类中心点不需要再调整，所以本例中的分析过程只有两次迭代，如表 9-6 所示。

表 9-6　迭代历史记录

迭代	聚类中心内的更改		
	1	2	3
1	18.482	20.964	0.000
2	0.000	0.000	0.000

(三) 聚类成员

输出结果给出了各类中的个案信息。如每一类中包含的个案数，包含的是哪些个案，每一个案与其所在类的中心点的距离是多少，等等。（表 9-7）

表 9-7 聚类成员

案例号	时代	聚类	距离
1	A	2	21.339
2	B	2	20.964
3	C	2	11.000
4	D	2	14.091
5	E	2	15.895
6	F	2	8.505
7	G	1	21.759
8	H	1	13.042
9	I	2	26.442
10	J	1	16.603
11	K	1	18.482
12	L	1	29.958
13	M	3	0.000

(四) 最终聚类中心

表 9-8 所示结果是聚类分析的最终类中心点坐标，反映了三类不同字数语料的典型特征。与初始的中心点坐标相比，发生了一些变化，说明在聚类分析过程中，它自动进行了调整。

表 9-8 最终聚类中心

	聚类		
	1	2	3
诗词	29.74	5.63	36.90
史书	42.80	19.82	66.88
经书	27.79	6.39	35.45
杂记	27.99	4.60	55.84
政论	29.93	5.59	70.48
寓言	4.81	3.17	16.74
农工	16.23	3.84	77.12

续表

	聚类		
	1	2	3
历法	10.05	2.72	7.88
公牍	17.45	3.66	31.05
宗教	23.43	5.82	37.87

(五) 最终聚类中心间的距离

三个类中心点之间的距离。1类与2类、2类与3类、1类与3类中心点间的距离分别为58.457，135.026，85.779。(表9-9)

表9-9 最终聚类中心间的距离

聚类	1	2	3
1		58.457	85.779
2	58.457		135.026
3	85.779	135.026	

(六) 方差分析表

系统以新的分类变量为自变量，对各观测变量进行单因素方差分析并输出方差分析表。本例中方差分析的结果如表9-10所示。

由ANOVA表看出，本例中三类不同时代语料、10种不同文体语料之间均存在很显著的差异，说明它们分成三类具有一定的合理性和可靠性。

表9-10 ANOVA

	聚类		误差		F	$Sig.$
	均方	df	均方	df		
诗词	1 055.741	2	21.583	10	48.916	0.000
史书	1 419.010	2	148.861	10	9.532	0.005
经书	855.662	2	61.546	10	13.903	0.001
杂记	1 592.658	2	40.410	10	39.413	0.000
政论	2 247.032	2	90.066	10	24.949	0.000
寓言	80.618	2	2.617	10	30.803	0.000

续表

	聚类		误差		F	Sig.
	均方	df	均方	df		
农工	2 365.427	2	18.041	10	131.113	0.000
历法	80.498	2	6.660	10	12.086	0.002
公赕	493.328	2	28.026	10	17.602	0.001
宗教	733.751	2	21.871	10	33.549	0.000

注：F 检验应仅用于描述性目的，因为选中的聚类将被用来最大化不同聚类中的案例间的差别。观测到的显著性水平并未据此进行更正，因此无法将其解释为对聚类均值相等这一假设的检验。

（七）每个聚类中的案例数

表 9-11 呈现了我们所分出来的种类及各类中所包含的个案数量情况。本例中一共分了三类，第一类中有 5 个个案，第二类中有 7 个，第三类中有 1 个。有效个案 13 个，缺失个案 0 个。

表 9-11 每个聚类中的案例数

	1	5.000
聚类	2	7.000
	3	1.000
有效		13.000
缺失		0.000

第四节 用聚类分析看汉语"结果"的词类归属

姚双云在《面向中文信息处理的汉语语法研究》中，对汉语"结果"的词性进行了聚类分析与句法分布考察。[1]

作者认为，汉语词类划分的本质就是一种聚类分析。词作为最小的能够独立运用的语言单位，它们通常在句法、语义或语用上表现出一定的共性特征。因此，可以根据这些特征对具有共性特点的特定词汇集合进行聚类分析。

---

[1] 姚双云. 面向中文信息处理的汉语语法研究 [M]. 武汉：华中师范大学出版社，2012：122-128.

作者还提出了基于语法特征的词语度量方法，并认为基于语法特征的词聚类，也被称为基于语料库的词聚类。因为语料库是自然语言运用的实例，基本符合语言的语法规律，因此这类方法的基本思想是从目标词的上下文中提取目标词的语法特征，使得语料库中语法特征相近的词汇通过聚类分析能够很好地聚在一起。这类方法是建立在统计基础之上的，属于基于统计的聚类方法。

汉语学界有些学者在词语聚类度量方面做过有益的探讨。袁毓林利用词语的分布特征对虚词进行模糊度量，以判定词的归属[1]。袁先生对连词分布特征的适应情况评分标准是：

① 不能单独回答问题，得 10 分。
② 可以跟关联副词一起配套性地用在成对的语言形式之前，得 60 分。
③ 不能作主语或宾语，不能受定语修饰，得 10 分。
④ 不能作谓语和谓语核心，不能被状语和补语修饰，得 10 分。
⑤ 不能作定语、状语、补语等修饰成分，得 10 分。

作者采用袁毓林计算名词和连词的方法对下面两组词进行验证，得到结论，"结果$_1$"对于名词的分布特征的适应情况评分情况是：积分 100 分，隶属度 1，属于典型的名词；"结果$_2$"对于连词的分布特征的适应情况评分情况是：积分 100 分，隶属度 1，属于典型的连词。

由于连词性的"结果"仍然保留了名词的某些特点，因此，单从意义上区分它是名词还是连词有一定困难。"结果"作连词使用时，联结的分句在事理上仍然表示由一定的原因导致的结果，事件上的结果与逻辑上的结果在意义上纠缠不清，因此，从意义上进行归类有困难。如果从名词和连词的分布的句法特征来归类还是很容易看出清晰的分界线的。

作者采用聚类的方法来考察"结果"连词的典型性。具体做法是：引进典型名词"结局"和典型连词"所以"作为比较的对象，对名词性的"结果"（记作"结果$_1$"）和连词性的"结果"（记作"结果$_2$"）进行层次聚类。聚类的基本假设是：如果"结果$_1$"和典型名词"结局"分布的句法特征相似，那么，"结果$_1$"应该和"结局"自动聚为一类。同理，如果"结果$_2$"和典型连词"所以"分布的句法特征相似，那么，"结果$_2$"应该和"所以"自动聚为一类。

1. 数据处理与结果分析

作者从"复句语料库"中检索出 1 028 个含有"结果"的句子，然后从中随机抽出"结果$_1$"和"结果$_2$"语料样本各 100 个，再从《人民日报》语

---

[1] 袁毓林. 基于隶属度的汉语词类的模糊划分 [J]. 中国社会科学, 2005 (1): 164-177.

料样本"里面抽出含"结局"和"所以"的语料样本各 100 个,总共 400 个句子。定义了四组句法特征作为变量,如表 9-12 所示:

表 9-12 "结果$_1$""结果$_2$""结局""所以"的聚类分析数据

编号	观测量	主谓成分前的数量	谓语成分前的数量	充当主语的数量	充当宾语的数量	其他数量	总计
1	结果$_1$	0	0	24	71	5	100
2	结果$_2$	35	65	0	0	0	100
3	结局	0	0	49	45	6	100
4	所以	43	57	0	0	0	100

将表 9-12 的数据转为 SPSS 数据格式,然后利用 SPSS 统计分析软件对"结果$_1$""结果$_2$""结局""所以"进行聚类分析,得到的结果如表 9-13 所示:

表 9-13 聚类表

阶	群集组合		系数	首次出现阶群集		下一阶
	群集 1	群集 2		群集 1	群集 2	
1	2	4	128.000	0	0	3
2	1	3	1 302.000	0	0	3
3	1	2	9 968.500	2	1	0

可以看出,第一步,2 号样本("结果$_2$")和 4 号样本("所以")聚成一小类,其样本的欧氏距离是 128,这个小类将在聚类分析的第三步中用到。第二步,1 号样本("结果$_1$")和 3 号样本("结局")聚成一小类,样本的欧氏距离是 1 302。第三步,4 个样本聚成一大类,其样本的欧氏距离是 9 968.5。

从输出结果可以发现,2 号样本和 4 号样本聚成一小类时,样本间的欧氏距离最小,只有 128,这说明,2 号样本"结果$_2$"和 4 号样本"所以"的分布特征和句法功能是非常接近的。1 号样本"结果$_1$"和 3 号样本"结局"的欧氏距离是 1 302,这个距离也不算大,因此可以把它们聚为一类。聚类过程表明"结果$_1$"和"结局"的分布特征和句法功能,有不少近似的地方。以上四个样本的欧氏距离却是非常大的,达到了 9 968.5,表明这四个样本间在分布特征和句法功能上差异非常大。

通过聚类分析,作者发现"结果$_2$""所以"在分布特征和句法功能上是非常相似的。比较而言,"结果$_2$""所以"的欧氏距离比"结果$_1$""结局"

的欧氏距离小，这也说明了一个问题：后一组词在分布特征和句法功能上的差异大于前一组词。

作者还将"因而""因此""所以""结果"等多个因果连词进行比较，发现"因而""因此"与"所以"的相似程度高于"结果""所以"的相似程度。一方面，"结果$_2$"与"所以"的句法位置与语法功能有相似之处；另一方面，它们之间的用法又有一定的差异。

2. 进一步探讨

作者认为其主要原因是"结果"的虚化程度不及"所以""因而""因此"高，虚化过程也还没有彻底完成。事实上，由于"结果"仍然保留了动词和名词的用法，它暂时还不可能成为虚化程度很高的连词。"结果$_2$"是从名词虚化而来的，所以连词的"结果"仍然残留了名词的部分特点。

在很多场合下，即使是作为因果标记使用的"结果$_2$"仍然具有时间名词的某些特点，与时间名词"最终"有相似之处。"结果$_2$"和"最终"的相似之处主要表现在三个方面。

相似点一：语义特征部分相似。

时间名词"最终"的意义是"最后；末了"。"结果$_2$"是由"结果$_1$"直接虚化过来的，所以它的语义基础是"事物发展所达到的最后状态"，事物的最后状态在时间属性上就是时间段的最末端，它与名词"最终"所包括的意义是非常接近的。

"结果$_2$"与"最终"语义特征相似还表现在两个词都可以与时间名词、时间副词或者具有时间意义的词搭配使用。常见的搭配格式有"先……然后……结果/最终""最初……接着……结果/最终""开始……结果/最终""首先……结果/最终""初期……结果/最终"等。

相似点二：句法位置部分相似。

语义上的相似性导致它们的句法位置也有部分相似。从时间点的位置来看，"最终"表达的概念是时间的最终端，因此，"最终"充当状语成分时，它所修饰的事件在正常的语序下也应位于句尾，这个位置与结果标记关联的事件是一致的。

相似点三：语法功能部分相似。

由于二者的语义和句法位置均有部分相似之处，所以导致它们在语法功能上也有相似的地方。虽然现代汉语词类体系没有把"最终"作为连词，但实际上，"最终"与连词"然后""接着"等一样具有联结小句的功能。不同的是，联结小句的功能对连词"然后""接着"来说是其主要的句法功能，而对名词"最终"来说只是次要的功能。由于"最终"联结小句的次要功能发挥的作用无法与其他的句法功能相提并论，因此，容易被忽视。作者举例说明"最终"关联小句的功能在与其他连词的共现中表现得非常明显。

"结果$_2$"与"最终"的相似性同样可以从聚类的过程中发现。作者又考察了"结果$_1$""结果$_2$""结局""最终"的聚类情况。（表 9-14）

表 9-14 "结果$_1$""结果$_2$""结局""最终"的聚类分析数据

编号	观测量	主谓成分前的数量	谓语成分前的数量	充当主语的数量	充当宾语的数量	其他数量	总计
1	结果$_1$	0	0	24	71	5	100
2	结果$_2$	35	65	0	0	0	100
3	结局	0	0	49	45	6	100
4	最终	13	75	0	0	12	100

用 SPSS 软件对表 9-14 进行分析，得到输出结果如表 9-15 所示。

从输出结果可以看出，在"结果$_1$""结果$_2$""结局""最终"4 个观测量中，"结果$_2$"与"最终"的欧氏距离最小，系数为 728。因此，"结果$_2$"与"最终"是相似度最高的两组变量，它们首先聚为一类。

表 9-15 聚类表

阶	群集组合		系数	首次出现阶群集		下一阶
	群集 1	群集 2		群集 1	群集 2	
1	2	4	728.000	0	0	3
2	1	3	1 302.000	0	0	3
3	1	2	10 172.500	2	1	0

通过对输出结果的对比，从表 9-15 可以发现，"结果$_2$""所以"的欧氏距离（128）小于"结果$_2$""最终"的欧氏距离（728），因此可以说，在"结果$_1$""结果$_2$""结局""所以""最终"这五个词里面，"结果$_2$"与连词"所以"最相似，其次与名词"最终"比较相似。相对而言，"结果$_2$""结果$_1$""结局"之间的相似性是非常小的。

从上面的分析可以得出一个基本的认识："结果$_2$"在句中具有联结小句的功能，从其句法位置和语义特点来看都是一个因果关系标记。尽管"结果"是一个连词，但是与典型的连词又有区别，它还不能算作一个典型的连词。连词"结果"仍然保留了时间名词的某些特点。由于"结果$_2$"算不上典型的因果连词，它的句法位置也就不如典型的因果标记那么灵活。

作者总结指出，词语的聚类分析广泛应用于自然语言处理的各个方向，是一种基础性技术。词语的聚类技术的提高对于自然语言处理领域有着重要意义。词语的聚类方法大体上可以分为基于句法特征、基于语义特征和基于语用特征三种类型。[1]

　　作者运用统计的方法简单明了，思路新颖，也为汉语词类的归属带来了一种新的思考。

---

[1] 姚双云. 面向中文信息处理的汉语语法研究 [M]. 武汉：华中师范大学出版社，2012：136.

第十章

相关分析及其在语言研究中的应用

第一节 相关分析的基本概念

事物之间的相互关系一般有三种：因果关系，一种现象是另一种现象的原因，而另一种现象是结果（例如，学习记忆的次数与记忆效果）；共变关系，表面有联系的两种事物都与第三种现象有关，我们称两事物之间的关系便是共变关系，例如，麦子与小树的高度（天气和时间因素）；相关关系，两类现象在发展变化的方向与大小方面存在一定的联系，不能确定这两类现象之间哪个是因，哪个是果，也有理由认为这两者并不同时受第三因素的影响，即不存在共变关系。具有相关关系的两种现象之间的关系是比较复杂的，甚至可能包含暂时尚未认识的因果关系以及共变关系在内，例如，学生家庭结构与心理压力水平。

1. 相关的类别

相关的类别分三种情况：正相关，两列变量变动方向相同；负相关，两列变量变动方向相反；零相关，一列变量变动时，另一列变量做无规律的变动。

零相关说明两事物之间不具有线性相关，并不意味着两事物之间毫无关系，它们之间可能存在其他关系。

2. 相关系数

相关系数只能描述两个变量之间的变化方向及密切程度，并不能揭示二者之间的内在本质联系。取值范围：$-1.00 \leqslant r \leqslant 1.00$。

3. 散点图

在相关研究中，常用相关系数散点图表示两个变量之间的关系。在直角坐标系中，以两列变量中的一列变量（如 X 变量）为横坐标，以另一列变量（如 Y 变量）为纵坐标，把每对数据 X_i、Y_i 当作同一个平面上的 n 个点 (X_i, Y_i) ——描述在 XOY 坐标系中，产生的图形就称为散点图（图 10-1）或相关图。

4. 定类变量、定序变量、定距变量、定比变量

定类变量是变量的一种，根据定性的原则区分总体各个案类别的变量。定类变量的值只能把研究对象分类，也即只能决定研究对象是同类抑或不同类，具有"="" ≠ "的数学性质。例如，性别区分为男性和女性两类；出生地区分为农村、城市、城镇三类；婚姻状况分为未婚、已婚、分居、离

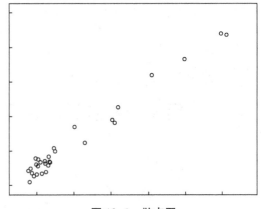

图 10-1　散点图

婚、丧偶等。这些变量的值，只能区别异同，属于定类层次。设计定类变量的各个类别时，要注意两个原则：一个是类与类之间要互相排斥，也即每个研究对象只能归入一类；另一个是所有研究对象均有归属，不可遗漏。例如，性别分为男女两类，它既概括了人的性别的全部类别，又体现了类别之间具有排斥性。

定序变量是变量的一种，是区别同一类别个案中等级次序的变量。定序变量能决定次序，即变量的值能把研究对象排列高低或大小，具有">""<"的数学特质。它是比定类变量层次更高的变量，因此也具有定类变量的特质，即区分类别（=，≠）。例如，文化程度可以分为大学、高中、初中、小学等；工厂规模可以分为大、中、小；年龄可以分为老、中、青等。这些变量的值，既可以区分异同，也可以区别研究对象的高低或大小。但是，各个定序变量的值之间没有确切的间隔距离。比如大学究竟比高中高出多少，大学与高中之间的距离和初中与小学之间的距离是否相等，通常是没有确切的尺度来测量的。定序变量在各个案上所取的变量值只具有大于或小于的性质，只能排列出它们的顺序，而不能反映出大于或小于的数量或距离。

定距变量也是变量的一种，是区别同一类别个案中等级次序及其距离的变量。它除了包括定序变量的特性外，还能确切测量同一类别各个案高低、大小次序之间的距离，因而具有加与减的数学特质。但是，定距变量没有一个真正的零点。例如，摄氏温度这一定距变量说明，40 ℃比30 ℃高10 ℃，30 ℃比20 ℃又高10 ℃，它们之间高出的距离相等，而 0 ℃并不是没有温度。又比如调查数个地区的工人占全部劳动人口的比值时，发现甲、乙、

丙、丁、戊五个地区的比值分别是 2%、10%、35%、20%、10%。甲区与丙区相差 33%，丙区与丁区相差 15%。这也是一个定距变量。定距变量各类别之间的距离，只能用加减而不能用乘除或倍数的形式来说明它们之间的关系。

定比变量也是区别同一类别个案中等级次序及其距离的变量。定比变量除了具有定距变量的特性外，还具有一个真正的零点，因而它具有乘与除（×、÷）的数学特质。例如，年龄和收入这两个变量，固然是定距变量，同时又是定比变量，因为其零点是绝对的，可以作乘除的运算。如 A 月收入是 60 元，而 B 是 30 元，我们可以算出前者是后者的两倍。智力商数这个变量是定距变量，但不是定比变量，因为其 0 分只具有相对的意义，不是绝对的或固定的，所以不能说某人的智商是 0 分就是没有智力；同时，由于其零点是不固定的，即使 A 是 140 分，而 B 是 70 分，我们也不能说前者的智力是后者的 2 倍，只能说两者相差 70 分。因为 0 值是不固定的，如果将其向上移高 20 分，则 A 的智商变为 120 分，而 B 变成 50 分，两者的相差仍是 70 分，但 A 却是 B 的 2.4 倍，而不是原先的 2 倍了。摄氏温度这一变量也是如此。定比变量是最高测量层次的变量。

5. 常用的相关系数

在相关分析中，常用的相关系数主要有 Pearson 简单相关系数、Spearman 等级相关系数、Kendall 秩相关系数和偏相关系数。Pearson 简单相关系数适用于等间隔测度，而 Spearman 等级相关系数和 Kendall 秩相关系数都是非参测度。一般用 ρ 和 r 分别表示总体相关系数和样本相关系数。

（1）Pearson 简单相关系数。

随机变量 X、Y 的联合分布是二维正态分布，X_i 和 Y_i 分别为 n 次独立观测值。简单相关系数 r 有如下性质：

① $-1 \leqslant r \leqslant 1$，$r$ 绝对值越大，表明两个变量之间的相关程度越强。

② $0 < r \leqslant 1$，表明两个变量之间存在正相关。若 $r=1$，则表明变量间存在着完全正相关的关系。

③ $-1 \leqslant r < 0$，表明两个变量之间存在负相关。若 $r=-1$，则表明变量间存在着完全负相关的关系。

④ $r=0$，表明两个变量之间无线性相关。

应该注意的是，简单相关系数所反映的并不是任何一种确定关系，而仅仅是线性关系。另外，相关系数所反映的线性关系并不一定是因果关系。

（2）Spearman 等级相关系数。

等级相关用来考察两个变量中至少有一个为定序变量时的相关系数，例如，学历与收入之间的关系。

(3) Kendall 秩相关系数。

Kendall 秩相关系数采用非参数检验的方法度量定序变量之间的线性相关关系。

6. 关于总体相关系数 ρ 的假设检验

总体相关系数 ρ 的假设检验步骤与其他假设检验步骤一致，可以分为以下几步：

(1) 提出原假设和备择假设。

H_0：$\rho = 0$

H_1：$\rho \neq 0$

(2) 计算统计量。

(3) 比较 P 值和显著性水平 α，做出统计决策。

若 P 值小于显著性水平，则拒绝原假设，即认为两个变量之间的相关关系显著；否则，接受原假设，即认为变量之间不存在显著相关性。

下面我们将结合实例，逐一加以介绍。

第二节 双变量相关分析的 SPSS 过程

【例一】 某教研室要为学生准备一批课外阅读材料，教研室首先让一批学生读 8 篇材料，要求他们根据自己的感受，为这些材料的难易程度评定等级（等级分为 9 级，1 级为特别简单，9 级为极端困难）。然后让一批老师也为这 8 篇材料评定难易度等级。评定结束后，对学生、老师给每篇材料评定的等级都取中间值，这样得到下面的数据。（表 10-1）

表 10-1 学生评定与老师评定的中间值

阅读材料编号	1	2	3	4	5	6	7	8
学生评定的中间值	3	5	6	8	8	9	4	7
老师评定的中间值	1	3	7	9	6	8	2	9

问：学生的评定结果跟老师的评定结果一致吗？

1. 问题分析

题目中有两组数据：学生评定的中间值和老师评定的中间值。现在要求了解两种评定值之间的关联性如何。求它们之间的相关系数。

因为两组数据都是"评定值"，是一种级别数据，所以我们应该用分析等级相关的 Spearman 相关系数。

2. 软件操作

步骤 1：建立变量。

打开 SPSS 软件，在"变量视图"建立两个变量："学生评定的中间值"与"老师评定的中间值"，分别简称为"学生""老师"。（图 10-2）

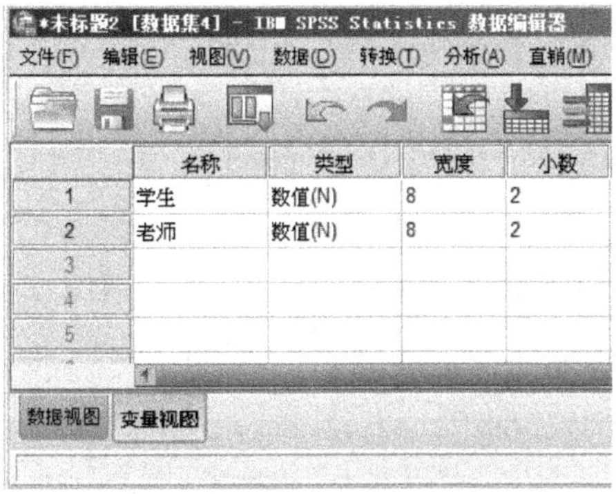

图 10-2　变量视图中建立变量 　　图 10-3　数据视图中输入数据

步骤 2：输入数据。

切换回"数据视图"，输入数据。（图 10-3）

步骤 3：分析数据。

（1）从菜单栏中选择"分析｜相关｜双变量｜……"，打开"双变量"对话框，变量"学生"和"老师"出现在对话框的左边如图 10-4 所示。

（2）选择变量"学生"和"老师"，单击箭头按钮，把变量移到"变量"框中。

（3）因为是等级数据，在"相关系数"围栏内，选择 Spearman。根据实验与观察，"Kendall 的 tau-b"计算出的相关系数稍微偏低，同时国际统计学界长期的传统也多偏重 Spearman，因此我们就选择它。

（4）在下面的"显著性检验"一栏内，选择"单侧检验"，因为根据原题目的问题，学生对阅读材料的难易程度的评价跟老师的评价应该一致，我们已预测这两组评定值是呈正相关的。该框左下角的"标记显著性相关"选项，依然保留其默认值。

（5）单击"确定"按钮。

（6）单击主对话框"确定"按钮，系统绘制出检验数据表。

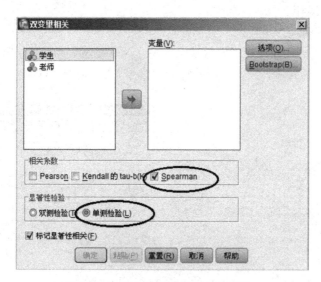

图 10-4　选择变量和哪种相关系数

3. 结果解释

在表 10-2 中，"学生""老师"两个变量之间的相关系数为 0.777，后面带有"*"标志（表明相关性是显著的）。从表中的显著值 $Sig.$（单侧）可以看出，实际的显著值为 0.012，说明这一相关系数在 1.2% 的水平上也是显著的。（在 5% 的水平以上就更显著了）

表 10-2　相关系数

			学生	老师
Spearman 的 rho	学生	相关系数	1.000	0.777*
		$Sig.$（单侧）	0.000	0.012
		N	8	8
	老师	相关系数	0.777*	1.000
		$Sig.$（单侧）	0.012	0.000
		N	8	8

注：*. 在置信度（单侧）为 0.05 时，相关性是显著的。

相关系数为 0.777，说明相关性显著。

可以得出结论，老师与学生的评定标准是基本一致的。

【例二】　在一项研究中，研究者想检查学生的学习成绩和他们的学习兴趣是否相关。他们对参与这项研究的 30 个学生的学习成绩和学习兴趣进行了统计。学习成绩的得分范围是 10~70 分（高分表示更好的学习成绩），学习兴趣的得分范围是 5～35 分（高分表示更有学习兴趣）。统计数据如表 10-3 所示。

问：学习成绩和学习兴趣相关吗？

表 10-3 参与者的学习成绩与学习兴趣统计

参与者	学习成绩	学习兴趣	参与者	学习成绩	学习兴趣
1	35	19	16	70	31
2	65	27	17	25	12
3	14	19	18	55	20
4	35	35	19	61	31
5	65	34	20	53	25
6	33	34	20	53	25
7	54	35	22	35	12
8	20	28	23	55	28
9	25	12	24	50	20
10	58	21	25	39	24
11	30	18	26	68	34
12	37	25	27	56	28
13	51	19	28	19	12
14	50	25	29	56	35
15	30	29	30	60	335

注：变量"参与者"包含在数据中，但不用输入 SPSS。

1. 问题分析

题目中有两组变量："学习成绩"与"学习兴趣"，两个变量的数据是分值，且呈正态分布。我们应该用 Pearson 相关系数。

2. 软件操作

步骤 1：建立变量。

（1）打开 SPSS。

（2）单击"变量视图"标签。

在 SPSS 中将生成两个变量，一个是学习成绩，另一个是学习兴趣。变量分别被命名为"学习成绩""学习兴趣"。

（3）在"变量视图"窗口前两行分别输入变量名称"学习成绩""学习兴趣"。（图 10-5）

	名称	类型	宽度	小数	标签	值	缺失	列
1	学习成绩	数值(N)	8	2		无	无	8
2	学习兴趣	数值(N)	8	2		无	无	8
3								

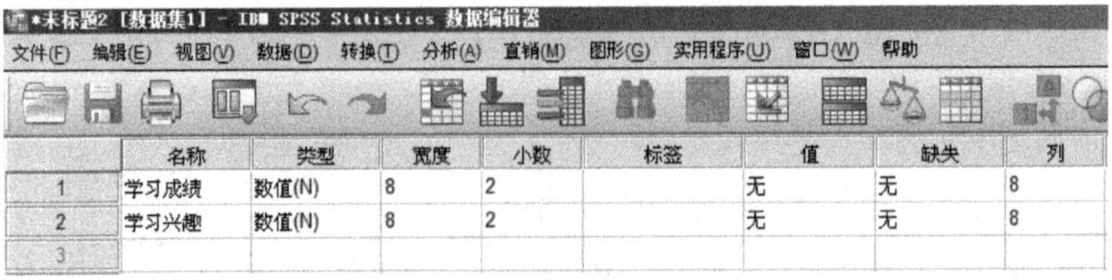

图 10-5　变量视图中输入变量

步骤 2：输入数据。

(1) 单击“数据视图”，变量“学习成绩”“学习兴趣”出现在数据视图前两列。

(2) 将两个变量的数据分别输入，如图 10-6 所示。

	学习成绩	学习兴趣	变量
1	35.00	19.00	
2	65.00	27.00	
3	14.00	19.00	
4	35.00	35.00	
5	65.00	34.00	
6	33.00	34.00	
7	54.00	35.00	
8	20.00	28.00	
9	25.00	12.00	
10	58.00	21.00	
11	30.00	18.00	
12	37.00	25.00	
13	51.00	19.00	
14	50.00	25.00	
15	30.00	29.00	
16	70.00	31.00	

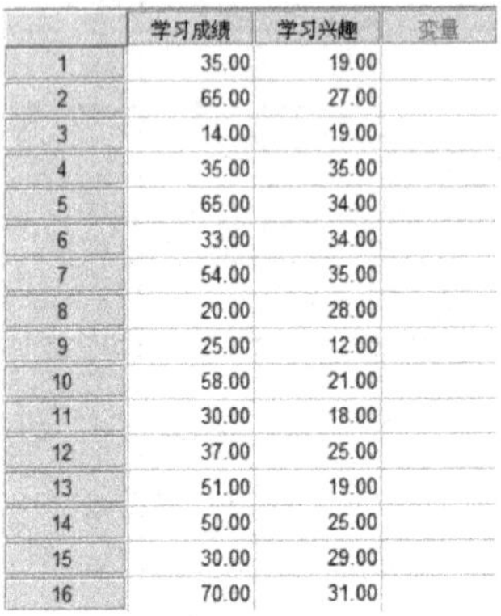

图 10-6　数据视图中输入数据

图 10-7　双变量下拉菜单

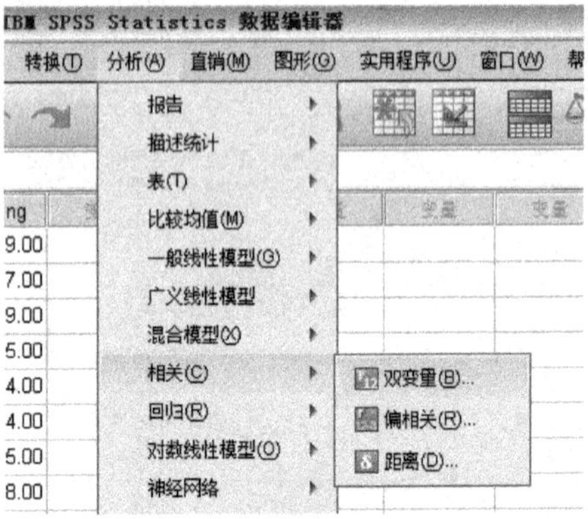

步骤 3：分析数据。

(1) 从菜单栏中选择“分析｜相关｜双变量｜……”。(图 10-7)

打开“双变量相关”对话框，变量“学习成绩”“学习兴趣”出现在对话框的左边。

(2) 选择变量“学习成绩”“学习兴趣”，单击箭头按钮，把变量移到“变量”框中。(图 10-8)

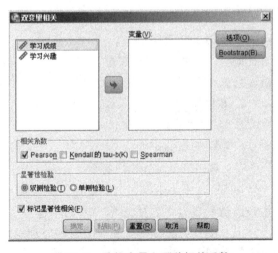

图 10-8　选择变量和哪种相关系数

(3) 单击"确定"按钮。

3. 结果解释

输出结果显示如表 10-4 所示。

表 10-4 相关性

		学习成绩	学习兴趣
学习成绩	Pearson 相关性	1	0.564**
	显著性（双侧）		0.001
	N	30	30
学习兴趣	Pearson 相关性	0.564**	1
	显著性（双侧）	0.001	
	N	30	30

注：**. 在 0.01 水平（双侧）上显著相关。

> 有两个星号"**"，已经说明极显著。
> P 值为 0.001，小于 0.05，说明相关性显著。

在表 10-4 中，"学习成绩"和"学习兴趣"出现了两次，一次在行，一次在列，这表明 SPSS 生成的表格中出现了冗余。"学习成绩"和"学习兴趣"的相关性是 0.564，相应的 P 值是 0.001，小于 0.05，两者存在正相关（相关系数右边的两个星号暗示了在 0.01 水平上相关性是统计显著的，因为 P 值为 0.001，小于 0.01）。

在写结果时要报告假设检验的结论值自由度（df）和 P 值。报告如下：

学习成绩和学习兴趣之间存在显著的正相关关系，$r(29)=0.564$，$P<0.05$。

第三节 偏相关分析

偏相关分析是指当两个变量同时与第三个变量相关时，将第三个变量的影响剔除，只分析前两个变量之间相关程度的过程。

例如，根据语言习得的对比分析理论，假如学习者第一种语言与第二种语言在许多方面都有相似之处，那么习得第二种语言就有一定的优势。如果学习者又习得第三种语言，而第三种语言与第二种语言差别较大。那么，在评估学习者这三种语言水平的相关性时，把他们这三种语言水平考试的成绩列出，进行两两对比，计算出的相关系数实际上不能反映出两种语言习得的真正相关程度，因为还有第三种语言的影响。因此，为了确切反映两种语言习得的相关关系，就必须将第三种语言的影响固定下来，从而消除其带来的影响。说到底，固定其他因素而计算出两个因素之间的相关系数就称为偏相关系数或净相关系数，它可以解释为是在其他独立变量的影响被固定之后，某一独立变量与应变量的关系。因此，语言研究时也应正确应用偏相关分析，识别语言素材中的干扰因素，在看似彼此无联系的语言材料中找出隐含的相关关系。

偏相关分析也称净相关分析，它在控制其他变量的线性影响的条件下分析两变量间的线性相关性，所采用的工具是偏相关系数（净相关系数）。控制变量个数为 1 时，偏相关系数称为一阶偏相关系数；控制变量个数为 2 时，偏相关系数称为二阶偏相关系数；控制变量个数为 0 时，偏相关系数称为零阶偏相关系数，也就是相关系数。

【例三】 [1]云南省西双版纳地区是傣族同胞聚居区，他们的母语是傣语，但那里的儿童从小学开始学习汉语，上中学时又像其他地区的中学生一样学习英语。因此，有些受过高等教育的傣族同胞，汉语及英语的水平都比较高。近来研究人员在该地区进行了一项语言调查，对 30 名受过高等教育的傣族成年人进行了傣语、汉语及英语三种语言的水平测试，得到下面的一组数据（表 10-5）：

表 10-5　三种语言水平测试成绩

编号	傣语成绩	汉语成绩	英语成绩	编号	傣语成绩	汉语成绩	英语成绩
1	78	69	83	13	85	68	89
2	67	98	98	14	90	65	87
3	87	65	72	15	68	62	77
4	65	77	54	16	76	78	83
5	90	71	101	17	89	67	96
6	91	70	98	18	81	77	87
7	88	57	97	19	78	70	80
8	69	78	71	20	79	65	86
9	72	61	99	21	92	67	104
10	88	65	91	22	93	56	81
11	93	77	99	23	72	57	71
12	77	54	54	24	84	67	81

---

[1] 杨端和. 语言研究应用 SPSS 软件实例大全 [M]. 北京：中国社会科学出版社. 2004：193-194.

续表

编号	傣语成绩	汉语成绩	英语成绩	编号	傣语成绩	汉语成绩	英语成绩
25	87	60	82	28	84	69	97
26	64	80	78	29	70	51	67
27	87	61	100	30	86	68	90

1. 问题分析

原假设 H_0：假设任意两个变量无线性相关关系。

一般假设检验的显著性水平为 0.05，只需要拿 P 值和 0.05 进行比较：如果 P 值小于 0.05，就拒绝原假设 H_0，说明两变量有线性相关的关系，原假设的可能性小于 0.05；如果 P 值大于 0.05，则一般认为无线性相关关系。相关的程度要看相关系数 r 值，r 越大，说明相关程度越高；r 越小，则相关程度越低。

2. 软件操作

步骤 1：建立变量。

（1）打开 SPSS。

（2）单击"变量视图"标签。

在"变量视窗"建立"傣语水平考试成绩""汉语水平考试成绩""英语水平考试成绩"三个变量（分别简称"傣语""汉语""英语"）。

步骤 2：输入数据。

切换回"数据视窗"，按照上面的数据组仔细将数据输入这三个变量相应的方格内。

步骤 3：分析数据。

（1）从菜单栏中选择"分析｜相关｜偏相关"。

（2）将左侧源变量栏中的"傣语水平考试成绩"与"英语水平考试成绩"选入右上侧"变量"栏内，将"汉语水平考试成绩"选入右下侧"控制变量"栏内。该主对话框左下方的"显著性检验"围栏内有两个选项，就选择"双侧检验"，因我们尚不清楚这三项语言水平考试到底是一种什么样的相关关系，所以我们应该保留系统的默认选择，勾选左下角的"显示实际显著性水平"这一选项。这时的"偏相关"主对话框如图 10-9 所示。

（3）单击该主对话框右边"选项"按钮，进入"偏相关性：选项"子对话框。

在该框上部的"统计值"一栏内，选择"零阶相关系数"这一选项。这

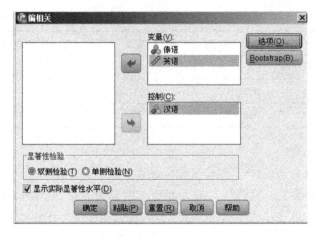

图 10-9 偏相关对话框

样,系统会输出普通相关系数,即进行两两对比的 Pearson 相关系数。该栏下部还是"缺失值"一栏,保留系统的默认选项,如图 10-10 所示。

图 10-10 选择统计量

(4)单击"继续"按钮,返回主对话框。
(5)单击主对话框"确定"按钮,系统将结果绘制成表(表 10-6)。

表 10-6 相关性

控制变量			傣语	英语	汉语
-无-[a]	傣语	相关性	1.000	0.560	-0.279
		显著性(双侧)	0.000	0.001	0.135
		df	0	28	28

续表

控制变量			傣语	英语	汉语
-无-a	英语	相关性	0.560	1.000	0.207
		显著性（双侧）	0.001	0.000	0.273
		df	28	0	28
	汉语	相关性	-0.279	0.207	1.000
		显著性（双侧）	0.135	0.273	0.000
		df	28	28	0
汉语	傣语	相关性	1.000	0.657	
		显著性（双侧）	0.000	0.000	
		df	0	27	
	英语	相关性	0.657	1.000	
		显著性（双侧）	0.000	0.000	
		df	27	0	

注：a. 单元格包含零阶（Pearson）相关。

3. 结果解释

由表10-6可以看出，傣语与汉语的考试成绩呈负相关，为-0.279，并且没有显著性（$P=0.135$）。傣语与英语的成绩呈正相关，为0.56，极具显著性（$P=0.001$）。而汉语与英语的成绩也呈正相关，但系数较低，仅为0.207，没有显著性（$P=0.273$）。

当选择"汉语"作为控制变量时，傣语与英语的成绩呈正相关，为0.657，极具显著性（$P=0.000$）。这说明，排除汉语水平的影响，傣语水平高的学生，英语水平也高。

第十一章

基于语料库的线性回归分析

回归分析（Regression Analysis）分为简单回归（Simple Regression）和多元回归（Multiple Regression）。简单回归用来探讨一个因变量和一个自变量的关系，多元回归用来探讨一个因变量和多个自变量的关系。

在回归分析中，被预测的变量通常称作因变量，用于预测的变量通常称作自变量或预测变量。简单线性回归用于预测随另一个变量取值变动而变动的变量，多元线性回归的目标是用两个或两个以上的不同变量值来预测一个变量值。在多元线性回归中，被预测的变量称作因变量，用来预测的变量称作自变量或预测变量。

第一节 简单回归概说

一、简单回归的假定

1. 线性关系

两个变量之间存在一次方函数关系，即因变量和自变量之间存在线性关系。判断变量之间是否存在线性关系的方法有很多，简单的有散点图法（图11-1），即通过因变量和自变量的散点图进行直观地判断。如果散点趋向于构成一条直线，那么因变量和自变量之间存在线性关系；如果散点趋向于构成一条曲线，就不存在线性关系。

2. 观测独立

该假定意味着每个参与者的得分应该相对于其他参与者的得分是独立的。违反这一假定会严重影响到使用回归方法进行统计检验的准确性。如果违反独立假定，那么不能使用回归方法。

3. 二元正态

该假定意味着每个变量的总体都应该服从正态分布，对于每个变量的

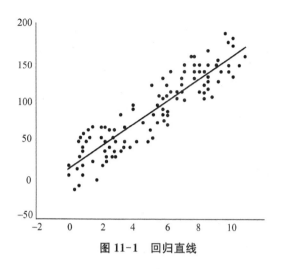

图 11-1 回归直线

值,其他变量的得分应该服从正态分布。对于中等到较大的样本量,绝大部分的非正态数据类型对回归方法的精确性没有多少影响。

4. 方差齐性

方差齐性是指对于自变量的不同水平等级因变量的方差总体上是相等的。在简单回归中,轻度或中度违反该假定是可以容忍的。

二、简单回归表示式

$$\hat{Y} = \beta_0 + \beta_1 X_1 + \varepsilon$$

式中,β_0 为常数,β_1 为回归系数,ε 为误差。

显然,两个相关变量之间一般的数量关系能够用一条回归直线来表达。在这两个变量之间,应根据研究目的具体确定哪个是独立变量,哪个是因变量。在此基础上,计算出一条回归直线,建立回归方程。这样,就可以利用独立变量的给定值来推算或估计应变量的值,用以表明变量间具体的变动关系。直线回归方程中的回归系数有正负号,正回归系数表示上升直线,说明两变量之间是同方向的变动;而负回归系数表示下降直线,说明两变量之间是反方向的变动。说到底,简单回归模型,就是根据成对的两种变量的数据,利用直线方程式,根据独立变量的变动,来推算因变量的发展趋势和水平的方法(表 11-1)。

表 11-1 简单回归的目标和要求

目标	数据要求
为了预测随另一个变量变动而变动的变量	因变量:连续 自变量:连续

【例一】 研究者想研究留学生学习时间与汉语趋向动词掌握程度的关系。调查了学习汉语时间为一年、一年半、两年、两年半、三年、三年半、四年的部分留学生。每个时间段取 10 名留学生的作文，将每位留学生作文中出现的趋向动词掌握程度〔（1－错误次数/总使用次数）×100〕，得到正确掌握的分值，然后求每个时间段学生掌握程度的平均数（表 11-2）。

表 11-2 学习时间与掌握程度数据

学习时间/年	掌握程度的平均数	学习时间/年	掌握程度的平均数
1	36	3	67
1.5	42	3.5	71
2	49	4	82
2.5	54		

问：要达到 95 的掌握程度，要学习多长时间？

1. 原假设和对立假设

回归方程中的回归系数通常用字母 β 表示。

原假设规定 β 等于 0：

H_0：$\beta=0$（"学习时间"的 β 为零；"学习时间"不能预测"掌握程度"）

对立假设规定 β 不等于 0：

H_1：$\beta \neq 0$（"学习时间"的 β 不为零；"社会支持"能预测"掌握程度"）

2. 原假设说明

"学习时间"不能预测"掌握程度"。为了评价原假设，建立回归方程。检验通常被称为 β 的回归系数是否显著不等于 0。β 不等于 0，表示自变量是因变量的显著预测变量。

如果检验产生的结果在原假设正确时看起来不可能（结果发生的可能性小于 5%），那么拒绝原假设；如果检验产生的结果在原假设正确时看起来正确（结果发生的可能性大于 5%），那么不拒绝原假设。

第二节　简单线性回归的 SPSS 过程

步骤 1：生成变量。

(1) 打开 SPSS。

(2) 单击"变量视图"标签。

在 SPSS 中将生成两个变量,一个是学习时间,另一个是掌握程度。变量分别被命名为"学习时间""掌握程度"。

(3) 在"变量视图"窗口前两列输入变量名称"学习时间""掌握程度"。(图 11-2)

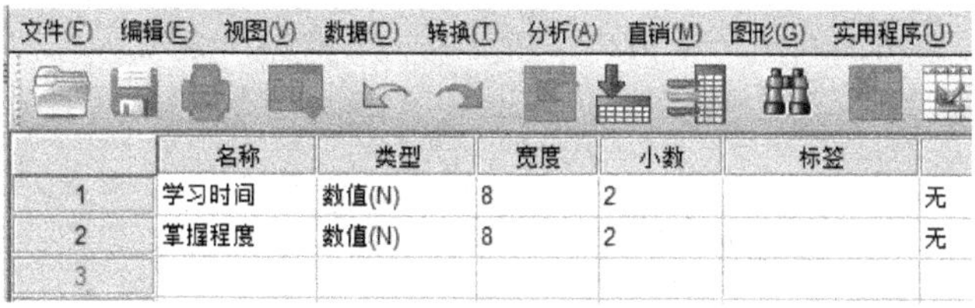

图 11-2 变量视图中输入变量

步骤 2:输入数据。

(1) 单击"数据视窗"标签。变量"学习时间""掌握程度"出现在"数据视窗"窗口前两列。(图 11-3)

(2) 参照图 11-4,输入两个变量的数据。

图 11-3 数据视图中输入数据 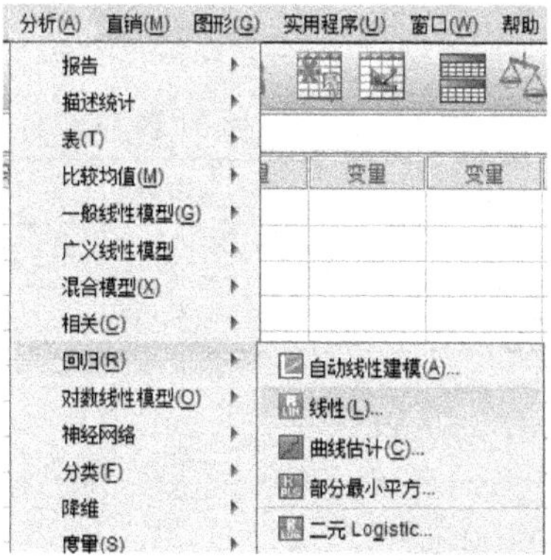　　图 11-4 回归-线性下拉菜单

步骤 3:分析数据。

(1) 从菜单栏中选择"分析"|"回归"|"线性"。

打开"线性回归"对话框,变量"学习时间""掌握程度"出现在对话框的左边。(图11-5)

(2) 选择变量"掌握程度",单击第一个箭头按钮,把变量移到"因变量"框中。

(3) 选择变量"学习时间",单击第二个箭头按钮,把变量移到"自变量"框中。

（4）单击"统计量"。选择"描述性"（"估计""模型拟合度"为已选中状态，如图 11-6 所示）。

（5）单击"继续"按钮。

（6）单击"确定"按钮。

图 11-5 线性回归对话框

图 11-6 统计量选择

步骤 4：解释结果。

（1）描述性统计量。

表 11-3 列出了每个变量的"均值""标准偏差""样本量（N）"。

表 11-3 描述性统计量

	均值	标准偏差	N
掌握程度	57.285 7	16.630 44	7
学习时间	2.500 0	1.080 12	7

（2）相关性。

表 11-4 列出了每个变量，即"掌握程度""学习时间"，并显示了这两个变量的相关性。

表 11-4 相关性

		掌握程度	学习时间
Pearson 相关性	掌握程度	1.000	0.993
	学习时间	0.993	1.000
$Sig.$（单侧）	掌握程度	0.000	0.000
	学习时间	0.000	0.000
N	掌握程度	7	7
	学习时间	7	7

两者的 Pearson 相关性系数。

表格中两个变量间的相关性为 0.993，单侧检验的 P 值为 0.000。由于 $0.000<0.05$，两个变量间的相关性非常显著。

在简单线性回归中，如果相关性显著，那么回归结果也是显著的。

(3) 输入/移出的变量。

表 11-5 显示了用于预测"掌握程度"得分的变量"学习时间"。

表 11-5　输入/移去的变量

模型	输入的变量	移去的变量	方法
1	学习时间[a]	0.000	输入

注：a. 已输入所有请求的变量。

(4) 模型汇总。

表 11-6 显示了 R、R 方、调整 R 方和标准估计的误差的值。

表 11-6　模型汇总

模型	R	R 方	调整 R 方	标准估计的误差
1	0.993[a]	0.986	0.983	2.184 36

注：a. 预测变量：常量，学习时间。

> R 方值为 0.986，表明"学习时间"解释了"掌握程度" 98.6% 的变化。R^2 也称"决定系数"。

表 11-7 中前三个值度量"掌握程度"被"学习时间"预测的程度有多大，最后一个值度量"掌握程度"不能被"学习时间"预测的程度有多大。

表 11-7　Anova

模型		平方和	df	均方	F	$Sig.$
1	回归	1 635.571	1	1 635.571	342.784	0.000[a]
	残差	23.857	5	4.771		
	总计	1 659.429	6			

注：a. 预测变量：（常量），学习时间。

表 11-8　系数[a]

模型		非标准化系数		标准系数	t	$Sig.$
		B	标准误差	试用版		
1	（常量）	19.071	2.223		8.579	0.000
	学习时间	15.286	0.826	0.993	18.514	0.000

注：a. 因变量：掌握程度。

> 这两个表格给出了简单回归中相同原假设的检验，即"学习时间"是不是"掌握程度"的显著预测变量（注意两个检验中相同的 P 值）。因为 P 值小于 0.05，所以"学习时间"是"掌握程度"的预测变量。

第一个值是 R 多元相关系数,它等于"掌握程度""学习时间"之间的 Pearson 相关系数的绝对值(R 取值范围为 0~1)。第二个值是 R 方,当乘以 100% 时可理解为因变量的总变异性中被自变量解释的百分率。在目前的例子中,"学习时间"解释了"掌握程度" 98.6% 的变化。调整的 R 方修正了 R 方,是为了对总体值做更好的估计(基于样本计的 R 方容易高估总体值)。最后,标准估计的误差表明自变量不能预测因变量值的程度。标准估计的误差值 2.184 36 说明用"学习时间"预测"掌握程度",回归方程在预测"掌握程度"时平均偏离大约 2.184 36。

(5)方差分析。

表 11-7 检验"学习时间"是不是"掌握程度"的显著预测变量。在简单回归中,表 11-7 中 P 值小于或等于 0.05,表示自变量是因变量的显著预测变量。本例中因为 P 值为 0.000,远小于 0.05,"学习时间"是"掌握程度"的显著预测变量。

表 11-8 提供了构造回归方程所必需的值以及检验"学习时间"是不是"掌握程度"的显著预测变量的原假设(由于表 11-7 已经指出"学习时间"是"掌握程度"的显著预测变量,系数表内的检验是多余的)。

下面先讨论回归方程,再讨论对"掌握程度"的检验。

在线性回归中,方程以下面的形式建立:

$$\hat{Y} = a + bX$$

式中,$\hat{Y}$ 为因变量的预测值,在我们的例子里,$\hat{Y}$ 为"掌握程度"的预测值;

a 为 Y 轴截距;$X = 0$ 时 $\hat{Y}$ 的值;

b 为回归直线的斜率;

X 为每个参与者的自变量值,在我们的例子中,X 为"学习时间"得分。

回归方程中的 a(Y 轴截距)和 b(斜率)可以在"系数"表中标为"B"的"非标准化系数"栏中找到。在表 11-8 中,Y 轴截距为 19.071,斜率为 15.286。将这些数据代入回归方程中得到"学习时间"预测值的如下结果:

$$\hat{Y}_{\text{掌握程度}} = 19.071 + 15.286 \times \text{学习时间}$$

这个回归方程,对给定的学习时间值,可以得到其掌握程度预测值。结合原始问题,要达到 95 的掌握程度。代入上面的方程:

$$95 = 19.071 + 15.286 \times \text{学习时间}$$

解方程，得到：

$$学习时间 = \frac{95 - 19.071}{15.286} \approx 4.967$$

可以看出，要达到 95 的"掌握程度"，需要的"学习时间"约为 4.967，近 5 年的学习时间。

(6) 效应量。

在简单回归中效应的度量是用 R^2 给出的。科恩（cohen）定义简单回归中 R^2 的值 0.01，0.09，0.24 分别表示为小、中、大的效应量。在本例中，$R^2 = 0.986$，表示"掌握程度"得分的变异性的 98.6% 能被"学习时间"解释，这表示为极大效应。

(7) 论文中的结果表达形式。

在写结果时，要报告标准回归系数和预测变量（社会支持）检验的结果以及 R^2 值。例如：

完成了以"学习时间"作为因变量和以"掌握程度"作为预测变量的回归分析。"学习时间"是"掌握程度"的显著预测变量。$\beta = 0.993$，$t(5) = 18.514$，$P < 0.05$，解释了"掌握程度"得分的变异性的 98.6%（$R^2 = 0.986$）。要达到 95 的掌握程度，需要近 5 年的学习时间。

注意：在简单回归中 t 的自由度等于 $(N-2)$。

第三节　多元回归概述

一、多元回归的假定

1. 线性趋势

自变量与因变量的关系是线性的，否则不能采用线性回归，可通过散点图判断。

2. 独立性

该假定意味着每个因变量的取值相互独立（在整个测量过程中参与者不能相互影响）。违反这一假定会严重影响到使用多元回归方法进行统计检验的准确性。如果有理由相信独立假定已被违反，那么就不能使用多元回归方法。

3. 正态性

要求每个变量自身服从正态分布，而且对于其他变量的所有可能联合也服从正态分布。对于中等到较大的样本量，绝大部分的非正态数据类型对回归方法的精确性没有多少影响。

4. 方差齐性

方差齐性是指对于自变量任何一个线性组合，因变量的方差总体上均相同。在多元回归中，轻度或中度违反该假定是可以容忍的。

二、多元线性回归的目标和数据要求（表 11-9）

表 11-9　多元线性回归的目标和数据要求

目标	数据要求
用两个或多个自变量预测因变量	因变量：连续的
	自变量：连续的或确定的

假定测量数据为：

因变量	自变量 1	自变量 2	……	自变量 n
y_1	x_1	x_2	…	x_{n1}
y_2	x_{12}	x_{22}	…	x_{n2}
…	…	…	…	…
y_m	x_{1m}	x_{2m}	…	x_{nm}

建立因变量与自变量的关系，回归模型：

$$y = \beta_1 x_{ij} + \beta_0 + \varepsilon_j$$

ε_j 为随机因素影响，即残差。

两个自变量和一个因变量的关系可以表示成散点图的形式如图 11-7 所示。

下面给出一个应用多元线性回归的例子加以说明。

汉语教师想要研究留学生作文成绩与错字、错词及作文总字数的关系。随机抽取学生作文 30 篇，将（1－错误字数÷总字数）×100，（1－错误词数÷总词数）×100 作为考查正确使用字、词的数据，将（实际字数÷800×100）作为学生作文字数的考查数据。（考试要求作文字数 800 左右，实际上 30 篇作文均没有达到 800 字）30 篇作文的数据如表 11-10 所示。

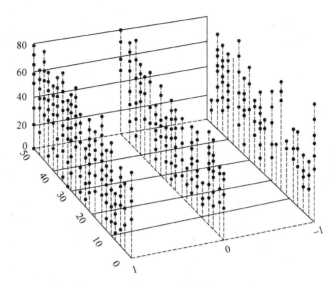

图 11-7 散点图

表 11-10　30 篇作文的统计数据

作文编号	作文成绩	正确字率	正确词率	总篇长	作文编号	作文成绩	正确字率	正确词率	总篇长
1	54	75	84	45	16	84	86	79	78
2	62	61	95	70	17	68	77	72	52
3	84	88	80	78	18	50	79	76	45
4	69	66	95	97	19	83	80	83	74
5	48	78	82	55	20	85	91	87	81
6	61	88	85	58	21	65	89	72	68
7	67	95	84	92	22	81	78	89	92
8	77	82	79	74	23	73	81	90	77
9	26	69	72	41	24	62	71	88	51
10	84	85	93	82	25	80	85	90	76
11	62	81	77	87	26	60	85	71	58
12	53	77	80	58	27	52	76	77	52
13	89	94	88	74	28	85	80	84	71
14	68	88	71	86	29	75	79	82	65
15	66	91	77	59	30	52	81	72	73

1. 建立回归方程

$$\hat{Y} = a + b_1 X_1 + b_2 X_2 + b_3 X_3$$

式中，$\hat{Y}$ 为因变量的预测值，即"作文成绩"的预测值；a 为 Y 轴截距，即当所有的 X 为 0 时 Y 的值；b_i 为第 i 个预测变量的回归系数；X_i 为每一个参

与者第 i 个自变量的取值。

回归方程可以包含许多自变量，例如，如果包含第 4 个自变量，可以在方程后添加"$+b_4X_4$"。

回归方程中的 a（Y 轴截距，在 SPSS 中称为常数）和 b_1，b_2，b_3（每个自变量的回归系数）

2. 原假设和对立假设

在多元线性回归中，每个预测变量（自变量）都有独立的原假设和对立假设。建立一个回归方程，检验每个自变量的回归系数（称 β）是否显著不为 0。

H_0：$\beta_{正确字率}=0$（正确字率的 β 等于 0，不能预测"作文成绩"）

H_0：$\beta_{正确词率}=0$（正确词率的 β 等于 0，不能预测"作文成绩"）

H_0：$\beta_{总篇长}=0$（总篇长的 β 等于 0，不能预测"作文成绩"）

每个预测变量的对立假设是 β 不等于 0。

H_1：$\beta_{正确字率}\neq 0$（正确字率的 β 不等于 0，可以预测"作文成绩"）

H_1：$\beta_{正确词率}\neq 0$（正确词率的 β 不等于 0，可以预测"作文成绩"）

H_1：$\beta_{总篇长}\neq 0$（总篇长的 β 不等于 0，可以预测"作文成绩"）

除了检验单个变量的显著性，在多元回归中我们还需要对包含所有自变量的回归方程能否显著预测因变量做出检验。如果回归方程是显著的，则自变量（作为整体）能够解释因变量的方差的很大比重。用 R^2 来衡量能解释方差的比重（取值范围是 0~1），$R^2=0$ 表示自变量不能解释因变量的方差，$R^2=1$ 表示自变量能够解释因变量全部的方差（实际 R^2 通常介于 0 和 1 之间）。

原假设常用于自变量（作为整体）不能解释因变量的方差（即它们不能预测作文成绩）的情况：

H_0：$R^2=0$

对立假设常用于自变量（作为整体）能解释的因变量的方差（即它们可以预测作文成绩）的情况：

H_1：$R^2\neq 0$

3. 原假设评价

SPSS 中的多元回归程序可以对每个原假设进行检验。如果检验产生的结果在原假设正确时看起来不可能（结果发生的可能性小于 5%），那么拒绝原假设；如果检验产生的结果在原假设正确时看起来正确（结果发生的可能性大于 5%），那么不拒绝原假设。

4. 数据

在表 11-10 中列出了 30 篇作文在作文成绩、正确字率、正确词率和总篇长的数值。

第四节 多元回归的 SPSS 过程

步骤 1：生成变量。

（1）打开 SPSS。

（2）单击"变量视图"标签。在 SPSS 中将生成 4 个变量，一个因变量（作文成绩）和 3 个自变量（正确字率、正确词率和总篇长）。

（3）在"变量视图"窗口分别输入变量名称（图 11-8）。

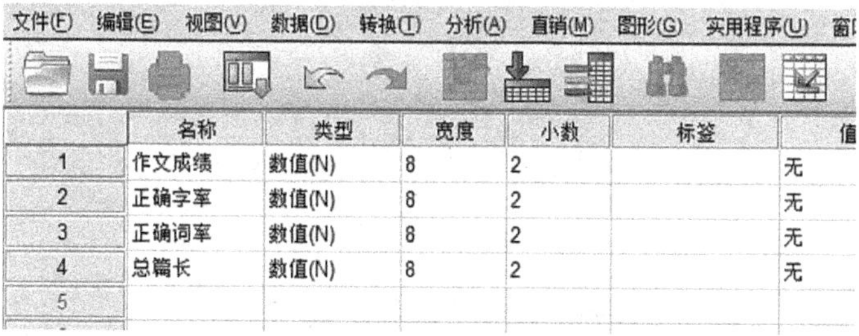

图 11-8 变量视图中输入变量

步骤 2：输入数据。

（1）单击"数据视图"标签。变量出现在窗口的前 4 列。

（2）参照表 11-9，为每篇作文的数据输入 4 个变量列中。依次输入 30 篇作文的全部数据，如图 11-9 所示。

图 11-9 数据视图中输入数据

步骤3：分析数据。

(1) 从菜单栏中选择"分析"｜"回归"｜"线性"。

打开"线性回归"对话框，4个变量出现在对话框的左边（图11-10）。

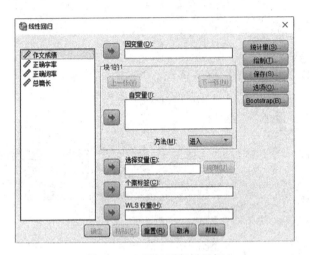

图 11-10　线性回归对话框

(2) 选择因变量"作文成绩"，单击第一个箭头按钮，把变量移到"因变量"框中。

(3) 选择自变量"正确字率""正确词率""总篇长"，单击第二个箭头按钮，把变量移到"自变量"框中，如图 11-11 所示。

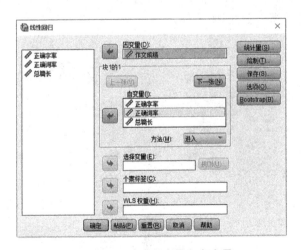

图 11-11　选定因变量和自变量

(4) 单击"统计量"。打开"线性回归：统计量"对话框，选择"描述性"(其中"估计""模型拟合度"已被选择),如图11-12所示。

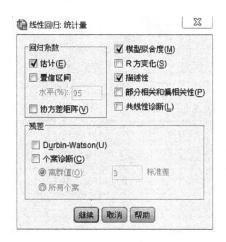

图 11-12　选择统计量

(5) 单击"继续"按钮。
(6) 单击"确定"按钮。

步骤4:结果描述。

(1) 描述统计量。

表11-11列出了每个变量的"均值""标准偏差""样本量 N"。

表 11-11　描述性统计量

	均值	标准偏差	N
作文成绩	67.500 0	14.538 30	30
正确字率	81.200 0	7.962 84	30
正确词率	81.800 0	7.270 16	30
总篇长	68.966 7	15.146 37	30

表11-11显示了这项研究中所有变量的二元相关性(即两个变量之间的相互关系)。理想的情况是每个自变量都与因变量具有高度相关性(较高的相关性有更好的预测趋势),各个自变量之间有相关性(如果自变量之间相关性低,则它们可以对因变量有相对独立的贡献;反之,贡献是共同的)。表11-12显示了所有自变量跟因变量之间的相关性是显著的(P值均小于0.05),其中"作文成绩""总篇长"之间的相关性最高(为0.648),"作文成绩""正确词率"之间的相关性最低(为0.443),相关系数取值在0.31和0.47之间时,为中度相关。

表 11-12 相关性

		作文成绩	正确字率	正确词率	总篇长	
Pearson 相关性	作文成绩	1.000	0.454	0.443	0.648	自变量和因变量"作文成绩"之间的相关性。
	正确字率	0.454	1.000	-0.223	0.294	
	正确词率	0.443	-0.223	1.000	0.395	
	总篇长	0.648	0.294	0.395	1.000	
Sig.（单侧）	作文成绩	0.000	0.006	0.007	0.000	
	正确字率	0.006	0.000	0.118	0.057	
	正确词率	0.007	0.118	0.000	0.015	
	总篇长	0.000	0.057	0.015	0.000	
N	作文成绩	30	30	30	30	
	正确字率	30	30	30	30	
	正确词率	30	30	30	30	
	总篇长	30	30	30	30	

(2) 相关性。

(3) 输入/移去的变量。表 11-13 总结了预测作文成绩的各个变量。注意到所有的自变量（"正确字率""正确词率""总篇长"）在"输入的变量"框中被列出。表格下方的注释"a. 已输入所有请求的变量"，说明所有的变量同时包含在回归模型里，备用程序允许先在回归模型中输入变量的一个子集，然后输入其他自变量，等等。这些程序中更常用的是分层回归（hierarchical multiple regression），允许用户按照指定的顺序输入自变量，用这种方法，在预测因变量时，一个或多个变量可以作为第一组变量，一个或多个其他变量可以作为第二组变量，依次类推。

表 11-13 输入/移去的变量[a]

模型	输入的变量	移去的变量	方法
1	总篇长、正确字率、正确词率	0.000	输入

注：a. 已输入所有请求的变量。

表 11-14 给出了 R、R 方、调整的 R 方和标准估计的误差的值。那么，前三个值度量"作文成绩"可以被三个自变量预测的程度有多大？最后一个值度量"作文成绩"不能被三个自变量解释的程度有多大？下面对这些问题进行讨论。

(4) 模型汇总。

第一个值 R 是多元相关系数,它等于"作文成绩"的原始值和通过回归分析得到的"作文成绩"的预测值之间的相关系数的绝对值($0 \leqslant R \leqslant 1$)。第二个值 R 方是 R 的平方($0.780^2 = 0.6084$),当乘以100%时,可理解为因变量的总变异性中被自变量解释的百分率。在目前的例子中,自变量"正确字率、正确词率和总篇长"解释了"作文成绩"的总变异性的 60.9%($0.609 \times 100\%$)。调整的 R 方修正了 R^2 是为了对总体值做更好的估计(基于样本计算的 R^2 容易高估总体值)。最后,标准估计的误差表明自变量不能预测因变量值的程度。9.60675 说明用"正确字率、正确词率和总篇长"预测"作文成绩"时,回归方程在预测时平均偏离大约为 9.6。(表 11-14)

表 11-4　模型汇总

模型	R	R 方	调整的 R 方	标准估计的误差
1	0.780[a]	0.609	0.563	9.60675

自变量解释了"作文成绩"得分的方差的 60.9%。

注：a. 预测变量：(常量)、总篇长、正确字率、正确词率。

(5) 方差分析——检验回归的整体显著性。

表 11-15 用来检验包含所有预测变量的回归模型预测"作文成绩"的显著性(类似于检验 R^2 是否显著不为0)。这个检验是用方差分析来进行的。在表 11-15 中,P 值小于或等于 0.05 说明包含所有预测变量的回归模型能够显著地预测"作文成绩"。因为 P 值 0.000(应读为小于 0.001)是小于 0.05 的,所以,原假设 $R^2 = 0$ 被拒绝,说明回归方程(包含三个预测变量)能够显著预测"作文成绩"。

表 11-15　Anova[b]

模型		平方和	df	均方	F	Sig.
1	回归	3729.970	3	1243.323	13.472	0.000[a]
	残差	2399.530	26	92.290		
	总计	6129.500	29			

因为 P 值小于 0.05,所以回归模型(包含所有自变量)是显著的。自变量整体解释了生活意义得分占显著比例的方差。

注：a. 预测变量：(常量)、总篇长、正确字率、正确词率。
　　b. 因变量：作文成绩。

(6) 系数——检验单个预测变量的显著性。

表 11-16 提供了构建回归方程和检验每个预测变量显著性的必要值。

表 11-16　系数[a]

模型		非标准化系数		标准系数	t	Sig.
		B	标准误差	试用版		
1	（常量）	-85.980	32.598		-2.638	0.014
	正确字率	0.795	0.254	0.436	3.129	0.004
	正确词率	0.793	0.290	0.397	2.738	0.011
	总篇长	0.348	0.142	0.363	2.458	0.021

注：a. 因变量：作文成绩。

因为"正确字率""正确词率""总篇长"的 P 值都小于 0.05，所以它们都是显著的。它们都解释了"作文成绩"得分占显著比例的方差。

我们首先讨论回归方程，接下来说明"正确字率、正确词率和总篇长"是不是预测"作文成绩"的显著预测变量。

回归方程中：

$$\hat{Y} = a + b_1 X_1 + b_2 X_2 + b_3 X_3$$

Y 轴截距的取值为 -85.980，"正确字率、正确词率和总篇长"的系数可以在"系数"表格中"非标准化系数"列 B 下找到，分别是 0.795，0.793，0.348。将这些值代入回归方程中，我们得到如下的方程：

$$\hat{Y}_{作文成绩} = -85.980 + 0.795 \times 正确字率 + 0.793 \times 正确词率 + 0.348 \times 总篇长$$

这是基于 30 篇作文的数据所得到的回归方程，对这 3 个自变量分别给定一个取值，可以得到一个"作文成绩"的预测值。例如，一篇作文的"正确字率、正确词率和总篇长"取值分别为 88，84，62，将这些数代入方程得到作文成绩的一个预测值。

$$\hat{Y}_{作文成绩} = -85.980 + 0.795 \times 88 + 0.793 \times 84 + 0.348 \times 62 = 71.728$$

使用这种方法可以求出每个人的预测值。预测值大多会有些误差（它们不会刚好等于真实值）；R 值越大，预测值越接近真实值，$R = 1.0$ 得到完美的预测（预测值与实际值完全一致）。

（7）检验每个预测变量的显著性。

在"系数"表格里提供了对每个预测变量的显著性的检验。在该表的最后两列中给出了每个预测变量的 t 和 P 值。变量正确字率（$t = 3.129$，$P = 0.004$），正确词率（$t = 2.738$，$P = 0.011$），总篇长（$t = 2.458$，$P = 0.021$）都是显著的，因为它们的 P 值都小于 0.05。

注意"系数"表格里的"标准系数"一列,"非标准化系数"是用来预测得分的,而"标准系数"则是用来对结果进行描述的。标准系数是β,它等于预测变量和因变量都是 z 得分形式时的回归系数(它们经过标准化处理后均值为 0,标准差为 1)。

大多数情况下,我们在多元回归建模时对常数项不感兴趣,在"系数"表中报告的对常数项的检验是要看 Y 轴截距是否显著不为 0。在本例子中,由于其 P 值 0.014,小于 0.05,因此该值 -85.980 显著不为 0。

(8) 效应量。

在回归分析中效应的度量是用 R^2 给出的。科恩定义回归中 R^2 的值 0.02,0.13,0.26 分别表示为小、中和大的效应量。本例中,$R^2 = 0.609$ 被认为在实际中有非常大的效应量,这表明"作文成绩"得分的变异性的 61% 能被预测变量解释。

(9) 论文中结果表达格式。

在写多元回归的结果时,要报告对包含所有预测变量的回归模型的检验(包括 R^2 和 ANOVA 检验结果)和对单个预测变量的检验(包括 β 值、t 值和 P 值)。如:

用"正确字率、正确词率和总篇长"三个变量建立一个多元回归模型来预测作文成绩,总的来说这个回归模型是显著的,$F(3, 26) = 13.308$,$P < 0.05$,$R^2 = 0.609$。在被调查的预测变量中,正确字率($\beta = 0.795$,$t(26) = 3.129$,$P < 0.05$),正确词率($\beta = 0.793$,$t(26) = 2.738$,$P < 0.05$),总篇长($\beta = 0.348$,$t(26) = 2.458$,$P < 0.05$)是显著的预测变量。

第五节 基于语料库的回归分析举例

张凯通过语料库的回归分析,对小学生作文和规范文本有什么差异进行了讨论。作者用现代汉语中最常用的"的、一、了、不"四个字对约 1 300 万字的现代文学作品的句长做了多元回归分析,同时也对中国小学三年级和六年级学生的作文做了同样的分析。经检验,根据现代文学作品得到的回归方程和两个年级学生作文的回归方程均有显著差异,两个年级学生作文的回归方程也有显著差异。这种差异表明不同群体的写作水平是有差异的。[1]

---

[1] 张凯. 小学生作文和规范文本有什么差异——一个回归分析[M]//北京语言大学对外汉语研究中心. 汉语应用语言学研究(第 4 辑). 北京:商务印书馆,2015:78-87.

作者的做法是，先把老舍、冰心、梁晓声、陈忠实等十几位现当代作家的作品输入语料库（其中包括小说和散文），总字数近 1 300 万，总句数 70 万（以句号、叹号、问号、冒号、删节号、破折号等为结句标志）。再选择"的""一""了""不" 4 个使用频率最高的字对句子长度（句长）做线性回归，得到一个回归方程。

接下来，作者再按奇偶数把 70 万句的大句库不断地分半，一直分到大句库的 1/8 192，每一次分半，都做一次回归，得到一个回归方程，这样就得到了 27 个回归方程。最后，把这些回归方程（回归系数）放在一起，观察它们有无规律。表 11-17 是 27 次回归的结果（为节省篇幅，分半后偶数部分的数据被略去）。

表 11-17　27 次回归的结果

样本：字数	句数	平均句长	常数/截距	的	一	了	不
全部：1 298 万	704 949	18.43	7.181	7.267	6.123	4.403	4.783
1/2：奇数，649 万	352 475	18.43	7.145	7.267	6.169	4.424	4.855
1/4：奇数：324 万	176 237	18.4	7.181	7.269	6.089	4.413	4.737
1/8：奇数：162 万	88 119	18.43	7.219	7.264	6.090	4.312	4.653
1/16：奇数：81 万	44 059	18.44	7.281	7.294	5.970	4.474	4.619
1/32：奇数：40 万	22 030	18.59	7.204	7.276	6.163	4.213	5.117
1/64：奇数：20 万	11 015	18.39	7.51	7.021	6.056	4.23	4.493
1/128：奇数：10 万	5 507	18.37	7.139	7.427	6.344	4.506	4.489
1/256：奇数：5 万	2 754	18.47	7.449	7.072	5.49	4.925	4.487
1/512：奇数 2.5 万	1 377	18.04	7.111	7.435	5.756	4.745	4.720
1/1 024：奇数：1.2 万	688	18.47	7.285	8.152	5.626	3.901	4.472
1/2 048：奇数：0.6 万	344	19.26	7.374	6.361	6.916	4.982	5.746
1/4 096：奇数：0.3 万	172	18.69	7.181	8.462	6.618	4.765	4.678
1/8 192：奇数：0.15 万	86	17.73	6.822	7.86	4.071	6.591	2.751
红岩：285 997	15 962	17.92	7.938	8.186	4.766	3.778	4.38

这一步是为了观察在现代汉语中句长跟 4 个高频字之间是否存在相关关系。检验的结果证明存在这种关系，可以进一步做回归分析，求回归方程。

因为从表 11-17 就可以看到，直到大句库被分成 1/1 024 时，无论是回归常数（截距），还是"的""一""了""不" 4 个字的回归系数，都还是比较稳定的。这就说明，当样本量比较大时，4 个常用字对句子长度的回归系数是比较稳定的,它们只在一个很小的范围里波动。这个现象,可能是规范的现代汉语的一个规律。也就是说,在规范的现代汉语书面语里,"的、一、了、不"这4个常用字的分布和句长的关系,就是回归方程所显示的样子。

接下来作者又去考察小学生作文和规范文本的差异。作者把三年级和六年级的句子库里的语料同样做了回归分析,然后将回归的结果与现代作品库做对比,看它们之间有无显著差异。

具体做法如下:

第一步,先对现代作品库的两个1/64子库(11 000句,如表11-18所示),做回归分析和方差分析,并检验得到的两个回归方程有无显著差异,选择1/64库是因为它的句子数和小学生作文库的句数大致相当。1/64子库的回归方程如下:

句长 = 7.51 + 7.021 × 的 + 6.056 × 一 + 4.493 × 不 + 4.230 × 了

第二步,对三年级和六年级的句子库(句数分别是12 000和14 000)做回归分析,得到两个回归方程,并检验三年级和六年级的回归方程有无显著差异。三年级回归分析的数据如表11-18所示。

表11-18 三年级作文的回归分析

模型	非标准化系数		标准化系数	t	Sig.
	B	标准误差	β		
(常量)	7.055	0.080		88.695	0.000
的	5.528	0.074	0.483	75.067	0.000
一	4.491	0.096	0.301	46.546	0.000
了	3.559	0.090	0.252	39.352	0.000
不	3.853	0.145	0.168	26.584	0.000

三年级作文的回归方程如下:

句长 = 7.055 + 5.528 × 的 + 4.491 × 一 + 3.853 × 不 + 3.559 × 了

六年级作文的回归方程如下:

句长 = 7.848 + 7.055 × 的 + 5.452 × 一 + 5.236 × 不 + 5.630 × 了

第三步,检验三年级、六年级回归方程和1/64子库的回归方程是否均有显著差异。

作者使用了邹氏检验(Chow test),去检验三个回归方程之间的关系。"邹氏检验"是美籍华人学者邹至庄(Gregory C. Chow)于1960年提出的一种检验方法，它的目的是检验两个回归变量相同的回归方程有无显著差异。这种方法可以判断在某个时间点上回归的结构是否发生了变化，也可以判断两个回归方程的预测力是否相同。

邹氏检验是一个 F 检验，做法是先对两个要比较的样本做方差分析，得到两个残差平方和；再把两个样本合在一起，做方差检验，得到合成样本的残差平方和；最后把三个残差平方和代入公式，计算 F 值。邹氏检验的公式如下：

$$F=\frac{(RSS_R-RSS_{UR})/k}{RSS_{UR}/(n_1+n_2-2k)}$$

式中，RSS_R 为混合样本的残差平方和；RSS_{UR} 为两个独立样本的残差平方和之和；k 为回归方程中参数的个数，作者得到的回归方程共有 5 个参数，所以 $k=5$；n_1，n_2 分别是两个独立样本的样本量。

论文先检验两个 1/64 子库有无显著差异。表 11-19 是 1/64 子库的方差分析结果，表 11-20 是两个 1/64 子库合成库的方差分析结果。

表 11-19　1/64 子库的方差分析结果

模型	平方和	df	均方	F	$Sig.$
1 回归	1 482 175	4	370 543.718	2 773.840	0.000
残差	1 470 772	11 010	133.585		
总计	2 952 947	11 014			

表 11-19 中平方和下的第二行数字 1 470 772 就是残差平方和。另一个 1/64 子库残差平方和是 879 647（方差分析结果略去）。

表 11-20　两个 1/64 子库合成库的方差分析结果

模型	平方和	df	均方	F	$Sig.$
1 回归	3 339 724	4	834 930	9 937.677	0.000
残差	1 850 468	22 025	84.017		
总计	5 190 192	22 029			

把表 11-20 中的三个残差代入公式：

$$F=\frac{[1\ 850\ 468-(1\ 470\ 772+879\ 647.5)]/5}{(1\ 470\ 772+879\ 647)/(11\ 000+11\ 000-10)}\approx -935.45$$

$F\approx -935.45$，小于 1，即 $F_{0.01(\infty,\infty)}$ 的临界值，故两个 1/64 子库的回

归方程没有差异。

再来看三年级作文和六年级作文的回归方程有无差异。

三年级作文的残差平方和是 463 888.6,六年级作文的残差平方和是 1 195 661,两个年级合成样本的残差平方和 1 763 586(三个样本的方差分析结果略去)。

也进行邹氏检验:

$$F = \frac{[1\,763\,586 - (1\,195\,661 + 463\,888.6)]/5}{(1\,195\,661 + 463\,888.6)/(13\,900 + 11\,000 - 10)} \approx 312.049$$

$F \approx 312$,大于 1,因此三年级和六年级回归方程有显著差异,这说明三年级和六年级学生作文水平是不同的。好了,现在分别去比较三年级作文和六年级作文跟 1/64 子库有无差异(表 11-21、表 11-22)。

表 11-21 三年级和 1/64 子库合成库的方差检验

模型	平方和	df	均方	F	$Sig.$
1 回归	2 093 519	4	523 379.692	6 063.612	0.000
残差	1 986 536	23 015	86.315		
总计	4 080 055	23 019			

F 检验的结果如下:

$$F = \frac{[1\,986\,536 - (1\,470\,772 + 463\,888.6)]/5}{(1\,470\,772 + 463\,888.6)/(11\,000 + 12\,000 - 10)} \approx 123.29$$

$F \approx 123$,大于 1,因此,三年级作文和 1/64 子库有显著差异。

表 11-22 六年级和 1/64 子库合成库的方差检验

模型	平方和	df	均方	F	$Sig.$
1 回归	3 947 120	4	986 780.044	9 175.624	0.000
残差	2 679 880	24 919	107.544		
总计	6 627 000	24 923			

F 检验的结果如下:

$$F = \frac{[2\,679\,880 - (1\,470\,772 + 1\,195\,661)]/5}{(1\,470\,772 + 1\,195\,661)/(11\,000 + 13\,900 - 10)} \approx 25.11$$

$F \approx 25$,F 大于 1,因此六年级作文和 1/64 子库也有显著差异。

由现当代文学作品构成的两个 1/64 子库(两库句数均为 11 000)的回

归方程没有显著差异；三年级（12 000 句）和六年级（13 900 句）有显著差异；三年级作文和 1/64 子库有显著差异；六年级作文和 1/64 库也有显著差异。这表明，"的""一""了""不"这 4 个字在三种文本中的分布是不同的。

作者希望在这种不同的分布中找到一个东西，作为衡量这种差异的指标，便从现代文学作品中随便找了一部作品《红岩》，也对这部作品做了回归分析，《红岩》的回归方程如下：

句长 $= 7.938\ 4 + 8.186 \times$ 的 $+ 4.766 \times$ 一 $+ 3.778 \times$ 不 $+ 4.380 \times$ 了

作者观察了"的、一、了、不"4 个字在不同文本中的平均次数（每句），计算结果如下：

1/64 库：的 $= 0.82$；一 $= 0.35$；不 $= 0.29$；了 $= 0.40$

红岩：的 $= 0.77$；一 $= 0.32$；不 $= 0.22$；了 $= 0.32$

六年级：的 $= 0.84$；一 $= 0.51$；不 $= 0.28$；了 $= 0.55$

三年级：的 $= 0.49$；一 $= 0.32$；不 $= 0.15$；了 $= 0.40$

以 1/64 库为例，"的"字平均每句出现 0.82 次，"一"字出现 0.35 次，"不"字出现 0.29 次，"了"字出现 0.4 次。在《红岩》、三年级作文、六年级作文里，这几个字的平均次数和 1/64 库都有差异，有的用得多一点，有的用得少一点。用《红岩》、三年级作文、六年级作文中这几个字的平均次数去减 1/64 库这几个字的平均次数，得到 3 种文本中这 4 个字平均次数与 1/64 库的差，然后再把这些差值加起来，得到"差之和"。

作者把 1/64 库中 4 个常用字的分布当作 100，用这个 100 减去"差之和"的绝对值乘以 100，得到了一个百分制的分数，即：《红岩》得分是 77 分，六年级作文是 68 分，三年级作文得分最低，是 50 分。

作者的目的是为了解决作文机器评分问题，并跟美国的 e-rater 对比。经过对现代汉语标准文本、《红岩》、三年级作文和六年级作文均做了回归分析，就可以发现，虽然作为回归变量的"的""一""了""不"4 个常用字均进入了回归方程，但邹氏检验表明，4 种文本的回归结果是不同的，也就是说 4 种文本是不同的。如果用学生作文中 4 个常用字出现次数与标准文本的差作为衡量指标，将其变形之后就可以得到《红岩》、三年级作文和六年级作文的分数。这些分数表明，《红岩》优于六年级作文，六年级作文优于三年级作文。

作者认为，这些分数就可以运用到作文的机器评分工作。当然，同时作者也指出了这种方法的优缺点。

第十二章

语料库与因子分析

第一节 因子分析的基本概念

一、因子分析的含义

因子分析是探讨潜在因子的一种分析方法,是在存在相关关系的几个变量之间探讨对变量的变化起支配作用的潜在变量的一种方法。简单地说,因子分析就是用少数几个因子来描述许多指标或因素之间的联系,以较少几个因子反映原资料的大部分信息的统计学方法。因子分析也叫因素分析。

人们在研究问题时,往往希望尽可能多地收集相关变量。但大量的变量未必能发挥预期的作用,有些多余的变量反而会给统计分析带来很多麻烦,干扰人们对问题的观察。

收集到的诸多变量之间通常都会存在或多或少的相关性。为了较好地观察变量之间的关系,最简单和最直接的解决方案是削减变量的个数,但这必然又会导致信息丢失和信息不完整等问题。为此,人们希望探索一种更为有效的解决方法,既能减少参与数据建模的变量个数,又不会造成信息的大量丢失。把信息量少的变量剔除,保留信息量大的变量,因子分析正是这样一种能够有效降低变量维数,并已得到广泛应用的分析方法。

二、因子分析的种类[1]

(一) R 型因子分析与 Q 型因子分析

这是最常用的两种因子分析类型。R 型因子分析是针对变量所做的因子

---

[1] 本小节参考:杨良斌.信息分析方法与实践 [M].长春:东北师范大学出版社,2017:129.

分析，其基本思想是通过对变量的相关系数矩阵内部结构的研究，找出能够控制所有变量的少数几个随机变量以便去描述多个随机变量之间的相关关系。然后再根据相关性的大小把变量分组，使同组内的变量之间的相关性较高，不同组变量之间的相关性较低。Q 型因子分析是针对样本所做的因子分析。它的思路与 R 因子分析相同，只是出发点不同而已。

（二）探索性因子分析与验证性因子分析

探索性因子分析（Explotory Factor Analysis）主要适用于在没有任何前提预设假定下，研究者用它来观察变量因子的结构、因子的内容以及变量的分类。通过共变关系的分解，进而找出最低限度的主要成分，以便进一步探讨这些主成分或共同因子与个别变量之间的关系，找出观察变量与其对应因子之间的强度，即所谓的因子负荷值，以说明因子与所属的观察变量的关系，并为因子取一个合适的名字。

验证性因子分析（Confirmatory Factor Analysis）要求研究者对潜在变量的内容与性质，在测量之初就必须有非常明确的说明，或有具体的理论基础，并已先期决定相对应的观测变量的组成模式，进行因子分析的目的是为了检验这一先前提出的因子结构的适合性。这种方法也可以应用于理论框架的检验，它在结构方程模型中占据相当重要的地位，有着重要的应用价值。

三、因子分析模型

在因子分析模型中，假定每个原始变量由两部分组成：共同因子（common factors）和独特因子（unique factors）。共同因子是各个原始变量所共有的因子，解释变量之间的相关关系。独特因子是每个原始变量所特有的因子，表示该变量不能被共同因子解释的部分。原始变量与因子分析时抽出的共同因子的相关关系用因子负荷（factor loadings）表示。

因子分析可以用下列数学模型来表示：

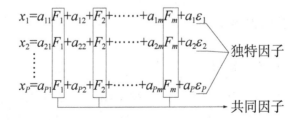

因子分析把每个原始变量分解成两部分：一部分是由所有变量共同具有

的少数几个因子所构成的，即所谓公共因子部分；另一部分是每个变量独自具有的因子，即所谓独特因子部分。图中 F_1，F_2，…，F_m 叫作共同因子，它们是在各个变量中共同出现的因子。我们可以把它们看作多维空间分布中互相垂直的 m 个坐标轴。$\varepsilon_i(i=1,2,…,p)$ 表示影响 x_i 的独特因子，指原有变量不能被因子变量所解释的部分，相当于回归分析中的残差部分。a_{ji} 叫作因子负荷（载荷），它是第 j 个变量在第 i 个主因子上的负荷，或叫作第 j 个变量在第 i 个主因子上的权值，它反映了第 j 个变量在第 i 个主因子上的相对重要性。

四、因素分析的主要步骤[1]

因子分析主要涉及以下五个基本步骤：

（一）满足因子分析的前提条件

第一，因子分析以变量之间的相关关系作为分析的依据，它要求原有变量之间应存在较强的相关关系，凡影响共变的因子都要先行确认无误。由于因子分析的主要任务之一是对原有变量进行浓缩，进而最终实现减少变量个数的目的。因此，因子分析的变量都必须是连续变量，符合线性关系的假设。其他顺序与类别的数据不能用因子分析简化结构。

第二，抽样过程必须随机，且具有一定规模。一般样本量不得低于100，原则上是越大越好。此外，一般还要求样本量与变量数之间的比例不得低于5∶1。

第三，变量之间要具有一定程度的相关，对于一群相关太高或太低的变量，不太适合进行因子分析。相关程度太高了，区分效度不够，获得的因子结构价值不太高。

SPSS 提供了4个统计量可帮助判断观测数据是否适合做因子分析：

1. 计算相关系数矩阵（Correlation Matrix）

在进行提取因子等分析步骤之前，应对相关矩阵进行检验，如果相关矩阵中的大部分相关系数小于0.3，则不适合做因子分析；当原始变量个数较多时，所输出的相关系数矩阵特别大，观察起来不是很方便，所以一般不会采用此方法；或即使采用了此方法，也不方便在结果汇报中给出原始分析报表。

---

[1] 本小节内容引自杨良斌. 信息分析方法与实践 [M]. 长春：东北师范大学出版社，2017：133-137.

2. 计算反映像相关矩阵 (Anti-image correlation matrix)

在因子分析中，可以得到一个反映像矩阵，呈现出偏相关的大小，在该矩阵中，若有多数系数偏高，则应放弃使用因子分析。对角线的系数除外，该系数称取样适切性量数（KMO），代表与该变量有关的所有相关系数与净相关系数的比例，该系数越大，表示相关情形越良好。

3. 巴特利特球形检验 (Bartlett test of sphericity)

巴特利特球形检验的目的是检验相关矩阵是不是单位矩阵（identity matrix），如果是单位矩阵，则认为因子模型不合适。巴特利特球形检验可以用来检验样本内各变量之间的相关系数是否不同且大于 0。若球形检验结果显著，表示相关系数可以用于因子分析抽取因子。一般说来，如果显著性水平值越小（<0.05），表明原始变量之间越可能存在有意义的关系；如果显著性水平越大（如 0.10 以上），表明数据不适合用因子分析。

4. KMO (Kaiser-Meyer-Olkin Measure of Smapling Adequacy)

KMO 是 Kaiser-Meyer-Olkin 的取样适当性量数。KMO 测度的值越高（接近 1.0 时），表明变量间的共同因子越多，研究数据适合用因子分析。通常按以下标准解释该指标值的大小：KMO 值达到 0.9 以上为非常好，0.8～0.9 为好，0.7～0.8 为一般，0.6～0.7 为差，0.5～0.6 为很差。如果 KMO 测度的值低于 0.5 时，表明样本偏小，需要扩大样本。（表 12-1）

表 12-1　KMO 统计量与因子分析的适合性

KMO 统计量	因子分析适合性	KMO 统计量	因子分析适合性
0.90 以上	极适合进行因子分析	0.60 以上	勉强可进行因子分析
0.80 以上	适合进行因子分析	0.50 以上	不适合进行因子分析
0.70 以上	尚可进行因子分析	0.50 以下	非常不适合进行因子分析

综上所述，经常采用的方法为巴特利特球形检验和 KMO。

（二）抽取共同因子，确定因子的数目和求因子解的方法

1. 因子抽取的方法

因子抽取的目的在于决定测量变量当中存在着多少个潜在的成分或因子数。当然，除了人为可以设定因子个数外，决定因子个数的具体方法还有：

（1）主成分法（Principal component analysis）。主成分法以线性方程式将所有变量加以合并，计算所有变量共同解释的变异量，该线性组合成为主成分。第一次线性组合建立后，计算出的第一个主成分估计值，可以解释全体变异量的一大部分，其解释的变异量即属于第一个主成分所有。然后再将

剩余的变异量，经过第二次方程式线性合并，抽取出第二个主成分，其涵盖的变异量属于第二个主成分所有。以此类推，直到无法再抽取为止，最后保留解释量比较大的那几个变量。主成分法分析一般适用于单纯为简化大量变量为少数的成分时，以及作为因子分析的预备工作。在 SPSS 使用手册中，也建议研究者多采用主成分析法来估计因素负荷量。

（2）主因子法（Principal factor）。主因子法是分析变量间的共同变异量而非全体变异量。它的计算方法与主成分法有差异，主因子法用共同性取代了相关矩阵中的对角线 1.00，目的在于抽出一系列互相独立的因子。第一个因子解释最多的原来变量间的共同变异量；第二个因子解释除去第一个因子解释后剩余共同变异量的最大变异，其余因子依次解释剩下的变异量中最大部分，直到所有的共同变异被分割完毕为止。此法符合因子分析模式的假设，亦即分析变量间共同变异，而非分析变量间的总变异，因子的内容较易了解。

除此之外，还有两种比较常见的因子抽取方法，即最小平方法和最大似然法。

2. 因子数目

因子数目的确定没有精确的定量方法，但常用的方法是借助两个准则来确定因子的个数，一是特征值（eigenvalue）准则，二是碎石检验（scree test）准则。特征值准则就是选取特征值大于或等于 1 的主成分作为初始因子，而放弃特征值小于 1 的主成分。因为每个变量的方差为 1，该准则认为每个保留下来的因子至少应该能解释一个变量的方差，否则达不到精简数据的目的。碎石检验准则是根据因子被提取的顺序绘出特征值随因子个数变化的散点图，根据图的形状来判断因子的个数。散点曲线的特点是由高到低，先陡后平，最后几乎成一条直线。曲线开始变平的前一个点被认为是提取的最大因子数。

（三）使因子更具有命名可解释性

通常最初因素抽取后，对因素无法做有效的解释。这时往往需要进行因子旋转，通过坐标变换使因子解的意义更容易解释。因子旋转的目的，就是在于厘清因子与原始变量间的关系，以确立因子间最简单的结构，达到简化的目的，使新因子具有更鲜明的实际意义，更好地解释因子分析结果。所谓简单结构，就是使每一个变量仅在一个公共因子上有较大的载荷，而在其他公共因子上的载荷比较小。

旋转的目的在于改变题项在各因素负荷量的大小。旋转时，根据题项与因素结构关系的密切程度，调整各因素负荷量的大小；旋转后，使得变量在每个因素的负荷量不是变得更大（接近1），就是变得更小（接近0）；而旋转前，在每个因素的负荷量大小均差不多，这就使对共同因子的命名和解释变量变得更容易。旋转后，每个共同因素的特征值会改变，但每个变量的共同性不会改变。

因子旋转可分为正交旋转和斜交旋转。所谓正交旋转就是指旋转过程中因子之间的轴线夹角为90°，即因子之间的相关设定为0，如最大变异法、四方最大法、均等变异法。所谓斜交旋转就是允许因子与因子之间具有一定相关性，在旋转过程中同时对因子的关联情形进行估计，例如，最小斜交法、最大斜交法、四方最小法等。

正交旋转是基于各因子间相互独立的前提，它能够最大限度地对各因子进行区分，但也容易扭曲潜在特质在现实生活中的真实关系，容易造成偏差。因此，一般进行研究时，除非研究者具有特定的理论作为支持，或有强有力的实证证据，否则，为了精确地估计变量与因子关系，使用斜交旋转是较为贴近真实的一种做法。

正交旋转的优点是因素间提供的信息不会重叠，观察体在某一个因素的分数与在其他因素的分数，彼此独立不相关；而其缺点是研究者迫使因素间不相关，但在实际情境中，它们彼此有相关的可能性很高，因而正交旋转方法更偏向人为操控方式，不需要正确响应现实世界中自然发生的事件。

斜交旋转的方法是要求在旋转时各个因子之间呈斜交的关系，表示允许该因子与因子之间有某种程度上的相关。在斜交旋转中，因子之间的夹角可以是任意的，所以用斜交因子描述变量可以使因子结构更为简洁。选择直接斜交旋转时，必须指定δ值。该值的取值范围在0到-1之间，0值产生最高相关因子，大的负数产生旋转的结果与正交接近。斜交旋转方法也允许因子彼此相关，它比直接斜交旋得更快，因此适用于大数据集的因子分析。

综上所述，不同的因子旋转方式各有其特点。因此，究竟选择何种方式进行因子旋转取决于研究问题的需要。如果因子分析的目的只是进行数据简化，而因子的确切含义是什么并不重要，就应该选择正交旋转。如果因子分析的目的是要得到理论上有意义的因子，就应该选择斜交旋转。事实上，研究中很少有完全不相关的变量，所以，从理论上看斜交旋转优于正交旋转。但是斜交旋转中因子之间的斜交程度受研究者定义的参数的影响，而且斜交旋转中所允许的因子之间的相关程度是很小的，因为没有人会接受两个高度相关的共同因子。如果两个因子确实高度相关，大多数研究者会选取更少的因子重新进行分析。因此，斜交旋转的优越性会大打折扣。在实际研究中，正交旋转（尤其是最大变异旋转法）得到了更广泛的运用。

(四) 决定因素与命名

旋转后，要决定因素数目，选取较少因素层面，获得较大的解释量。在因素命名与结果解释上，必要时可将因素计算后之分数存储，作为其他程序分析之输入变量。

(五) 计算各样本的因子得分

因子分析的最终目标是减少变量个数，以便在进一步的分析中用较少的因子代替原有变量参与数据建模。本步骤正是通过各种方法计算各样本在各因子上的得分，为进一步的分析奠定基础。

第二节 因子分析的 SPSS 过程

【例一】 某对外汉语培训中心对在该中心学习的外国留学生进行了一项汉语学习动机问卷调查。使用李克特五级式量表。第一级为最不喜欢，第五级为最喜欢。随机抽取 18 人参加调查。其中一个项目调查的是"内在动机"或称"内在兴趣动机"，了解留学生对汉语语言、文化的兴趣与喜爱。该项目分为 7 个问题。

整理数据如表 12-2 所示：

表 12-2 留学生内在学习动机调查数据

学生	问题 1 我喜欢汉语本身	问题 2 我对汉语学习有天生的兴趣	问题 3 我非常欣赏汉语的书法	问题 4 我喜爱汉语歌曲	问题 5 我喜欢汉语戏剧	问题 6 我喜欢汉语文学	问题 7 我喜欢汉语文化
1	2	2	4	4	2	5	4
2	3	3	3	4	5	4	3
3	3	3	4	3	3	4	2
4	2	4	4	2	3	4	1
5	2	2	4	3	2	4	2
6	2	5	3	4	3	3	3
7	3	2	3	5	4	3	4

续表

	问题 1	问题 2	问题 3	问题 4	问题 5	问题 6	问题 7
8	3	3	5	5	5	4	5
9	2	1	4	4	5	4	4
10	3	2	4	3	4	5	3
11	4	4	3	3	4	4	2
12	2	1	5	4	3	5	1
13	1	3	5	5	4	4	2
14	3	3	4	4	4	4	3
15	4	2	4	5	5	3	5
16	4	2	4	4	5	5	3
17	1	5	5	4	3	4	3
18	2	3	5	5	2	3	5

1. 问题分析

该题中有 7 个变量（问题 1～问题 7），这些变量较多，变量之间没有自变量跟因变量的关系。设法通过某种算法变为 3 个、4 个因子，而每个因子都能表达一种含义，从而达到降维的效果，方便接下来对这些数据的分析。

2. 软件操作

步骤 1：生成变量。

打开 SPSS。单击“变量视图”标签。在 SPSS 中输入 7 个变量名称“我喜欢汉语本身”“我对汉语学习有天生的兴趣”“我非常欣赏汉语的书法”……（图 12-1 中显示输入变量名称的简化形式）。

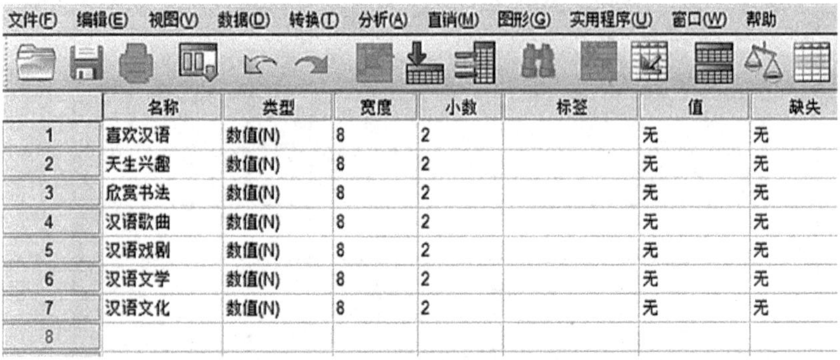

	名称	类型	宽度	小数	标签	值	缺失
1	喜欢汉语	数值(N)	8	2		无	无
2	天生兴趣	数值(N)	8	2		无	无
3	欣赏书法	数值(N)	8	2		无	无
4	汉语歌曲	数值(N)	8	2		无	无
5	汉语戏剧	数值(N)	8	2		无	无
6	汉语文学	数值(N)	8	2		无	无
7	汉语文化	数值(N)	8	2		无	无
8							

图 12-1　变量视图中输入变量

步骤 2：输入数据。

单击“数据视图”标签。将图 12-2 中每个分值数据输入。

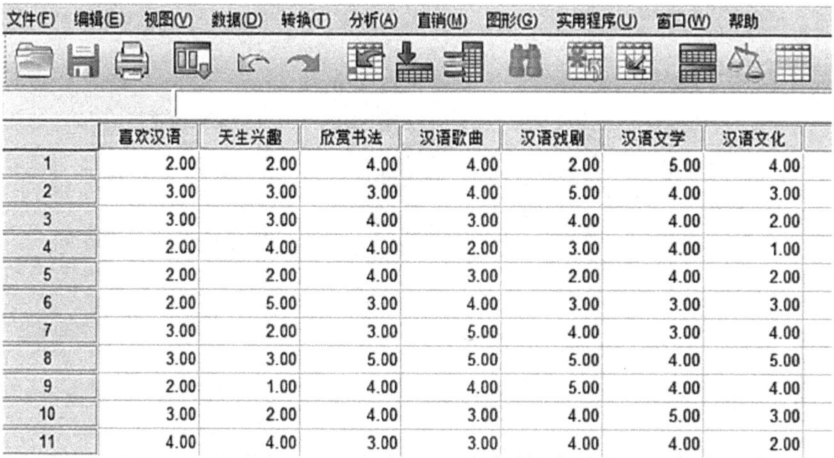
文件(F) 编辑(E) 视图(V) 数据(D) 转换(T) 分析(A) 直销(M) 图形(G) 实用程序(U) 窗口(W) 帮助

	喜欢汉语	天生兴趣	欣赏书法	汉语歌曲	汉语戏剧	汉语文学	汉语文化
1	2.00	2.00	4.00	4.00	2.00	5.00	4.00
2	3.00	3.00	3.00	4.00	5.00	4.00	3.00
3	3.00	3.00	4.00	3.00	4.00	4.00	2.00
4	2.00	4.00	4.00	2.00	3.00	4.00	1.00
5	2.00	2.00	4.00	3.00	2.00	4.00	2.00
6	2.00	5.00	3.00	4.00	3.00	3.00	3.00
7	3.00	2.00	3.00	5.00	4.00	3.00	4.00
8	3.00	3.00	5.00	5.00	5.00	4.00	5.00
9	2.00	1.00	4.00	4.00	5.00	4.00	4.00
10	3.00	2.00	4.00	3.00	4.00	5.00	3.00
11	4.00	4.00	3.00	3.00	4.00	4.00	2.00

图 12-2　数据视图中输入数据

步骤 3：分析数据。

(1) 从菜单栏中选择“分析” | “降维” | “因子分析”。(图 12-3)

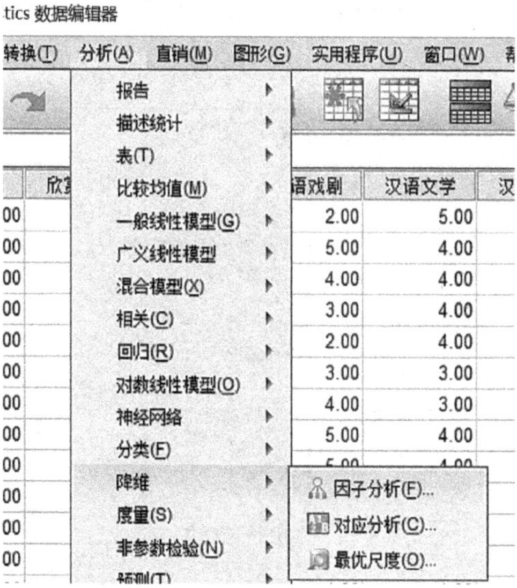

图 12-3　因子分析下拉菜单

(2) 打开“因子分析”窗口，单击箭头按钮将左边所有变量移到“变量”框中。(图 12-4)

(3) 单击"描述"按钮，进入"因子分析：描述统计"窗口，勾选"原始分析结果""系数""KMO and Bartlett 的球形度检验"。（图 12-5）

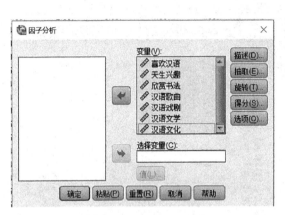

图 12-4 因子分析窗口

图 12-5 统计量与矩阵选择

(4) 单击"继续"按钮。返回"因子分析"窗口。单击"抽取"按钮，弹出"因子分析：抽取"窗口。

"方法"下拉菜单中有几种方法，它们的区别不大。默认选择"主成分"。（从解释变量的变异出发，使变异的方差能够被主成分所解释，主要用于获得初始因子的结果）

(5) 在"分析"一栏中保留默认的"相关性矩阵"。

在"输出"一栏中勾选"未旋转的因子解"和"碎石图"。

在"抽取"一栏中选择默认"基于特征值"，特征值大于1。

"最大收敛性迭代次数"，保留默认选择 25。（图 12-6）

(6) 单击"继续"按钮。返回"因子分析"窗口。

(7) 单击"旋转"按钮，弹出"因子分析：旋转"窗口。（图 12-7）

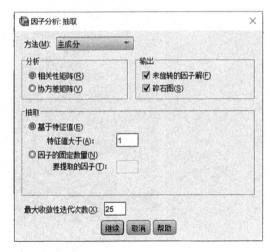

图 12-6 因子分析方法选择

在"方法"一栏中选择默认"最大方差法"。

图 12-7　因子分析：旋转

在"输出"一栏中勾选"旋转解""载荷图"。"载荷图"为三维图：坐标值为因子值，各个变量以散点形式分布其中，可以直观了解变量与因子之间的关系。

(8) 单击"继续"按钮，返回"因子分析"窗口。

(9) "得分""选项"按钮保留默认。

(10) 单击"确定"按钮，输出结果。

3. 结果解释

(1) 相关矩阵表（表 12-3）。

表 12-3　相关矩阵表

		喜欢汉语	天生兴趣	欣赏书法	汉语歌曲	汉语戏剧	汉语文学	汉语文化
相关	喜欢汉语	1.000	-0.207	-0.489	-0.033	0.581	0.000	0.225
	天生兴趣	-0.207	1.000	-0.124	-0.186	-0.193	-0.368	-0.151
	欣赏书法	-0.489	-0.124	1.000	0.284	-0.206	0.236	0.061
	汉语歌曲	-0.033	-0.186	0.284	1.000	0.234	-0.393	0.699
	汉语戏剧	0.581	-0.193	-0.206	0.234	1.000	0.000	0.230
	汉语文学	0.000	-0.368	0.236	-0.393	0.000	1.000	-0.409
	汉语文化	0.225	-0.151	0.061	0.699	0.230	-0.409	1.000

该表给出了 7 个变量的相关系属矩阵。它们的相关系数并不怎么高，有的还是负相关。因此，可以进行分析，不必考虑其中会有共线性问题。

(2) KMO 测度和巴特利特球形检验表（表 12-4）。

表 12-4　KMO 测度和巴特利特球形检验表

取样足够度的 KMO 度量		0.519
巴特利特球形检验	近似卡方	35.249
	df	21
	Sig.	0.027

KMO 是 Kaiser-Meyer-Olkin 的取样适当性量数。KMO 测度的值越高（接近 1.0 时），表明变量间的共同因子越多，研究数据适合用因子分析。通常按以下标准解释该指标值的大小：KMO 测度的值达到 0.9 以上为非常好，0.8～0.9 为好，0.7～0.8 为一般，0.6～0.7 为差，0.5～0.6 为很差。如果 KMO 测度的值低于 0.5 时，表明样本偏小，需要扩大样本，此处的 KMO 测度的值为 0.519，表示样本偏小，不太适合进行因子分析。

巴特利特球形检验的目的是检验相关矩阵是否是单位矩阵（identity matrix），如果是单位矩阵，则认为因子模型不合适。巴特利特球形检验的虚无假设为相关矩阵是单位矩阵，如果不能拒绝该假设的话，就表明数据不适合用于因子分析。一般说来，如果显著性水平越小（<0.05），表明原始变量之间越可能存在有意义的关系；如果显著性水平越大（如 0.10 以上），表明数据不适合用因子分析。本例中，巴特利特球形检验的 χ^2 值为 35.740（自由度为 21），伴随概率值为 0.000<0.027，达到了显著性水平，说明拒绝零假设而接受备择假设，即相关矩阵不是单位矩阵，代表母群体的相关矩阵间有共同因素存在，适合进行因子分析。

(3) 共同因子方差（共同性）表（表 12-5）。

表 12-5　共同因子方差（共同性）表

	初始	提取
喜欢汉语	1.000	0.830
天生兴趣	1.000	0.723
欣赏书法	1.000	0.783
汉语歌曲	1.000	0.874
汉语戏剧	1.000	0.652
汉语文学	1.000	0.847
汉语文化	1.000	0.796

注：提取方法为主成分分析法。

表中给出了各变量中信息分别被取出的比例。提取比例最高的是汉语歌曲 0.874，最低的是汉语戏剧 0.652。

共同因子方差，即表明每个变量被解释的方差量。初始共同因子方差是每个变量被所有成分或因子解释的方差估计量。对于主成分分析法来说，它总是等于 1，因为有多少个原始变量就有多少个成分，因此共同性会等于 1。

抽取共同因子方差是指因子解中每个变量被因子或成分解释的方差估计量。这些共同因子方差是用来预测因子的变量的多重相关的平方。数值小就说明该变量不适合做因子，可在分析中将其排除。

（4）解释的总方差表（表 12-6）。

表 12-6 解释的总方差表

成分	初始特征值			提取平方和载入			旋转平方和载入		
	合计	方差的 %	累积 %	合计	方差的 %	累积 %	合计	方差的 %	累积 %
1	2.213	31.621	31.621	2.213	31.621	31.621	2.078	29.681	29.681
2	1.795	25.640	57.261	1.795	25.640	57.261	1.925	27.507	57.188
3	1.497	21.391	78.652	1.497	21.391	78.652	1.503	21.464	78.652
4	0.634	9.050	87.702						
5	0.399	5.706	93.408						
6	0.266	3.802	97.211						
7	0.195	2.789	100.000						

注：提取方法为主成分分析法。

解释的总方差表也称主成分列表，是一个非常重要的表格。左边第一栏为各成分的序号，共有 7 个变量，所以有 7 个成分。第二大栏为初始特征值，共由三栏构成：特征值、解释方差和累积解释方差。

"合计"栏为各成分的特征值，栏中只有 3 个成分的特征值超过了 1；其余成分的特征值都没有达到或超过 1。"方差的 %"栏为各成分所解释的方差占总方差的百分率，即各因子特征值占总特征值总和的百分率。"累积 %"栏为各因子方差占总方差的百分率的累计百分率。如在"方差的 %"栏中，第一和第二成分的"方差的 %"分别为 31.621，25.640，而在"累计 %"栏中，第一成分的"累计 %"仍然为 31.621，第二成分的"累计 %"为 57.261，即两个成分的"方差的 %"的和。

第三大栏为因子提取的结果，为旋转解释的方差。第三大栏与第二大栏的前三行完全相同，即把特征值大于 1 的三个成分或因子单独列出来了。这三个特征值由大到小排列，所以第一个共同因子的解释方差最大。

(5) 碎石图。

碎石图（图 12-8）是为了确定因子的数目。从碎石图中可以看出，从第 3 个因子开始，以后的曲线变得比较平缓，最后接近一条直线。第三个成分就是这一图形的"拐点"。这之前是主要因子，这之后是次要因子。因此，这一碎石图用直观的方法向我们显示，在我们这一实例中，只需要提取 3 个主要成分就行了。最后决定抽取多少个因子，还要看后面的结果。

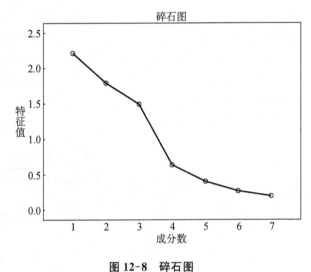

图 12-8　碎石图

(6) 成分矩阵表（表 12-7）。

表 12-7　成份矩阵表

	成分		
	1	2	3
喜欢汉语	0.549	-0.727	0.014
天生兴趣	-0.245	0.151	-0.800
欣赏书法	-0.184	0.678	0.537
汉语歌曲	0.726	0.570	0.147
汉语戏剧	0.628	-0.474	0.181
汉语文学	-0.473	-0.331	0.717
汉语文化	0.820	0.352	0.016

注：提取方法为主成分分析法。

成分矩阵表中列出未使用旋转方法时，使用因子能解释的各个变量的比例（各变量的信息被主成分提取了多少）。

(7) 旋转成分矩阵表 (表 12-8)。

表 12-8 中各变量根据负荷量的大小进行了排列。旋转后的因子矩阵与旋转前的因子矩阵有明显的差异,旋转后的负荷量明显地向 0 和 1 两极分化了。从旋转后的矩阵表中,可以很容易地判断哪个变量归入哪个因子。

表 12-8 旋转成分矩阵表^a

	成分		
	1	2	3
喜欢汉语	0.047	**0.904**	0.106
天生兴趣	-0.180	-0.178	-0.811
欣赏书法	0.271	-0.715	**0.445**
汉语歌曲	**0.930**	-0.071	0.067
汉语戏剧	0.266	**0.724**	0.238
汉语文学	-0.519	-0.072	**0.757**
汉语文化	**0.874**	0.175	-0.034

注:提取方法为主成分分析法。
旋转法:具有 Kaiser 标准化的正交旋转法。
a. 旋转在 4 次迭代后收敛。

(8) 成分转换矩阵表 (表 12-9)。

成分转换矩阵表 (Component Transformation Matrix) 用来说明旋转前后主成分间的系数对应关系。

表 12-9 成分转换矩阵表

成分	1	2	3
1	0.825	0.566	-0.005
2	0.560	-0.818	-0.131
3	0.079	-0.105	0.991

注:提取方法为主成分分析法。
旋转法:具有 Kaiser 标准化的正交旋转法。

(9) 旋转后的三维主成分图。

旋转后的三维主成分图 (Component Plot Rotated Space),从图 12-9 中可见,我们的 7 个变量并没有在一个方位上,因此提取一个主成分并不能解释大部分信息。这就是系统提取了三个主成分的原因。

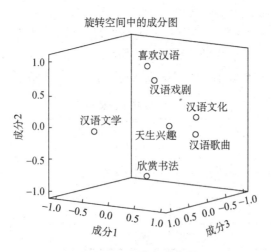

图 12-9　三维主成分图

(10) 因子分析的命名和结果汇报。

因子分析通过 Varimax 旋转之后得出的因子，可根据量表项目的含义进行命名。一般说来，给因子命名应该简明扼要，反映出该因子中所有变量所表达的潜在结构。如果进行的是探索性因素分析，就可以根据量表的内容进行命名。如果要验证已有的理论结构，那么对于得出的因子应采用该研究领域已被广为接受的术语进行命名，与其他研究保持一致，以免引起概念上不必要的混乱。如本例中，第一个因子可以命名为"歌曲文化"，第二个因子可以命名为"汉语戏曲"，第三个因子可以命名为"文学书法"。而"天生兴趣"得分都很低，基本上可以剔除。

SPSS 的因子分析产生了大量的表格结果，在研究报告或论文写作中显然不大可能有足够的篇幅对所有分析结果进行汇报，但可摘要汇报。一般的做法是，把各因子旋转后的特征值、方差、累计方差以及各因子所包含的问卷问题及其对因子的负荷量等主要统计量汇总并制表，格式如表 12-10、表 12-11 所示。

表 12-10　各因子的特征值、解释方差和累计方差

因子 (Factors)	命名 (Labels)	特征值 (Eigenvalue)	解释方差 (Variance)	累计方差 (Cumulative variance)
因子 1	歌曲文化	2.078	29.681	29.681
因子 2	汉语戏曲	1.925	27.507	57.188
因子 3	文学书法	1.503	21.464	78.652

表 12-11　因子所包含的主要统计量

因子（命名后名称）	问卷题目	负荷	共同性
歌曲文化	问题 4 + 问题 7	0.930 + 0.874	0.874 + 0.796
汉语戏曲	问题 1 + 问题 5	0.904 + 0.724	0.830 + 0.874
文学书法	问题 6 + 问题 3	0.757 + 0.445	0.847 + 0.783

第三节　因子分析在语言研究中的应用

使用因子分析来分析语料库材料的研究并不多。桂诗春先生的一些论文在这方面进行了积极探索。以他在《中国学习者英语言语失误分析》[1]一文的分析讨论方法为例，看看他在讨论中国学生英语学习者言语失误情况时，如何通过统计分析和因子分析，来归纳出失误的类型，然后在此基础上展开讨论。

一、言语失误总表

作者在对言语失误进行详细分类的基础上，对整个语料库的语料进行标注。最后根据标注进行检索和归类得出言语失误的汇总表。言语失误总频数为 72 421，而整个语料库的总词次为 1 207 952，言语失误率为 6%。因为几个子语料库的绝对频数并不一致，所以又对言语失误汇总表的频数进行标准化处理。作者进行标准化处理的做法是，先求出每种失误与词次的比值，再乘以 200 000，因为作者假定这是一个 1 000 000 个词的语料库，每类 CLL 的词次应为 200 000。例如，St2 的 fm1（拼写）失误为 2 424，总词次为 251 353，其标准化的失误频数应为 2 424/251 353 × 200 000 ≈ 1 928.8。下面是经过标准化处理后的各种言语失误频数及其比例[2]总表（表 12-12）：

---

[1] 桂诗春.中国学习者英语言语失误分析 [M] //杨惠中，桂诗春，杨达复.基于 CLEC 语料库的中国学习者英语分析.上海：上海外语教育出版社，2005：1-110.
[2] 如果计算的是一种失误的总数，则把各类 CLL 的实际失误频数加起来，除以总数，再乘以 100 000。

表 12-12　标准化处理后的各种失误频数及其比例

失误类型	St2	St3	St4	St5	St6	总计	百分率/%
fm1	1 928.8	2 877.4	2 112.6	1 826.7	1 686.7	10 432.2	17.47
fm2	349.3	448.9	438.9	226.9	328.7	1 792.7	3
fm3	1 474.4	731.8	405.8	694.1	174.6	3 480.7	5.83
vp1	259.4	325.9	498.4	103.4	200.8	1 387.9	2.32
vp2	179	139.3	61.2	104.2	22.1	505.8	0.85
vp3	374	524.6	785.2	273.1	327	2 283.9	3.82
vp4	140.8	159.1	110.8	63.9	51.6	526.2	0.88
vp5	140	118.7	107.4	89.9	46.7	502.7	0.84
vp6	1 165.7	356	311.6	379.8	215.6	2 428.7	4.07
vp7	172.7	104.1	98.4	63.9	46.7	485.8	0.81
vp8	27.1	16.3	8.3	25.2	11.5	88.4	0.15
vp9	111.4	274.3	278.5	42.9	86.1	793.2	1.33
np1	46.9	33.5	28.9	16.8	10.7	136.8	0.23
np2	24.7	22.4	17.4	19.3	2.5	86.3	0.14
np3	202.1	247.7	249.6	210.9	186	1 096.3	1.84
np4	66.8	55.9	26.4	22.7	21.3	193.1	0.32
np5	58.9	98	71.9	60.5	84.4	373.7	0.63
np6	374	654.4	481	358.8	354.1	2 222.3	3.72
np7	237.9	107.5	89.3	174.8	54.9	664.4	1.11
np8	35	65.4	47.9	13.4	7.4	169.1	0.28
np9	6.4	41.3	12.4	7.6	5.7	73.4	0.12
pr1	82	236.5	205	89.9	18.9	632.3	1.06
pr2	16.7	78.3	23.1	4.2	0	122.3	0.2
pr3	52.5	54.2	172.7	28.6	60.6	368.6	0.62
pr4	74.8	37	20.7	48.7	10.7	191.9	0.32
pr5	26.3	53.3	14.1	7.6	10.7	112	0.19
pr6	9.5	2.6	5	3.4	0	20.5	0.03

续表

失误类型	St2	St3	St4	St5	St6	总计	百分率/%
aj1	6.4	18.9	15.7	5	9	55	0.09
aj2	9.5	3.4	9.9	5.9	7.4	36.1	0.06
aj3	38.2	39.6	32.2	43.7	97.5	251.2	0.42
aj4	16.7	2.6	22.3	12.6	5.7	59.9	0.1
aj5	0.8	3.4	7.4	1.7	0	13.3	0.02
ad1	35.8	96.3	39.7	27.7	15.6	215.1	0.36
ad2	42.2	37.8	12.4	9.2	4.9	106.5	0.18
ad3	7.2	12	9.9	1.7	2.5	33.3	0.06
pp1	136.1	98	43	169.7	28.7	475.5	0.8
pp2	25.5	262.3	143.8	37	27.9	496.5	0.83
cj1	27.8	20.6	18.2	21.8	12.3	100.7	0.17
cj2	4	7.7	13.2	5.9	4.9	35.7	0.06
wd1	43.8	151.3	114.1	25.2	37.7	372.1	0.62
wd2	324.6	929.6	772.8	226.9	242.6	2 496.5	4.18
wd3	1 102	1 634.7	1 815	757.1	359.8	5 668.6	9.49
wd4	585.6	829.8	443.8	403.3	427	2 689.5	4.5
wd5	410.6	613.1	518.2	265.5	171.3	1 978.7	3.31
wd6	27.1	37	22.3	34.5	29.5	150.4	0.25
wd7	261.8	430.8	261.2	228.6	209.8	1 392.2	2.33
cc1	72.4	65.4	76	23.5	36.1	273.4	0.46
cc2	35	177.1	49.6	6.7	21.3	289.7	0.49
cc3	168.7	514.2	417.4	75.6	112.3	1 288.2	2.16
cc4	64.5	94.6	134.7	42	39.3	375.1	0.63
cc5	23.9	40.4	29.8	5	4.1	103.2	0.17
cc6	17.5	12	6.6	2.5	1.6	40.2	0.07
sn1	419.3	596.8	576.9	118.5	42.6	1 754.1	2.94
sn2	424.9	389.6	303.3	132.8	76.2	1 326.8	2.22

续表

失误类型	St2	St3	St4	St5	St6	总计	百分率/%
sn3	10.3	20.6	17.4	2.5	10.7	61.5	0.1
sn4	17.5	24.9	6.6	20.2	4.9	74.1	0.12
sn5	9.5	14.6	17.4	2.5	4.9	48.9	0.08
sn6	84.3	41.3	39.7	41.2	1.6	208.1	0.35
sn7	49.3	55.9	63.6	23.5	3.3	195.6	0.33
sn8	1 103.6	446.3	862.1	493.2	231.9	3 137.1	5.25
sn9	861.7	573.61	337.2	649.5	322.9	2 744.9	4.6
总计	14 105.2	16 160.6	13 935.9	8 883.4	6 633.8	59 718.9	100

二、按大类排列的言语失误

如果按大类来观察，则言语失误排列可以归纳如表 12-13 所示。

表 12-13　按大类区分言语失误排列表

	St2	St3	St4	St5	St6	总计	百分率/%	累积百分率/%
词形	3 752.5	4 058.1	2 957.3	2 747.7	2 190	15 705.6	26.299	26.299
词汇	2 755.5	4 626.3	3 947.4	1 941.1	1 477.7	14 748	24.696	50.995
句法	2 980.4	2 163.6	2 224.2	1 483.9	699	9 551.1	15.993	66.988
动词	2 570.1	2 018.3	2 259.8	1 146.3	1 008.1	9 002.6	15.075	82.063
名词	1 052.7	1 326.1	1 024.8	884.8	727	5 015.4	8.398	90.461
搭配	382	903.7	714.1	155.3	214.7	2 369.8	3.968	94.429
代词	261.8	461.9	440.6	182.4	100.9	1 447.6	2.424	96.853
介词	161.6	360.3	186.8	206.7	56.6	972	1.628	98.481
形容词	71.6	67.9	87.5	68.9	119.6	415.5	0.696	99.177
副词	85.2	146.1	62	38.6	23	354.9	0.594	99.771
连词	31.8	28.3	31.4	27.7	17.2	136.4	0.228	99.999
总计	14 105.2	16 160.6	13 935.9	8 883.4	6 633.8	59 718.9		
百分率/%	0.24	0.27	0.23	0.15	0.11			

三、对言语失误的因子分析

作者有对这 11 大类言语失误进行了因子分析，其结果如表 12-14 所示。

表 12-14　因子分析能解释的所有方差

成分	初始特征值			提取平方和载入			旋转平方和载入		
	合计	方差的 %	累积 %	合计	方差的 %	累积 %	合计	方差的 %	累积 %
1	8.238	74.888	74.888	8.238	74.888	74.888	5.437	49.426	49.426
2	1.407	12.792	87.681	1.407	12.792	87.681	4.208	38.254	87.681
3	0.904	8.222	95.903						
4	0.451	4.097	100.000						

表 12-14 显示它们可以区分为两大因子，这两个因子可解释 87.681% 的方差。第一个因子可解释 49.426%，第二个因子可解释 38.254%。表 12-15 进一步告诉我们这两个因子是由什么成分组成的。如果以 0.6 作为划分的标准，词形、词汇、名词、搭配、代词、副词、介词属于一个因子，而词形、句法、动词、连词、形容词属于另一个因子。很明显，第一个因子是语义性的，而第二个因子是句法性的。因此可以说，这 11 大类言语失误可以归纳为这两个因子。在两个因子中，语义性的失误的比重大于句法性的比重。

表 12-15　经旋转后的成分矩阵

	成分			成分			成分	
1	1	2		1	2		1	2
词形	0.649	0.672	名词	0.861	0.485	形容词	-0.350	-0.753
词汇	0.905	0.355	搭配	0.938	0.192	副词	0.858	0.399
句法	0.278	0.941	代词	0.850	0.392	连词	0.273	0.911
动词	0.363	0.817	介词	0.844	0.306			

如果按百分率排列，超过 1% 的失误共有 21 种，共占 86.55%。这应该是 CLL 最常见的失误。（表 12-16）

表 12-16　CLL 最常见的言语失误

类型	St2	St3	St4	St5	St6	总计	百分率/%
fm1	1 928.8	2 877.4	2 112.6	1 826.7	1 686.7	10 432.2	17.47
wd3	1 102	1 634.7	1 815	757.1	359.8	5 668.6	9.49
fm3	1 474.4	731.8	405.8	694.1	174.6	3 480.7	5.83
sn8	1 103.6	446.3	862.1	493.2	231.9	3 137.1	5.25
sn9	861.7	573.6	337.2	649.5	322.9	2 744.9	4.6
wd4	585.6	829.8	443.8	403.3	427	2 689.5	4.5
wd2	324.6	929.6	772.8	226.9	242.6	2 496.5	4.18
vp6	1 165.7	356	311.6	379.8	215.6	2 428.7	4.07
vp3	15 374	524.6	785.2	273.1	327	2 283.9	3.82
np6	374	654.4	481	358.8	354.1	2 222.3	3.72
wd5	410.6	613.1	518.2	265.5	171.3	1 978.7	3.31
fm2	349.3	448.9	438.9	226.9	328.7	1 792.7	3
sn1	419.3	596.8	576.9	118.5	42.6	1 754.1	2.94
wd7	261.8	430.8	2 612	228.6	209.8	1 392.2	2.33
vp1	259.4	325.9	498.4	103.4	200.8	1 387.9	2.32
sn2	424.9	389.6	303.3	132.8	76.2	1 326.8	2.22
cc3	168.7	514.2	417.4	75.6	112.3	1 288.2	2.16
np3	202.1	247.7	249.6	210.9	186	1 096.3	1.84
vp9	111.4	274.3	278.5	42.9	86.1	793.2	1.33
np7	237.9	107.5	89.3	174.8	54.9	664.4	1.11
pr1	82	236.5	205	89.9	18.9	632.3	1.06

从表 12-16 可看出：

(1) 词形的 3 种失误（拼写、构词、大小写）均在其中，而拼写更是居于榜首，占失误中的 17.47%。3 种失误合并共占 20.57%。

(2) 词汇失误 7 种中有 5 种（替代、缺少、词类、冗余、歧义），占失误中的 23.81%。

(3) 句法失误 9 种中有 4 种（结构缺陷、标点符号、不断句、片段），占失误中的 15.01%。

(4) 动词词组 9 种中有 4 种（时态、主谓不一致、及物性、情态），占失误中的 11.54%。

(5) 名词词组 9 种中有 3 种（数、主谓不一致、冠词），占失误中的 6.67%。

(6) 其他失误（动词/名词搭配、代词指称），占失误中的 3.22%。

论文围绕着各种不同类型的言语失误展开了详细的分析讨论。这里就不再赘述。可以看出，因子分析在这篇论文中为作者提供了学生言语失误的类型，为进一步的研究提供了数据支持。

主要参考文献

［1］Anne Burns. *Doing Action Researchin in English Language Teaching：A Guide for Practitioners*［M］. London：Routledge，2009.

［2］Jenifer Larson-Hall. *A Guide to Doing Statistics in Second Language Research Using SPSS and R*［M］. London：Routledge，2009.

［3］Susan M Gass，Alison Mackey. *Data Elicitation for Second and Foreign Language Research*［M］. Mahwah，NJ：Lawrence Erlbaum Associates，2007.

［4］Zoltán Dörnyei，Tatsuya Taguchi. *Questionnaires in Second Language Research：Construction，Administration，and Processing*［M］. 2nd ed. London：Routledge，2009.

［5］贝蒂（Beatty K）. 计算机辅助语言教学与研究［M］. 北京：外语教学与研究出版社，2005.

［6］拜伯（Biber D），等. 语料库语言学［M］. 北京：外语教学与研究出版社，2000.

［7］罗纳德·D. 约克奇. SPSS 其实很简单［M］. 刘超，吴铮，译. 北京：中国人民大学出版社，2010.

［8］北京语言学院语言教学研究所. 现代汉语频率词典［M］. 北京：北京语言学院出版社，1986.

［9］蔡燕. 现代汉语补位"一下"的语法化研究［M］. 济南：山东大学出版社，2016.

［10］董燕萍，王初明. 中国的语言学研究与应用：庆祝桂诗春教授七十华诞［M］. 上海：上海外语教育出版社，2001.

［11］杜强，贾丽艳. SPSS 统计分析从入门到精通［M］. 北京：人民邮电出版社，2009.

［12］顾曰国. 语料库与语言研究：兼编者的话［J］. 当代语言学，1998（1）.

［13］何安平. 语料库辅助英语教学入门（修订版）［M］. 北京：外语教学与研究出版社，2017.

[14] 何安平. 语料库辅助英语教学入门 [M]. 北京: 外语教学与研究出版社, 2010.

[15] 贾丽艳, 杜强. SPSS 统计分析标准教程 [M]. 北京: 人民邮电出版社, 2010.

[16] 蒋萍, 宋瑛. 问卷调查法 [M]. 大连: 东北财经大学出版社, 1990.

[17] 李光梅. 语言与翻译实践 [M]. 成都: 四川大学出版社, 2016.

[18] 林连书. 应用语言学实验研究方法 [M]. 广州: 中山大学出版社, 2001.

[19] 刘海涛, 黄伟. 计量语言学的现状、理论与方法 [J]. 浙江大学学报: 人文社会科学版, 2012 (2): 178-192.

[20] 潘璠. 基于语料库的语言研究与教学应用 [M]. 北京: 中国社会科学出版社, 2012.

[21] 秦晓晴. 外语教学研究中的定量数据分析 [M]. 武汉: 华中科技大学出版社, 2003.

[22] 任正来. 外语教学与研究量化分析自我管理 [M]. 北京: 光明日报出版社, 2016.

[23] 上海师范大学《对外汉语研究》编委会. 对外汉语研究 (第 13 期) [C]. 北京: 商务印书馆, 2015.

[24] 司建国. 当代文体学研究文本描述与分析 [M]. 广州: 中山大学出版社, 2016.

[25] 王建勤. 汉语作为第二语言的学习者语言系统研究 [M]. 北京: 商务印书馆, 2006.

[26] 王立非. 计算机辅助第二语言研究方法与应用 [M]. 北京: 外语教学与研究出版社, 2007.

[27] 卫乃兴. 词语搭配的界定与研究体系 [M]. 上海: 上海交通大学出版社, 2002.

[28] 文秋芳, 俞洪亮, 周维杰. 应用语言学研究方法与论文写作 (中文版) [M]. 北京: 外语教学与研究出版社, 2004.

[29] 杨端和. 语言研究应用 SPSS 软件实例大全 [M]. 北京: 中国社会科学出版社, 2004.

[30] 杨惠中, 桂诗春, 杨达复. 基于 CLEC 语料库的中国学习者英语分析 [M]. 上海: 上海外语教育出版社, 2005.

[31] 杨惠中. 语料库语言学导论 [M]. 上海: 上海外语教育出版社, 2002.

[32] 杨良斌. 信息分析方法与实践 [M]. 长春: 东北师范大学出版

社，2017.

[33] 姚双云. 面向中文信息处理的汉语语法研究 [M]. 武汉：华中师范大学出版社，2012.

[34] 易保树. 认知与外语教学：来自二语产出研究的启示 [M]. 上海：上海世界图书出版公司，2015.

[35] 余国良. 语料库语言学的研究与应用 [M]. 成都：四川大学出版社，2009.

[36] 袁毓林. 基于隶属度的汉语词类的模糊划分 [J]. 中国社会科学，2005（1）：164-177.

[37] 北京语言大学对外汉语研究中心. 汉语应用语言学研究（第4辑）[M]. 北京：商务印书馆，2015.

[38] 张廷国，郝树壮. 社会语言学研究方法的理论与实践 [M]. 北京：北京大学出版社，2008.

[39] 张勇. 德语基础语言学导论 [M]. 北京：北京理工大学出版社，2016.

[40] 刘礼进. 英汉人称代词回指和预指比较研究 [J]. 外国语，1997（6）：40-44.

后 记

二十年前，笔者第一次接触到语料库时，就对它产生了浓厚的兴趣。因为在做汉语语法研究时，搜集例句语料是一项费时费力的工作，有时候特别想找到某种格式的例句，在各种报纸杂志和各类图书资料中就是难觅其身影。有了语料库之后，特别是有了互联网之后，便可轻松解决原来许多靠手工几乎无法完成的工作。可以说，计算机互联网的出现，完全改变了原来语言研究的许多方法。

由于教学需要，笔者给研究生讲授一些跟语料库使用有关的内容，后来又根据学生的实际情况，增加了与统计学有关的一些内容。以后逐年修改，渐渐形成了以语料库和调查、统计分析为主的授课内容。这次出版，因出版要求，重新做了调整，只安排了与语料库和统计分析有关的部分内容。

本书将语料库与统计分析结合起来，重点介绍语料库的定量研究方法，但并不排斥语料库在定性研究中的重要性。目前语料库的使用者多数还是偏重于例句的搜集和归纳等定性方面的研究，本书为了补充定量研究方面的不足，所以将重点放在定量研究方法方面。

不管是统计学的各种软件还是语料库相关的软件，它们更新换代的速度都是很快的。本书不局限于某一版或某一种类的软件，希望读者在掌握了方法的基础上，能够使用不同版本不同类型的软件进行自己的研究工作。若有使用中的疑惑与问题，请联系作者。欢迎大家对本书中的不足之处进行批评指正。

本书有幸纳入"苏州大学文学院学术文库"，感谢文学院历届领导多年来对本书的关心和支持。

笔者还要感谢本书的责任编辑李寿春、助理编辑杨冉，正是由于她们的辛勤认真的工作，才能使本书及时跟大家见面。

高永奇
2020年4月19日